鼓楼史学丛书·区域与社会研究系列

望族、士绅与社会

明清河南归德府地区研究

李永菊 ○ 著

中国社会科学出版社

图书在版编目（CIP）数据

望族、士绅与社会：明清河南归德府地区研究 / 李永菊著. —北京：
中国社会科学出版社，2019.12
ISBN 978 - 7 - 5203 - 5488 - 2

Ⅰ.①望… Ⅱ.①李… Ⅲ.①区域社会学－研究－河南－
明清时代 Ⅳ.①C912.8

中国版本图书馆 CIP 数据核字（2019）第 232417 号

出 版 人	赵剑英
责任编辑	刘 芳
责任校对	夏慧萍
责任印制	李寡寡

出 版	中国社会科学出版社
社 址	北京鼓楼西大街甲 158 号
邮 编	100720
网 址	http://www.csspw.cn
发 行 部	010 - 84083685
门 市 部	010 - 84029450
经 销	新华书店及其他书店

印 刷	北京君升印刷有限公司
装 订	廊坊市广阳区广增装订厂
版 次	2019 年 12 月第 1 版
印 次	2019 年 12 月第 1 次印刷

开 本	710×1000 1/16
印 张	17
字 数	256 千字
定 价	89.00 元

目　　录

1

第一章 绪论

本书主要依据地方志、文集、族谱、墓志铭等民间历史文献和民谣、谚语、民间故事等民间文化资料,从区域社会史的角度,考察明清时期河南归德府的缙绅望族,探讨军事权贵与士绅阶层的地域支配体制的变化,进而揭示近代河南地方社会叛乱的历史根源。在进入正题之前,试对本书的问题与思路、相关学术史背景、基本资料与分析框架略作说明。

第一节 问题与思路

明清时期的归德府在行政区划上大致相当于今天的河南省商丘地区,地处黄淮平原,是豫、鲁、苏、皖四省交界地带。商丘是笔者的家乡,在笔者很小的时候,就听说过"满朝文武半江西,小小归德四尚书"的民谚。长大之后,又听说过"商丘八大家""睢州四大户"和"沈阁老""吕夫子"的故事。在攻读明清史的过程中,笔者才知道"商丘八大家"和"睢州四大户"指的是明代归德府的缙绅望族,而"沈阁老"和"吕夫子"是指明代的名臣沈鲤和吕坤。那么,为什么明代归德府有如此众多的缙绅望族和知识精英?为什么他们在当地民间留下了如此深刻的历史记忆?他们对地域社会的演变过程究竟有何影响?地方社会支配体制经历了怎样的变化?这些变化与近代河南社会叛乱有什么样的历史联系?这就是本书试图探讨的主要问题。

其实,商丘历史上的缙绅望族和地方精英,早已受到了国内外学者的广泛关注。例如，曹月堂、王树林等对明清归德府的文化世家作过历史考察[①]，日本学者山根幸夫、谷口规矩夫、佐藤文俊等对河南士绅作过个案分析[②]，美国学者戴福士也对明清之际豫东北的地方精英作过深入研究[③]。然而，由于河南的地方文献相对贫乏，以往的研究大多未能与地域社会的演变趋势相联系，给我们留下了很多难以理解的疑惑。例如，为什么归德府的缙绅望族和士绅阶层会在明后期忽然冒出来？为什么这些望族和士绅到了清代忽然衰败了？带着这些疑问，笔者开始了对商丘地域社会史的探索。

近年来，笔者走访了商丘市各县的公共藏书机构，努力发掘地方历史文献，但却难以如愿以偿。于是，笔者开始到乡村聚落去搜集家谱、碑刻等民间历史文献。经过多方走访，笔者在商丘县八关斋里意外发现了许多墓志铭，其中大多属于明代归德府的缙绅望族，有很多就是"商丘八大家"和"睢州四大户"的墓志铭。在此基础上，笔者又开始查阅地方志，寻找这些缙绅望族的所在地，顺藤摸瓜，走访乡邻，期望能找到相关家谱资料。功夫不负有心人，笔者最终找到了"商丘八大家"中前四家与"睢州四大户"中前两户等三十多家的家谱，其中有不少明清时期的各类碑记、人物传记、墓志铭、祠堂记等，使笔者对明清归德府士绅阶层与缙绅望族的发展脉络有了初步的了解。

笔者在实地调查时发现，明代归德府的缙绅望族大多出自明初的卫所军户与军事权贵。有不少墓志铭上刻有"归德卫百户""睢阳卫指挥史""昭勇将军"等身份，有些寺庙的碑刻上刻有"陈州卫指挥""千

---

① 曹月堂、王树林：《中国文化世家》（中州卷），湖北教育出版社 2004 年版。

② 转引自常建华《日本八十年代以来的明清地域社会研究述评》，《中国社会经济史研究》1998 年第 2 期。［日］佐藤文俊：《关于明末河南永城县刘超之乱》，载陈支平《第九届明史国际学术讨论会——暨傅衣凌教授诞辰九十周年纪念论文集》，厦门大学出版社 2003 年版。

③ Roger V.Desforges, *Cultural Centrality and Political Change in Chinese History: Northeast Henan in the Fall of the Ming*, Stanford: Stanford University Press, 2003. ［美］戴福士：《试论明清嬗替之际河南东北部知识群体的政治动向——从郑廉及所著〈豫变纪略〉谈起》，《中国史研究》1994 年第 1 期。

户"等名称，在各姓家谱中也记载了历代祖先的"千户""百户""镇抚使""将军""戍籍"等身世。通过对家谱资料的仔细梳理，笔者又发现，在明后期归德府缙绅望族的始迁祖中，有很多正是明初的军官勋戚和卫所军户。由此可见，研究明清归德府地区的士绅阶层与缙绅望族，必须了解明初的迁民垦荒、卫所屯田等制度，必须回到明初以来归德府地区的生态环境和重新开发过程。

为了集中探讨明初军事权贵向士绅阶层演变的历史过程，笔者对明代归德府的缙绅望族作了比较深入的个案研究。这是因为，笔者在田野调查中发现的民间历史文献，大多与当地的缙绅望族密切相关。例如，商丘县的族谱、墓志铭、文集等历史文献，都与商丘八大家族有关；宁陵县的《吕氏家志》与《宁陵县志》等，保存了与吕坤家族有关的大量历史资料。因而，通过对这些缙绅望族的个案研究，可以把不同种类的历史文献串联起来，使之更具系统性与完整性，可以更全面地反映整个区域社会的长期演变趋势。

经过近三年的田野调查与文献分析，笔者对归德府地域社会的演变趋势有如下基本认识：明初的归德府地区经历了迁民垦荒和卫所屯田的重新开发过程，形成了军民杂处的移民社会。明代前期，由于水患频繁和赋役不均，里甲编户难以稳定发展，卫所军户大量兼并土地，军事权贵集团在地域社会中占据支配地位。然而，在军事权贵的家族中，每一代只能有一人世袭军职，其他家族成员往往转而追求科举和仕途，逐渐形成以士绅阶层为中心的缙绅望族。明代后期，由于缙绅望族的势力恶性膨胀，遂使社会矛盾不断激化，终于导致明末的社会动乱和统治危机。在清初的社会重建过程中，归德府的缙绅望族一度有所复兴，但由于雍正年间的赋役改革和限制绅权，缙绅望族逐渐趋于衰落，士绅阶层的地域支配体制也随之解体。清中叶以后，伴随着生态环境的恶化和社会的全面贫穷，归德府地区的士绅支配体制逐渐解体，而民间又未能形成稳定的乡族组织，难以有效维持社会秩序，遂使地方社会陷入持续不断的动乱之中，为近代以来的捻军、土匪、红枪会等提供了广阔的社会基础。

应当指出，明代归德府地区的缙绅望族，是在河患频繁的生态环境和国家权力的有效干预下形成的社会权势集团，因而不同于华南地区的民间宗族组织，呈现出河南地域社会的特殊发展形态。根据华南学者的研究成果，在明代里甲赋役制度的改革过程中，民间的宗族或乡族组织逐渐演变成为赋役共同体，在地方社会中发挥有效的自我管理职能。① 然而，在河患频繁的归德府地区，民间的宗族组织并未得到普遍发展，而是形成以军事权贵和士绅阶层为中心的地方望族。由此可见，深入研究明清归德地方望族的演变过程，不仅有助于揭示河南地域社会的内在发展机制，也有助于深化明清区域社会史的比较研究。

第二节　学术史回顾

本书的研究课题，涉及明代的卫所、屯田与军户以及明清的士绅、望族及河南区域史等学术领域。在此试从问题意识、研究方法及学术积累的角度，对前人的相关研究成果略作简要回顾。

一　明代卫所、军屯与军户研究

卫所是明朝军队的基本组织形式，前人最早是从军制史的角度研究卫所问题的。早在 20 世纪 30 年代，吴晗就撰写《明代之军兵》一文，全面讨论了明朝卫所制、军户、军屯制以及募兵制的发展情况。② 其后，解毓才在《明代卫所制度兴衰考》一文中，对卫所制度进行全面阐述，系统地探讨了卫所的编制、类别、军饷来源及卫所成立的历史意义等问题。③

---

① 郑振满：《明清福建的里甲户籍与家族组织》，《中国社会经济史研究》1989年第 2 期；《明清福建家族组织与社会变迁》，湖南教育出版社 1992 年版。〔英〕科大卫、刘志伟：《宗族与地方社会的国家认同——明清华南地区宗族发展的意识形态基础》，《历史研究》2000 年第 3 期。

② 吴晗：《明代之军兵》，《中国社会经济史集刊》1937 年第 5 卷第 2 期。

③ 解毓才：《明代卫所制度兴衰考》，《说文月刊》1940 年第 2 卷。

　　20 世纪 80 年代，顾诚先生在吴晗、解毓才等前辈研究的基础上，超越了军制史的研究范畴，从帝国疆土管理的高度重新审视卫所问题。他认为明代军事系统的卫所在绝大多数情况下同行政系统的基层组织——州县一样是一种地理单位，管辖不属于行政系统的大片明帝国疆土，包括军士的屯田和代管民籍人口耕种的土地，也管辖着不属于军籍的大量民户。[①]换言之，明代的卫所不再是一种单纯的军事机构，而是明帝国对整个国家疆土进行管理的一种方式。顾诚先生的这一观点，对明代卫所研究具有重要意义，使卫所成为一个研究地域社会演变的重要视角。

　　在顾诚先生这一思路的指导下，邓庆平从地域社会史的角度，通过对蔚州的个案考察，探讨了明清时期府—州—县与都司—卫所两套帝国疆土管理体制的实际运作及二者的复杂关系。她的博士论文《州县与卫所：政区演变与华北边地的社会变迁——以明清蔚州为中心》，生动呈现了卫所制度兴废与基层社会变迁的互动关系，为研究华北卫所与地域社会的关系提供了一个非常细致的个案。[②]

　　军屯是明朝政府在和平时期用以维持庞大军力，又不至于给国家财政带来巨大压力的一项重要制度，因而也成为学者们的研究重点之一。20 世纪 60 年代，一批学者开始对明代军屯进行大量宏观的研究[③]，其中以王毓铨所著的《明代的军屯》最为著名。他在书中对军屯的历史渊源、建置、组织、管理、经营、军屯的生产关系以及军屯的破坏等问题都进行了详细考察，所提出的问题基本确定了后来学者研究军屯的讨论框架。

---

　　① 顾诚：《明前期耕地数新探》，《中国社会科学》1986 年第 4 期；顾城：《明帝国的疆土管理体制》，《历史研究》1989 年第 3 期；顾城：《谈明代的卫籍》，《北京师范大学学报》1989 年第 5 期。

　　② 邓庆平：《州县与卫所：政区演变与华北边地的社会变迁——以明清蔚州为中心》，博士学位论文，北京师范大学，2006 年。

　　③ 张仁忠：《论明代的军屯》，《北京大学学报》1961 年第 5 期；李龙潜：《明代军屯制度的组织形式》，《历史教学》1962 年第 12 期；王毓铨：《明代的军屯》，中华书局 1965 年版。

进入 20 世纪 80 年代，军屯研究曾掀起一个小高潮，但是很快又沉寂下来。①20 世纪 90 年代，台湾学者于志嘉采用区域研究的方式，通过对江西卫所屯田的考察，详细分析了卫所与州县的关系。她在《明代江西卫所的屯田》一文中指出，由于江西卫所地处腹里，屯田或是有主荒地，或是与民田错杂，或位于邻省，给管理带来很大不便，也造成了军民之间的冲突，这使州县官员日渐介入卫所事务，军事系统与行政系统的严格分界开始变得模糊。②这一研究方向体现了卫所军屯研究的新视野。

明代的军户是特殊社会阶层，在政治制度和社会结构中都占有举足轻重的地位。早在 20 世纪 50 年代，王毓铨就撰写《明代的军户——明代配户当差之一例》一文，集中讨论明代军户的来源以及承担的封建义务，并提出了"明代军户地位低下"的观点。③自 20 世纪 80 年代以来，研究成果最为丰富的当数于志嘉。她的学术专著《明代的军户世袭制度》，主要是围绕军户展开的，另外又撰写了大量有关军户的学术论文，对军户世袭、军役纠纷、军户家族、军户户籍、原籍军户与卫所军户的关系等问题进行了深入探讨。④

---

① 参见赵明《明代兵制研究六十年之回顾》，《中国史研究动态》1993 年第 8 期。

② 于志嘉：《明代江西卫所的屯田》，《中央研究院历史语言研究所集刊》第 67 本第 3 分，1996 年 9 月。

③ 王毓铨：《明代的军户——明代配户当差之一例》，《历史研究》1959 年第 8 期。

④ 于志嘉：《明代军户世袭制度》，台湾学生书局 1987 年版；《试论族谱中所见的明代军户》，《中央研究院历史语言研究所集刊》第 57 本第 4 分，1986 年 12 月；《试论明代卫单原籍与卫所分配的关系》，《中央研究院历史语言研究所集刊》第 60 本第 2 分，1989 年 6 月；《再论族谱中所见的明代军户——几个个案的研究》，《中央研究院历史语言研究所集刊》第 63 本第 3 分，1992 年 9 月；《明武职选簿与卫所武官制的研究——记中研院史语所藏明代武职选簿残本兼评川越泰博的选簿研究》，《中央研究院历史语言研究所集刊》第 69 本第 1 分，1998 年 3 月；《明清时代军户的家族关系——卫所军户与原籍军户之间》，《中央研究院历史语言研究所集刊》第 74 本第 1 分，2003 年 3 月；《论明代的附籍军户与军户分户》，《顾诚纪念暨明清史研究文集》，中州古籍出版社 2005 年版；《明清时代江西卫所军户的管理与军役纠纷》，《中央研究院历史语言研究所集刊》第 72 本第 4 分，2001 年 12 月；《从〈辞〉看明末直豫晋交界地区的卫所军户与军民词讼》，《中央研究院历史语言研究所集刊》第 75 本第 4 分，2004 年 12 月。

　　于志嘉对明代军户的研究，主要是以原籍军户为主。她撰写的《再论族谱中所见的明代军户——几个个案的研究》一文，利用族谱资料，对两个军户家庭在事业、婚姻上的发展，军役负担对家族的影响和实际分担情形进行了个案分析，指出随着家族的繁衍，赴卫所服兵役的人数在族中所占比例极小，军役负担对家庭的影响较明初已大为减轻。原籍军户通过不同途径积累财富或跻身上层，间接提高了军户的社会地位。关于卫所军户，于志嘉撰写的《试论明代卫军原籍与卫所分配的关系》《明清时代军户的家族关系——卫所军户与原籍军户之间》两篇文章，主要讨论了卫所军户与原籍军户的关系。近年来，于志嘉开始较多关注卫所军户与地方社会的关系问题，其撰写的《明清时代江西卫所军户的管理与军役纠纷》《从〈辞〉看明末直豫晋交界地区的卫所军户与军民词讼》两篇文章即体现了这一学术走向。总之，于志嘉的一系列研究，尤其是利用族谱资料，对军户进行微观的个案研究，逐渐将军户研究引向深入。

　　另外，张金奎在《明代卫所军户研究》一书中，对卫所军户的来源、组织管理、粮饷、职业选择、后勤保障等问题做了宏观研究，并对军户地位低下这一观点提出质疑，引起了学术界的关注。①

　　综上所述，学界对卫所问题的研究，已经从军制史逐渐转向区域社会史。一些学者认识到，明代卫所在各个区域的地方实践对明清社会变迁具有深远影响，邓庆平的博士论文即代表了这一研究趋向。但是，多数学者的出发点仍是卫所制度本身，并没有将卫所制度放在地域社会的发展脉络中进行讨论，尤其是对卫所军户与地方社会的内在联系分析不够。即使是于志嘉对卫所的区域性研究，也主要是从军役的变化讨论卫所制度的演变，没有把卫所制度的演变与地方社会的变迁有效结合起来。有关卫所在不同区域社会演变机制中的作用，仍是值得深入探讨的论题。

---

　　① 张金奎：《明代卫所军户研究》，线装书局 2007 年版。

二 明清士绅与望族研究

在中国社会史研究中，士绅阶层历来是国内外学术界普遍关注的热点问题。早在 20 世纪 40 年代，国内学者就已经开始研究中国传统社会的士绅阶层，主要代表人物有吴晗、费孝通、潘光旦等。[①] 随后，一批在美的华裔学者也对士绅进行了广泛探讨，如张仲礼、瞿同祖、萧公权、何炳棣等。[②] 这一时期的国内外学者，一般都强调士绅与科举制度及官僚政治的密切关系。

20 世纪 60 年代以后，日本学者田中正俊、小山正明、滨岛敦俊等，分别从赋役制度、土地制度、水利制度等角度，提出了"乡绅土地所有论"，认为明末清初，随着里甲制的解体，形成一个可以称为"乡绅阶层"的掌权者。[③] 20 世纪 70 年代，在"乡绅土地所有论"的基础上，日本学者重田德又提出了"乡绅统治论"，认为乡绅统治不仅是对佃户的支配，而且也是对自耕农为核心的其他诸阶层的支配，从而构成社会统治的基础单位。[④]

进入 20 世纪 80 年代，日本学者不仅把士绅地主视为政治、经济的支配者，而且把士绅视为地域社会的领导者。森正夫的《明代的乡绅——关于士大夫和地域社会关联的记录》一文，即代表了这一学术研究走向。自此之后，越来越多的日本学者开始从地域化、微观化角

---

① 潘光旦、费孝通：《科举与社会流动》，《社会科学》1947 年第 4 卷第 1 期；吴晗、费孝通：《皇权与绅权》，天津人民出版社 1988 年版。

② 张仲礼：《中国绅士——关于其在 19 世纪中国社会中作用的研究》，李荣昌译，上海社会科学院出版社 1991 年版；张仲礼：《中国绅士的收入》，上海社会科学院出版社 2001 年版。萧公权：*Rural China*：*Imperial Control in the Nineteenth Century*，University of Washington Press，1960；Ch'u，T'ung-tsu，*Local Government in China Under of the Ch'ing Cambridge Mass*，Harvard Press，1962；Ping-ti Ho.*The Ladder of Success Imperial China*：*Aspect of Social Mobility In China 1368–1911*，New York：Columbia University Press.

③ 相关评论及文章见檀上宽《明清乡绅论》，《日本学者研究中国史论著选译》第 2 卷，中华书局 1992 年版；巴根：《明清绅士研究综述》，《清史研究》1996 年第 3 期；郝秉键：《日本史学界的明清"绅士论"》，《清史研究》2004 年第 4 期。

④ ［日］重田德：《乡绅支配的成立与结构》，《日本学者研究中国史论著选译》第 2 卷，中华书局 1992 年版。

度解读士绅的社会特质，对士绅的存在形态、士绅与地方公共事务的关系、士绅与民众的关系等问题做了深入探讨。

关于士绅的存在形态，高林公男探讨了明代士绅享有的"优免"特权。①和田正宏阐释了明代优免条例和明末举人的法律地位，认为士绅所享有的优免特权导致"诡寄"的产生，里甲各户间徭役负担严重不均。②

关于士绅与地方公共事务的关系，夫马进通过考察明清时期"同善会""放生会""救生船""恤嫠会""育婴堂"等慈善组织，揭示了绅士在"善会""善堂"的兴建和组织管理中的作用。③森田明通过研究清代水利社会史，揭示了士绅在水利建设中的地位和作用。④

关于士绅与民众的关系，夫马进分析了明末江南引人注目的"士变"（生员暴动），认为这是由一县"公议"支持的反对知县"独裁"的行为，从中可以看到明末中央和地方的乖离现象。⑤日本学者山根幸夫探讨了士绅与农民"反乱"的关系，揭示了上层士绅与下层士绅的矛盾斗争。⑥森正夫通过考察明末清初太仓州沙溪镇乌龙会的叛乱，分析了士绅在叛乱中的动向，指出乌龙会的叛乱不是历来所认为的单纯奴变，而是由奴仆、佃户、生员等所主导的对沙溪镇原有社会秩序存在方式的反叛，换句话说，是试图完全推翻原来以乡绅、士大夫为顶点的等级社会秩序。⑦

对于著姓望族，中外学者也多有论述。早在20世纪40年代，国内学者潘光旦就以文献结合社会调查的方法，根据一些官僚家族的家谱，撰写《明清两代嘉兴的望族》一书，着重从社会学的视角探讨了

---

① 转引自郝秉键《日本史学界的明清"绅士论"》，《清史研究》2004年第4期。
② 同上。
③ 同上。
④ 同上。
⑤ 同上。
⑥ 同上。
⑦ 同上。

明清两代嘉兴地区望族兴起的原因。[1]20 世纪 90 年代以来，吴仁安和江庆柏更多地从社会文化史的角度，分别对江南和苏南地区的著姓望族进行考察，分析了望族在地方社会经济和文化中的作用。[2]此外，范金民在《江南进士数量、区域分布及特色分析》一文中，从望族与科举的关系出发，考察了江南进士与世家望族的内在联系。范金民认为，明清时期江南进士在全国数量极显，但其在全国的比重是不断变化的，区域分布也不均衡，主要集中在苏、松、常、杭等府及附郭县的一些世家望族，显示了大族与某些地区不寻常的竞争力。[3]

与国内学者相比，日本学者大多从地域社会的角度，以族谱资料为中心，通过个案分析的方法，探讨了明中叶以后江南望族的地域支配过程。如奥崎裕司详尽地剖析了浙西望族袁氏的家系，系统地考察了袁了凡、王阳明、张履祥等人的生平和思想。寺田正隆通过研究明代宰相马自强的宗谱，力图说明绅士、家族、国家的联系。[4]川胜守考察了江苏昆山徐乾学、徐元文、徐秉义三兄弟的仕宦生涯及其与地方社会的关系。他指出，作为一方豪绅的徐氏兄弟及其家族，不仅在官场声名显赫，而且在地方上处于绝对支配地位；作为一种地方权力的绅权，是通过宗族、姻戚、奴仆、棍徒、门生清客、地方官、胥役等社会关系来控制地方的。[5]西川喜久子对于明清广东顺德县罗氏宗族的研究，也得出类似的结论。她认为，罗氏自明代中叶以后长期维持"乡官宦族"的社会地位，其原因就在于形成了严密的组织系统。[6]佐藤仁史则以江南望族曹氏为研究对象，探讨了曹氏家族的婚姻网络及社会活动的扩大和发展等问题，并

---

① 潘光旦：《明清两代嘉兴的望族》，商务印书馆 1947 年版。

② 吴仁安：《明清时期上海地区的著姓望族》，上海人民出版社 1997 年版；《明清江南望族与社会经济文化》，上海人民出版社 2000 年版。江庆柏：《明清苏南望族文化研究》，南京师范大学出版社 1999 年版。

③ 范金民：《江南进士数量、地域分布及特色分析》，《南京大学学报》1997 年第 2 期。

④ 转引自郝秉键《日本史学界的明清"绅士论"》，《清史研究》2004 年第 4 期。

⑤ 同上。

⑥ 同上。

由此论证了明末清初以来江南地区社会行政权逐渐为地方望族和绅士所控制。[①]

综上所述，国内外学术界对士绅阶层的研究，已从早期关注士绅与科举制度及官僚政治的关系，逐渐转向关注士绅的社会存在形态与地方性策略；对望族的研究，也从早期关注望族与血缘、文化的关系，逐渐转向关注望族与士绅及地域社会的关系。不过，目前的研究在区域分布上很不平衡，关于江南地区的士绅和望族研究成果较为丰富，而华北地区的研究成果相对薄弱。尤其是有关士绅、望族与河南区域社会变迁的内在联系，仍是一个值得深入探讨的论题。

三 明清河南区域史研究

国内学者有关明清河南区域史的研究成果，主要集中在经济史领域。傅衣凌先生在《明代经济史上的山东与河南》一文中，对河南在明代经济史上的地位给予高度重视。他指出："明代山东和河南两省的经济发展，当不弱于江南和沿海各省，他的工农业生产很具规模，并在明代社会经济上占有一定的地位。"[②]张民服等通过对明代河南经济的考察，认为明中期以后，河南商品经济发达，城镇经济繁荣，但总体看，其发展表现出较大的不平衡性。[③]许檀则另辟蹊径，利用山陕会馆碑刻资料，对清代河南几大著名商镇的发展脉络、流通概况分别进行了考察，并对其商业规模进行了估算。[④]此外，王兴亚和邓玉娜也

---

① [日]佐藤仁史：《清代中期江南的一宗族与区域社会——以上海曹氏为例的个案研究》，《学术月刊》1996年第4期。

② 傅衣凌：《明代历史上的山东与河南》，《社会科学战线》1984年第3期。

③ 张民服、王新田：《明代中后期中原商品经济发展探析》，《郑州大学学报》（哲学社会科学版）2000年第1期；张民服：《明代中原商路与商品经济》，《史学月刊》2004年第11期。

④ 许檀：《清代河南的商业重镇周口》，《中国史研究》2003年第1期；《清代中叶的洛阳商业》，《天津师范大学学报》2003年第4期；《清代河南赊旗镇的商业——基于山陕会馆碑刻资料的考察》，《历史研究》2004年第2期；《清代河南的北舞渡镇——以山陕会馆碑刻资料为中心的考察》，《清史研究》2004年第1期；《明清时期的开封商业》，《中国史研究》2006年第1期；《清代河南朱仙镇的商业——以山陕会馆碑刻资料为中心的考察》，《史学月刊》2005年第6期。

分别对河南的集市庙会会馆和集镇展开讨论。①

另外，对明代河南的政府迁民、科举书院、土地垦殖、土地丈量等问题，王兴亚、李永芳、赵广华、王洪瑞、马雪芹等也做了初步探讨。②对于明清时期的河南望族，目前只有《中国文化世家》（中州卷）一书有所涉及，而且主要是从文学的角度进行讨论。③

近几年，明代河南的卫所也引起了一些学者的关注。彭勇通过对嘉靖《商城县志》的个案研究，对明代河南州县军户的数量、户籍管理、来源、应役卫所的分布，以及与卫所军户的关系进行了初步考察。④另外，李永菊和申红星分别对河南归德卫和宁山卫的军户与宗族进行了个案剖析，在一定程度上展现了卫所军户宗族的全貌。⑤

与国内学者相比，国外学者较多关注河南的士绅问题。日本学者山根幸夫在《河南省芮城县绅士层的存在形态》一文中，分析了芮城县乡绅、士人各阶层的比例与居住分布，指出上层绅士居住在接近县城的地方，下层绅士则分散在全县各地。⑥谷口规矩夫在《明末华北农村的危机和一个乡绅——以吕坤为中心》一文中指出，导致明末华北危机的优免问题是乡绅所不能根本解决的，他把很多举人参加农民政

---

① 王兴亚：《明清河南集市庙会会馆》，中州古籍出版社1998年版。邓玉娜：《清代河南集镇的集期》，《清史研究》2005年第3期；《清代河南集镇的发展特征》，《陕西师范大学学报》（哲学社会科学版）2005年第4期。

② 王兴亚：《明初迁山西民到河南考述》，《史学月刊》1984年第4期；李永芳、周楠：《明初洪洞移民在河南的历史考察》，《商丘师范学院学报》2004年第4期；赵广华：《明代河南科举与人才的消长》，《河南大学学报》（社会科学版）1992年第1期；王洪瑞、吴宏岐：《明代河南书院的地域分布》，《中国历史地理论丛》2002年第4期；马雪芹：《明代河南的土地垦殖》，《中国历史地理论丛》1995年第1期；马雪芹：《明代河南土地丈量综述》，《史学月刊》2000年第6期。

③ 曹月堂、王树林：《中国文化世家》（中州卷），湖北教育出版社2004年版。

④ 彭勇：《论明代州县军户——以嘉靖〈商城县志〉为例》，《中州学刊》2003年第1期。

⑤ 李永菊：《从军户移民到乡绅望族——以河南商丘沈氏家族为例》，《中国社会经济史研究》2008年第1期；申红星：《明代宁山卫的军户与宗族》，《史学月刊》2008年第3期。

⑥ 转引自郝秉键《日本史学界的明清"绅士论"》，《清史研究》2004年第4期。

权看作是秩序的动摇。① 佐藤文俊在《关于明末河南永城县刘超之乱》一文中，对抗击李自成军队的武装自卫集团因县城士绅阶层内部的对立所招致的叛乱，以及社会秩序崩溃时期民众的结合情况，作了初步的分析。②

美国学者也对河南士绅问题有所关注，戴福士从政治文化史的角度，对明清之际河南东北部地方精英的政治动向进行了深入研究。根据对明清之际社会变迁的态度，戴福士把河南东北部的知识群体分为五种类型：一是，以唐朝中叶为前例而支持明朝，反对李自成。二是，以过去朝代末年起义为模范，而同情李自成。三是，以两晋文人为范例，而不服务于清朝政府。四是，以周、北魏为榜样，而服务于清朝。五是，以晋、隋等历史为教训，对辗转在明、清和农民军政权下作过官的文人，采取比较宽容的态度。③

美国学者裴宜理在《华北的叛乱者与革命者》一书中着眼于 19 世纪中期到 20 世纪中期淮北地区的农民反抗运动，将捻军、红枪会和共产主义革命联系起来，探索中国革命的起源问题。裴宜理认为，国家与社会关系的疏离和国家控制能力的削弱是淮北地方叛乱的重要原因，并强调生态环境在引发和形成淮北农村动乱的重要性。④ 对于这一点，笔者十分赞同，而且裴宜理笔下的淮北地区与本书要讨论的豫东地区毗邻，淮北地区事实上也包括归德府的部分地区，因而对笔者的启发很大。这本书引导笔者不断追问近代淮北动乱的历史根源究竟是什么？明清时期的地方社会控制问题与近代河南动乱有什么样的内在历史联系？

① 转引自常建华《日本八十年代以来的明清地域社会研究述评》，《中国社会经济史研究》1998 年第 2 期。

② 陈支平主编：《第九届明史国际学术讨论会——暨傅衣凌教授诞辰九十周年纪念论文集》，厦门大学出版社 2003 年版。

③ Roger V.Des Forges：*Cultural Centrality and Political Change in Chinese History：Northeast Henan in the Fall of the Ming*，Stanford：Stanford University Press，2003。［美］戴福士：《试论明清嬗替之际河南东北部知识群体的政治动向——从郑廉及所著〈豫变纪略〉谈起》，《中国史研究》1994 年第 1 期。

④ ［美］裴宜理：《华北的叛乱者与革命者：1845—1945》，池子华、刘平译，商务印书馆 2007 年版，第 4—5 页。

以上有关河南区域史的研究，从不同侧面揭示了明清时期河南社会的某些特征，对于笔者继续从事本地区的研究具有非常重要的学术借鉴意义。但是，由于民间文献较为稀少的缘故，河南区域未能像华南地区那样，成为历史人类学的田野基地，只有个别学者对一些具体问题作了初步探讨，尚缺乏整体研究和深入讨论。尤其是明清河南区域社会史，还有很多空白领域有待进一步研究。具体到归德府的研究成果，目前只有个别学者讨论黄河水患、集市贸易及婚姻习俗等问题，缺乏深入细致的整体史研究。^①因而，本书试图从地域社会史的视角，通过对河南归德府长达500多年的演变进行长时段的个案分析，将明清时期归德的军事权贵和士绅阶层放在独特的生态环境中，并结合明初的移民垦荒、卫所屯田等一系列制度进行讨论，以期揭示明清河南社会变迁的内在脉络和演变机制。

第三节　基本资料与分析框架

由于河南公藏的民间历史文献资料相对贫乏，本书的基本资料主要来自田野调查。近年来，每逢寒暑假期间，笔者都尽可能到商丘各地进行文献调查和实地考察。笔者先后前往河南省图书馆、河南省档案馆、河南省博物馆、黄河水利委员会、河南大学图书馆、郑州大学图书馆、郑州大学工学院河南文献室、新乡市图书馆、商丘师院地方文献室和商丘各县市图书馆、档案馆、博物馆、文化馆和史志办等部门，查阅了大量的地方志、文集、文史资料等各种地方历史文献，加深了笔者对商丘历史的多方面理解。特别是在考察期间所获见的家谱、

---

① 吴秀玉：《从杨东明的饥民图说疏探讨晚明河南虞城的黄河水患》，《商丘文史资料》2006 年第 4 辑；李东坡：《黄河在商丘的迁徙及其影响》，《商丘职业技术学院学报》2004 年第 4 期；王瑞平：《明清时期商丘的集市贸易》，《商丘师范学院学报》2005 年第 3 期；苏全有、曹风雷：《晚清时期永城婚俗述略》，《焦作师范高等专科学校学报》2005 年第 2 期。

碑刻等民间文献和口述历史资料，为笔者走进历史现场开辟了捷径。

明清至民国时期归德府的地方志，目前笔者查阅到的约33种，实际引用到的约26种。其中最早的是明嘉靖年间编纂的，最晚的是1996年编的，明代有3部，清代有15部，民国有2部，20世纪90年代的有6部。地方志编纂大多受官方意识形态主导，因此内容较为正统，但其中还是包含了较为全面的地方史资料。从该地的行政建置沿革到当地的山川河流、田赋税收、桥梁亭阁、人物传记、文集艺文等都有详细记载。《河渠志》《河防志》等为我们了解归德的生态环境提供了很好的材料。《田赋志》和艺文志中的《均田记》《均田清弊说》《财赋说》《软抬重差说》等为我们理解明清时期归德赋役制度的演变提供了很好的史料。《卫官志》和《赋役志》中的《屯田》等为我们掌握明代卫所组织与军屯情况提供了线索。《人物传》又为我们理解士绅的地方活动提供了大量信息。本书所论及的地理生态、里甲赋役、卫所屯田与士绅活动等即主要依据方志记载。

明后期至清前期，归德文人辈出，名士云集，因此该府的文集资料较为丰富，其中被收入四库全书的就有二十多种。这些文集的涉及范围较为广泛，包括自然灾害、赋役制度、士绅活动、社会风气与地方动乱等诸多方面，补充了地方志的不足。尤其是明代宁陵吕坤的《去伪斋文集》《救命书》《展城或问》等，反映了明中叶以来宁陵的诸多社会问题；明代商丘沈鲤的《文雅社约》，反映了沈鲤等人力挽世风、进行礼仪教化的努力；明末清初商丘郑廉的《豫变纪略》，反映了归德府社会各阶层如何应对明末战乱的复杂图景；明末清初商丘贾开宗的《溯园文集》，反映了明末战乱使很多缙绅望族由繁华走向衰落的社会现实。除此之外，道光年间任归德知府的王凤生撰写的官箴书《宋州从政录》，内容涉及归德的水利、捕蝗、义仓、保甲、乡约、徭役等方面，为我们窥探清后期归德的基层社会组织提供了宝贵的资料。本书论及士绅阶层的地域支配、开明士绅的地方改革、明末战乱的权力变动和清后期基层社会组织控制等问题，大多依据这些文集和官箴书。

相对于地方志和文集，笔者在民间搜集到的碑刻、家谱和口述资料，提供了更具内省性的历史资料。从整体上讲，商丘地区公藏机构所藏民间文献非常之少，因而，笔者投入了很大精力到乡村聚落去搜集各类民间历史文献。

笔者发现的碑刻主要是一些墓志铭，其中最早的是永乐十七年，最晚的是宣统三年。从数量上看，共有60多块，其中绝大多数已被《新中国出土墓志》收入。从内容上看，明嘉靖年间的墓志铭都与卫官、勋戚有关，如嘉靖二年《明故昭信校尉归德卫后所百户致仕孙公（隆）墓志铭》、嘉靖三年《明故百户秦母安人陈氏墓志》及嘉靖二十年《明骠骑将军东泉汤公（卿）墓志铭》等，记载了明代归德卫官勋贵的地方活动与婚姻状况。明万历至清代的墓志铭，则主要集中在几个缙绅望族之中，如商丘宋氏、商丘侯氏、睢州汤氏、睢州赵氏、永城张氏、永城吕氏及夏邑彭氏等，反映了家族中知名乡宦的地方活动。总之，这些墓志铭大致反映了军事权贵和地方望族的社会活动、家族状况及婚姻网络等内容，为我们深入理解明代归德府军事权贵和缙绅望族提供了宝贵资料。

目前搜集到的商丘家谱大约有31部，从时间上看，20世纪80年代以来续修的新家谱较多，明清时期的老家谱较少。其中最早的修于康熙十三年（1674），最晚的修于1999年，修于清代的有6部，修于民国的有7部，修于中华人民共和国成立后的有18部。从内容上看，新家谱又分为两种，一种是对老谱的内容删除较多，另一种是在老谱的基础上续修，删除内容较少。这些老谱和保留老谱内容的新家谱的研究价值较高，其内容以世系支派和人物传记为主，此外还包括诰命、书信、诗词、家规族训、祭祀碑记等，基本上反映了明清归德望族的家族历史，尤其是以下几部家谱的研究价值非常高。

宁陵《吕氏家志》（康熙十三年本）是吕坤家族的家谱，现收藏在宁陵县吕月栋家中，是笔者发现的非常重要的一部家谱。这一家谱的内容较为全面，不仅有序言、世系、人物传记、墓表，还有"孝睦田记""宗约所为崇礼教事""宗约所为分执事""旌善簿——鹄史序""纪恶簿——鸮史序""鸮史条约""吕氏生纪""吕氏成纪""吕氏族刑""吕氏孝睦房训辞""清明祭祖文""清明祭后土文""汪公永瑞题祠堂碑记""宁陵吕氏小宗法""司寇公巡抚山西时致阖族节"等内容。这些内容多为吕坤所撰，较为详细地记载了明后期吕坤在家乡进行的各种家族活动，为我们研究明后期北方士绅的家族活动及其对地方秩序的构想与改革提供了很好的资料。以往学界对吕坤的研究，主要是利用《实政录》等官方资料，从政治史和思想史的角度，分析吕坤的政治行为与哲学思想，而《吕氏家志》对学界从区域社会史的角度研究吕坤提供了很大帮助。

夏邑《彭氏家谱》现收藏在夏邑县城彭承良家中，共有三个版本，一是清乾隆时期彭家屏所撰的《栗山世祀》，二是民国五年（1917）修的《彭氏家谱》，三是1996年新修的《彭氏大族谱》。这些家谱不仅有丰富的人物传记，还有"设祀条约""立租籍砧基簿引"以及夏邑彭氏与江西彭氏的书信来往等丰富资料。其中，1996年的《彭氏大族谱》记载的"彭不薄金"故事反映了夏邑彭氏如何融合到当地社会的问题。乾隆时期的《栗山世祀》记载了夏邑彭端吾分别在万历三十九年（1611）、万历四十二年（1614）和天启五年（1625）三次托人在江西置办祀田的活动，为我们理解明后期南北社会互动提供了很好的个案。不同版本的家谱还保存了不同时期的家训家规。明万历年间的"银台公家训"，共64条，不少内容反映了缙绅望族存在的各种社会问题，如豪华奢靡、占地过多、白夺人田、奴仆过多等。乾隆年间的"元公公家规"，其主要内容是围绕家族事务展开的，强调宗族相亲相睦，患难相恤，家族互助，祖坟祭祀，重视家谱、祭祀、族长在家族建设中的作用。通过对比明后期和清中期的家训家规，可以看出夏邑彭氏在不同时期的关注点并不相同，由此折射出区域社会在不同时期面临的不同问题。另外，彭氏家谱还记载了乾隆时期夏邑彭家屏文字狱的始末以及民国时期如何翻案的经过。总之，夏邑彭氏的几部家谱较为完整地展现了彭氏家族从明代至民国的发展史，为我们理解明清以来夏邑区域社会变迁史提供了一个很好的个案。

商丘《叶氏家乘》（民国八年本）是笔者在虞城县叶老家发现的一部军户家族的家谱。《叶氏家乘》保存了较为丰富的人物传记内容，为我们研究明代卫所军户的演变提供了很好的材料。此外，家谱中还有很多关于家族祭祀的"祭田记""茔田记""家祠记"等碑刻资料，较为详细地记载了墓祭和祠祭等祭祀形式在不同时期的历史变化。其实，有关祭祀的资料在商丘现存的家谱中较为常见，如《商丘宋氏家乘》（光绪八年本）就有"享祀""族约序""公议罚约条规""文康公祭田记"等很多资料，为我们理解明清时期北方宗族的祭祀活动提供了很大帮助。

商丘《沈氏家谱》（民国二十三年本）也是一部军户家族的家谱，包括谱序、世系、墓表、本传、诰赠文、谕祭文等内容，现收藏于商丘谢集北街沈发岗家中。《沈氏家谱》记载了沈氏家族作为军户移民，如何通过扩大产业、寄籍他处和科举考试等途径取得地域支配权的历史过程。

在商丘地区，笔者发现了很多军户出身的地方望族的家谱。在明初华北的移民潮中，具有军户身份的移民占有相当大的比重，在久经战乱的中原地区尤为突出。根据目前掌握的资料，"商丘八大家"[①]中至少有四家的户籍在明初是军籍，如沈氏、侯氏、叶氏、刘氏，"睢州四大户"之中又有一半来自卫所系统，如汤氏、袁氏。这些军户家族的家谱资料，将有助于探讨军户家族在明代中原地区的社会转型与秩序建构中所起的重要作用。

上述墓志铭和家谱资料，集中反映了明清时期归德府著姓望族的源流、婚姻、社交及其在地方上的活动。其中很多缙绅望族的发展史，在一定程度上反映了地方社会的演变趋势。因而，这些碑刻和家谱资料极有价值，也是本书采取个案分析方法的重要依据，本书论及的诸多个案均来自这些墓志铭和家谱资料。

---

① 商丘县仅三品以上的官员就有"八大家"，至今仍流传着"沈、宋、侯，叶、余、刘，高、杨二家在后头"的民谚。

依据上述地方历史文献，本书拟对河南归德府这一地区长达500多年的演变进行研究，以河南归德府的军事权贵、士绅阶层和缙绅望族为考察对象，探讨明清时期河南地域支配体制的延续与演变，以期深化对明清河南社会变迁机制的认识。为了集中探讨这一问题，本书将采用如下分析框架：

第二章考察明初归德府地区的历史环境与朱元璋推行的迁民垦荒及卫所屯田制度，探讨这一军民杂处的移民社会的基本特点。

第三章从黄河水患的生态背景出发，分析土地兼并与赋役不均的问题，探讨里甲组织解体之后，军事权贵的形成过程及其导致的社会问题。

第四章以族谱资料为中心，考察缙绅望族崛起的具体过程，分析军事权贵、卫所军户、经商致富与缙绅望族的内在联系。

第五章通过考察士绅阶层与缙绅望族的关系、士绅支配体制的构建过程及其导致的社会危机，揭示明后期归德地区的社会构成与主要矛盾。

第六章以吕坤、沈鲤、杨东明等人为中心，论述开明士绅的实学思想及其推行社会改革、维护社会秩序的地方实践，并分析其历史影响及局限。

第七章主要依据《豫变纪略》及家谱、方志等资料，考察明末战乱中的社会关系，分析明末战乱对缙绅望族的冲击与士绅支配体制的瓦解。

第八章通过考察清初地方社会的重建与雍正年间的社会改革，论述清前期归德府缙绅望族的没落与士绅支配体制的解体过程。

第九章主要考察清后期缙绅望族与士绅支配体制的历史命运，并通过《宋州从政录》分析清后期归德社会基层组织的控制问题，探讨地方社会统治秩序危机与近代河南社会动乱的历史关联。

由于笔者学力有限，书中还有许多不尽如人意之处，敬请方家指正。

第二章　明初的迁民垦荒与卫所屯田

地处中原的河南归德府地区，原是宋王朝的龙兴之地，北宋时期为全国的政治文化中心。金元时期，由于受到黄河水患和长期战乱的双重冲击，人口大量流失，耕地大多荒芜。明初为了重新开发中原地区，采取迁民垦荒和建立卫所屯田等措施，使河南各地的社会经济得到了迅速的恢复，但同时也为军事权贵阶层的形成奠定了基础。本章首先回顾明以前归德的历史文化传统与生态环境变迁，再依次考察明初的移民垦荒和卫所屯田制度，探讨归德府地区的重新开发过程。

第一节　明代之前的归德

在中国历史上，华北地区的开发时间较早，经历了许多重要的历史转折时期。就归德府而言，宋元时代无疑是一个非常重要的转折时期。南宋以前，归德一直处于全国政治、经济、文化的中心地位，而在金元之后，归德的生态环境和社会群体发生了重要变化，进入了另一个历史发展时期。

归德地处中原，"古为大国"，具有深厚的历史文化底蕴。早在商朝，商汤的第一个国都就建在此处。春秋战国时期又是宋国的都城，孔子曾来此讲学习礼，因而素有"圣尼习礼之邦"的誉称。如嘉靖《归德志》所载："归德古亳都，且微子祀殷之地，带河襟汴，为中州忠义名区。"①

① 嘉靖《归德志》卷目《叙归德州志》，《天一阁藏明代方志选刊》，上海古籍书店 1990 年影印本。

秦汉时期，归德进入了稳定发展时期。秦代置砀郡，汉代，商丘为梁国国都。汉代鼎盛时期，梁国辖40余城，"多大县，居天下膏腴地"①。梁王刘武大兴土木，修筑梁园，一时成为天下游览胜地。近些年永城芒砀山汉墓出土的金缕玉衣和《四神云气图》，足见当时梁国的富足强大与繁荣景象。220年，魏文帝裁梁国，置梁郡，唐改梁郡为宋州（唐玄宗年间一度称为睢阳），归德遂由国都变成州城，辖10县，后唐改为归德军。唐代归德军相当繁华，杜甫曾咏道："昔我游宋中，惟梁孝王都。名今陈留亚，剧则贝魏俱。邑中九万家，高栋照通衢。舟车半天下，主客多欢娱。"②

唐末五代之后，归德开始走下坡路，"及隋唐五代宋元兴废不一"③，尤其是唐末安史之乱对归德的冲击甚大。在平安史之乱的战争中，由于睢阳是江淮屏障、关陕襟喉，河南节度副使张巡等率军民坚守睢阳，终因寡不敌众，许远被俘，张巡、南霁云等36位将领被杀，社会经济受到了严重破坏。

宋代开国皇帝赵匡胤曾为归德军节度使，并在宋地发迹，故国号称宋，升宋州为应天府，成为国之陪都——南京。应天府又一度繁荣，取得了引人注目的发展。当时全国物资运输的大动脉汴河穿境而过，应天府又因濒临汴河而地理位置更显重要，"至宋为神京左辅，称雄郡"④。应天府物产丰富，贸易兴隆，逐渐成为北宋王朝的重要经济支柱。随着经济的繁荣发达，应天府也取得了令人瞩目的文化成就，尤其是教育事业非常发达。应天府的应天书院是全国四大书院之一，范仲淹曾任应天书院主教，后应天府书院改为南京国子监，与东京（开封）、西京（洛阳）国子监并列，成为全国最高学府。因而，应天府又被称为"河

---

① 嘉靖《归德志》卷1《舆地志·疆域》，《天一阁藏明代方志选刊》，上海古籍书店1990年影印本。

② 杜甫：《遣怀》，引自《全唐诗》卷222。

③ 嘉靖《归德志》卷1《舆地志·疆域》，《天一阁藏明代方志选刊》，上海古籍书店1990年影印本。

④ 汤斌：《〈睢州志〉序》，引自《汤斌集》上卷，中州古籍出版社2003年版，第98页。

南文献之邦，二程过化之地"①，"世称中州文献者，于斯为最"②。尤其是考城"为二戴故里，古今言礼者莫不宗之。……邑昔多才，江蔡诸宗尤著"③。北宋应天府作为全国经济、文化最发达的地区之一，孕育出了"父子状元"和"兄弟状元"，史称"宋多名家"④。然而，到了北宋末期，随着政治重心的南移，华北地区就不在中原文化的管辖范围之内了。宋南渡后，应天府成为金的统治区域，从此进入"华夷杂处"的历史时期，"独慨建炎南迁，中原陆沉"⑤，"华夷杂处，丑于朴陋之习"⑥。金占领应天府后，天会八年（1130）改应天府为归德府。在异族统治的历史时期，无休止的战乱和频繁的河患，使归德府一次又一次地遭到破坏。

从金朝到元代，中原地区一直处于战乱不断的状态。由于归德具有重要的地理位置和战略地位，如乾隆《归德府志》所载：

> 归德……南控江淮，北临河济，彭城居其左，汴京连于右，形胜联络，足以保障东南，襟喉关陕，为大河南北之要道焉。⑦

所以，自北宋以降，归德一直是大规模战乱的中心。在金与蒙古的战争中，河南是金政府唯一能控制的地区，也是战争厮杀的主要战场。在宋元混战期间，河南的人口大量流失，在 197 万顷军民田中，可以

---

① 嘉靖《归德州志》卷 4《学校志》，《天一阁藏明代方志选刊》，上海古籍书店 1990 年影印本。

② 乾隆《归德府志》卷目《序例·序二》，中州古籍出版社 1994 年点校本，第 2—3 页。

③ 民国《民权县志》卷 7《人物志》，民国三十三年铅印本。

④ 嘉靖《归德志》卷 1《舆地志·陵墓》，《天一阁藏明代方志选刊》，上海古籍书店 1990 年影印本。

⑤ 光绪《睢州志》卷目《睢州旧志序》，中州古籍出版社 1990 年点校本。

⑥ 嘉靖《归德志》卷 1《舆地志·风俗》，《天一阁藏明代方志选刊》，上海古籍书店 1990 年影印本。

⑦ 乾隆《归德府志》卷 10《地理略下·形势》，中州古籍出版社 1994 年点校本，第 383 页。

耕种的仅 96 万余顷。[①] 温迪罕达上疏云："亳州户旧六万，今存者无十一，何以为州？……是岁大水，砀山下邑（夏邑）野无居民。"[②] 天兴年间，金军与蒙古军交战于豫东一带，当时被蒙军蹂躏后的汴京城，"荆棘遗骸，交叉道路，止存民居千余家"[③]。之后，归德又成为元末战争的主要战场，元末群雄蜂起，干戈不息，中原地区兵连祸结，社会经济遭到了严重破坏，中原诸州，元末战争受祸最惨，归德自然难逃此劫。

更为重要的是，宋元时期归德的生态环境发生了重大变化。北宋时期，归德并不存在河患问题，但在宋室南迁之后，南宋政府为了阻止金兵南下，同时又为了保证漕运通畅，人为地改变黄河河道，归德从此与黄河水患结下了不解之缘。

黄河的第一次重大改道是在南宋建炎二年（1128），当时的东京留守司杜充为了阻止金兵南下，在河南滑县李固渡（今滑县西南沙店集南三里许）西，人为决堤，使黄河由泗水入淮，黄河从此离开了历时数千年东北流向渤海的河道，改由山东汇泗入淮，造成黄河历史上的一次重大改道。第二次重大改道是在金天兴元年（1232），时蒙古军在河南归德府凤池口（今商丘县西北）人为决河，灌金兵，导致河水首次夺濉水入泗。第三次重大改道是在 1234 年，时蒙古军决河南开封城北二十余里黄河灌宋军，导致河水首次夺涡河入淮。[④]

南宋政府定都江南临安（今杭州），自然无暇顾及黄河的治理，金人疲于应战，对黄河的南流也采取听之任之的态度。因而，宋代以后的河患问题有增无减，进入了"黄河夺淮"时期，整个黄淮海大平原就是黄河及其他河流夹带的泥沙长期堆积作用的结果。"黄河夺淮"时期主要是指从 1128 年黄河在滑州决口南流夺淮，至 1855 年在兰阳

① 《金史》卷 47《食货志二·田制》，中华书局 1975 年点校本。
② 《金史》卷 104《温迪罕达传》，中华书局 1975 年点校本。
③ 周密：《齐东野语》，中华书局 1983 年点校本。
④ 韩昭庆：《明清时期黄河水灾对淮北社会的影响探微》，载刘海平主编《文明对话：东亚现代化的涵义和全球化中的文化多样性》，上海外语教育出版社 2006 年版，第 441—463 页。

（现兰考）铜瓦厢决口北流夺大清河入海的 700 多年。在此期间，黄河占夺了淮河的出海通道，淮河水系发生了极大变化，淮河干流行水不畅，水利设施毁废，原本良好的生态水系遭到了破坏，使其抵御水、旱灾害的能力下降。

归德背依黄河，南临淮河，是黄淮平原的中心腹地，自然也是黄河流经之地。宋代以前，河、淮各自达海，归德并不存在河患问题，汉代隋唐五代鲜有河患。两宋之际，由于黄河被人为改道，归德一带的河患开始增多。乾隆《归德府志》载："自宋中叶，河道南徙，合于淮以趋海，而汴宋之间始多水患。"[①] "睢州河患，宋、元最甚。"[②] 频繁的黄河水患致使人口大量流徙和村落急剧减少。举夏邑县为例，元代延祐年间水患之后，"邑之所存，旧室无几"[③]，大德年间水患之后，"城野居民，湮没殆尽"[④]。

自宋元以来，归德饱受战乱和水患的煎熬，生态环境发生巨大变化，造成人口大量减少、田地严重抛荒的惨状，社会经济不断遭到破坏。可以想象，长期的黄河水患与军事斗争，使中原社会很难形成一个聚居的农业社会，亦很难形成稳定的乡村聚落与家族组织。

早在洪武元年（1368），朱元璋就痛切地说："今丧乱之后，中原草莽，人民稀少。"[⑤] "鲁、豫、皖北、冀北之民，十亡八九。"[⑥]到了洪武十八年，"中原诸州，元季战争，受祸最惨，积骸成丘，居民鲜少。"[⑦]明初，都督府左断事高巍（1354—1402）也奏称：

臣观河南、山东、北平数千里沃壤之上，自兵燹以来，尽化

---

① 乾隆《归德府志》卷 14《水利略一·河防》，中州古籍出版社 1994 年点校本，第 453 页。

② 同上书，第 457 页。

③ 民国《夏邑县志》卷 2《建置志》，中州古籍出版社 1990 年点校本。

④ 同上。

⑤ 《明太祖实录》卷 34，台湾"中央研究院"历史语言研究所校印本，1962 年。

⑥ 同上，卷 5。

⑦ 同上，卷 34。

为榛莽之墟。土著之民，流离军伍，不存十一，地广民稀，开辟无方。①

元末战乱中归德的土著居民非死即迁，"所存旧室无几"②。明万历年间在河南做官的王士性论道：

> 宛、洛、淮、睢、陈、汴、卫，自古戎马之场，胜国（元朝）以来，杀戮殆尽，郡邑无二百年耆旧之家子姓。③

上述记载虽不免有夸张之嫌，但也反映了元末归德人口大量减少的历史真实。因而，明初的归德府遂由府降为归德州，隶河南开封府，统宁陵、虞城、夏邑、永城、鹿邑五县。④洪武初年，有司还以"城阔民少"议裁城池四分之一。⑤时人云："归德本宋旧封，自昔声为河南雄郡。宋元来，中原多艰，焚为金革之场，衣冠文物湮消渐尽。"⑥这说明，与宋代相比，明初的归德大大衰落了。

由于明初中原地区人口稀少，田地大量荒芜，明王朝相继推行迁民垦荒、重编里甲、设置卫所、开垦屯田等一系列政策，试图重新开发这一战略要地。

---

① 宋端仪：《立斋闲录》卷1，四库全书存目丛书子部第239册。

② 嘉靖《夏邑县志》卷8《艺文志》，上海古籍书店1963年影印本。

③ 淮、睢、陈、汴等地皆与归德毗连，王士性：《广志绎》，中华书局1981年版。

④ 直至嘉靖二十四年（1545）又升归德州为府，辖1州8县，即睢州、商丘、宁陵、夏邑、鹿邑、虞城、永城、考城、柘城，直至清代。明清的归德府相当于现在的商丘地区，现辖梁园区、睢阳区、夏邑县、虞城县、柘城县、睢县、民权县、宁陵县等2区6个县，代管永城市，总面积10704平方千米。

⑤ 嘉靖《归德志》卷1《建置志·城池》，《天一阁藏明代方志选刊》，上海古籍书店1990年影印本。

⑥ 嘉靖《归德志》卷目《重修归德志序》，《天一阁藏明代方志选刊》，上海古籍书店1990年影印本。

第二节　迁民垦荒与里甲户籍

元末动乱后的社会相当混乱，旧籍所载户口，大多逋逃无稽，旧有户籍实际上已经不可能作为稽查户口的依据，更不能适应新王朝控制编户齐民和征调赋税徭役的需要。所以，明朝一建立，就十分注意对户口的控制和管理，开始把这些无籍之户重新编入户籍之中。洪武元年（1368）发布的《大明令》规定："凡各处漏口脱户之人，许赴所在官司出首，与免本罪，收籍当差。"洪武三年（1370），朱元璋又下令"籍天下户口，置户帖户籍"①。

明初归德的人口锐减，田地荒芜，版籍虚空，户籍散失非常严重。早在洪武元年（1368），地方官员已经开始对户籍进行整顿。据光绪《柘城县志》载："洪武元年（1368），招集流散，以实版籍。"②另据嘉靖《归德志》载，洪武己酉（1369），归德州同知刘定延"招集流散人民，以实版籍，民至于今称之"③。这里的"流散人民"指的就是脱离了户籍登记的人口，政府通过对其安抚招集来重建统治秩序。这些州县官员的做法，很有可能是在地方社会推行朱元璋的户籍政策，"招集流散"往往成为评价明初州县地方官员政绩的主要依据。

更为重要的是，为了充实中原，朱元璋还下达了迁民令，进行强制性的政府迁民。史称："明太祖甫定豫省，思以天下之望族实之"④；"设法招徕耕种以实中原"⑤。元末明初，归德的人口稀少，其接受的移民自然多于其他地区。洪武、永乐年间，大量移民由山西洪洞迁入归德。根据《明史》《明实录》等史籍记载统计，在明初50余年间，从山西洪洞大槐树处分赴全国各地的迁民次数大致有18次，

---

①　《明史》卷77《食货志一》。

②　光绪《柘城县志》卷2《职官志》，光绪二十二年刊本。

③　嘉靖《归德志》卷5《官师志·州官》，《天一阁藏明代方志选刊》，上海古籍书店1990年影印本。

④　光绪《扶沟县志》卷14《艺文志下·序传》，台北成文出版社1976年影印本。

⑤　《明太祖洪武实录》卷93。

其中直接迁往河南的就有10次之多，明初洪洞迁民于河南者又以彰德府、怀庆府、开封府、归德府为最多。[1]根据《明太祖实录》记载：

（洪武二十二年，太祖）以河南彰德、卫辉、归德、山东临清、东昌诸处，土宜桑枣，民少而遗地利，山西民众而地狭故多贫，乃命后军都督佥事李恪等往谕，其民愿徙者，验丁给田，其冒名多占者罪之，复令工部榜谕。[2]

那么，明初移民究竟占全体人口的多大比例呢？曹树基通过对河南省商丘县自然村的时代和原籍的统计，认为洪武时代的移民占商丘县全体人口的50％，来自山西的移民又占洪武移民的72％，即山西移民占全体人口的41％。[3]

表2—1　　　　　　　　明初商丘县移民统计　　　　　　　（单位：人）

时代	本区	山西	山东	江苏	安徽	军人	其他省	合计
元末以前	18	0	0	1	0	0	0	19
元末	2	0	0	0	0	0	0	2
明初	1	0	0	0	0	1	0	2
洪武	7	42	2	2	1	3	1	58
永乐	11	0	1	1	0	9	0	22
合计	39	42	3	4	1	13	1	103

资料来源：《河南省商丘县地名志》（初稿），1990年，抽样乡镇：王坟、冯桥、临河店，抽样率15％。

我们暂不考虑这一数据是否能够代表整个归德的移民比例，但是

---

① 李永芳、周楠：《明初洪洞移民在河南的历史考察》，《商丘师范学院学报》2004年第4期。

② 《明太祖洪武实录》卷198。

③ 曹树基：《中国移民史》第5卷，福建人民出版社1997年版，第253—254页。

明初移民确实在归德户口中占有相当大的比例，大量的移民在洪武、永乐年间迁入归德。在现存的该地区的方志中难以找到具体的记载，所幸大量的碑文、家谱、墓志铭对明初移民均有记载，他们的视野大多超出了本族的范围，从而在一定程度上反映出当地社会概况，现略举数例如下：

> 当时豫东各处多新迁之民。[①]
> 徙豪杰实大郡，归德尤多。[②]
> 国初河循故道，□地可拓为壤，人咸趋之。[③]

在近年编纂的地方志中，同样可以发现元明之际山西移民本地的记载。据《虞城县志》载：

> 洪武四年（1371），大批移民由山西洪洞县徙居虞城县。[④]

又据《商丘市民俗志》载：

> 明代帝王朱元璋、其子朱棣，对中原大地实行了移民政策，将山西洪洞县一带人口稠密的居民，有计划地迁入河南人少地区，使其生息繁衍，耕作土地，发展生产，至今豫东广为流传：我们的老家是洪洞县人，祖先是老鸹窝人氏。[⑤]

如今的商丘市是由朱集演变而来，明永乐年间，朱集有乔、孙、朱、刘四姓家族迁此定居，初名叫乔家集。

[①] 宁陵《瓦屋刘氏族谱》卷4《东安公传》，1985年本。
[②] 商丘《侯氏家乘》卷2《明寿官公暨配王孺人合葬墓志铭》，光绪三十年本。
[③] 民国《民权县志》卷12《金石志》，民国三十三年铅印本。
[④] 《虞城县志》，生活·读书·新知三联书店1991年点校本，第101页。
[⑤] 《商丘市民俗志》，商丘市民俗志编辑室1989年版，第35页。

明初政府迁民落居归德之后，随即被纳入本地的里甲系统之中。洪武十四年（1381）朱元璋亲手订立了里甲户籍制度。根据万历《大明会典》记载：

> 洪武十四年，诏天下府州县编赋役黄册。以一百一十户为里，推丁多者十人为长，余百户为十甲，甲凡十人，岁役里长一人，管摄一里之事。城中曰坊，近城曰厢，乡都曰里，凡十年一周，先后则各以丁数多寡为次。每里编为一册，册首为一图，鳏寡孤独不任役者，则带管于百一十户之外，而列于图后，名曰畸零。册成，一本进户部，布政司及府州县各存一本。[①]

里甲制尽管在全国保持了大体一致的外壳，但其内容在不同区域却有很大差异。上田信曾对无视中国区域差异的里甲制研究方法提出批评，并根据里甲制在不同区域中的实施情况，将里甲制区分为三种类型：其一为"华北型"，即由移民编成的里甲，既不存在同族关系，也不存在业主与佃户之间的阶级关系。其二为"江南型"，主要由中等规模的地主担任里长，指挥自耕农和佃农完成赋役征收、维持水利等任务；其三为"华南型"，在徽州盆地、浙东盆地、珠江三角洲等地区，是以宗族组织为基础编成里甲。[②]

根据上田信的研究成果，由于华北土著人口较少，由移民编成的里甲民户，并没有形成聚族而居的状态。还有一些学者注意到，在明初"凡同姓者不准居处一村"的移民政策之下，华北地区还出现了很多同宗异姓的现象。[③]在归德的一些家谱资料中，也可以看到这方面的记载。据民权《段氏族谱》载，洪武三年（1370），该支奉令由山西

---

①　万历《大明会典》卷20《户部七·户口二·黄册》，台湾文海出版社1987年影印本。

②　参见［日］上田信《传统中国——由盆地与宗族所见之明清时代》，东京讲谈社1995年版，第190—193页。

③　傅辉：《分姓现象与明初华北移民政策关系研究》，《中州学刊》2007年第2期。

洪洞老鹳窝卢家村，迁居山东曹县城西十二里吕集前，即今前、后段庄。其余昆弟叔侄，远近十几人，迁移冀、鲁、豫三省交疆之地，有真公、颖公、尊公、隆公等。奉命分手，政府分给五十亩地，三年不完粮纳税。各支则创业垂统，可为久安长治之策也。[①]另据永城《崔谢张陈四姓族谱》载，洪武三年（1370）春，始祖金明由山西洪洞县迁居河南永城县古城村。迁居时始祖携四子，将四子分为崔、谢、张、陈四姓，棋布而居，使之互相友助，出入守望。[②]又据与归德毗邻的山东曹县《长刘庄魏刘氏合谱》记载：

> 予族山西平阳府洪洞县人士，大明洪武二年迁民招下，条款具备，律历森严，凡同姓者不准居处一村。始祖兄弟二个，不忍暂离手足之情，无奈改为两姓，铜佛为记，传流至今五百余岁依然相在。[③]

可见，在明初"凡同姓者不准居处一村"严格的移民政策之下，归德地区的移民并没有形成聚族而居的大家族。

明初归德的里甲组织有很多是建立在迁民乡的基础之上。如归德州即有从永安一乡到永安八乡共八个迁民乡被编入里甲。夏邑县编户十三里，分别为一里、二里、三里、四里、五里、六里、七里、八里、九里、十里、十一里、十二里、十三里，这么简单的划分很有可能是在迁民乡的基础上进行的。另据康熙《夏邑县志》载，十三里民王海并非土著，而是从山西移民而来，"其先山西阳城著姓，因父茂商河南遂家于韩家道口"[④]。河南汲县曾发现一通立于洪武二十四年（1391）的《迁民碑》，上面刻着以里长郭全为首一百一十户民屯人户的全部

---

① 傅辉：《分姓现象与明初华北移民政策关系研究》，《中州学刊》2007年第2期。

② 同上。

③ 山东曹县《长刘庄魏刘氏合谱》（民国二十四年修，撰写人不详），转引自http://www.htdhs.com.cn/article.asp?articleID=7448&page=4。

④ 康熙《夏邑县志》卷7《孝义》，康熙三十六年刻本。

户主姓名，一共是一名里长，十名甲首，一百名户主。碑上还说他们系山西泽州建兴乡大阳都地方迁汲县城南社双兰屯居住的，他们在这里垦耕荒地，编为一里，这个村的名称也由双兰屯改为郭全屯。[①]

　　明初的移民和土著是否都被编入了里甲组织？目前还没有相关资料加以证明。不过，由于归德地处豫东平原，境内"无高山大泽，土地平衍"[②]，这些移民和土著很难躲开官府的编审和控制。而且，明初以后，当外来流民迁入归德时，地方政府遂添置里甲，安置流民。如嘉靖《归德志》载："本州原额版籍地土一十三里，后因各处流来人多，添一十三里，共二十六里。"[③]可见，明初以后的地方政府仍按照明初的政策设立里甲。所以，笔者猜测，明初大多数居民都被编入了里甲户籍之中。

　　虽然明初归德的里甲组织大多是建立在迁民乡基础之上，但仍然延续了宋元以来基层组织的名称，除了"里甲"，还有"乡""图""保"等名称。如永城县在明初有十九图，包括在坊乡一图、甫城八图、酂县四图、砀山二图、保安乡四图，归德州在明初有十八个坊乡。[④]清代以来的地方志对明初的基层组织也有相关记载。如光绪《鹿邑县志》载："明洪武年分县田户为十四图……成化三年增图六乡十有四……通前为三十四里，嘉靖元年，并乡都裁八里，十年复分之，终明之世不再析并。"[⑤]又如民国《考城县志》载："宋时，州县编户皆曰乡，明始曰里曰保，里保更以甲分，曰某里几甲，某保几甲。"[⑥]宋代的"乡"是地方州县编户的赋役组织，到了元代，县以下仍设乡，乡有里正，以乡统都，都有主首，里正和主首负责催督赋役。上文提及的"并乡都"，

---

　　① 高兴华：《明初迁民碑》，《文物参考资料》1958年第3期。

　　② 郑廉：《自序二》，《豫变纪略》卷首，浙江古籍出版社1984年点校本，第7页。

　　③ 嘉靖《归德志》卷3《田赋志·马政》，《天一阁藏明代方志选刊》，上海古籍书店1990年影印本。

　　④ 嘉靖《归德志》卷1《舆地志·坊乡》，《天一阁藏明代方志选刊》，上海古籍书店1990年影印本。

　　⑤ 光绪《鹿邑县志》卷3《建置》，台北成文出版社1976年影印本。

　　⑥ 民国《考城县志》卷首《考城县全境图》，民国三十年铅印本。

体现了明代对元代乡都组织的继承。同时，从上述鹿邑县的资料来看，"乡"和"图"其实就是"里"。可见，元代的"乡""图"组织，在洪武体制之下逐渐转变为里甲组织，成为赋役征派的基本单位。

随着里甲户籍制度的推行，地方上户籍混乱的情况得到改善，许多原来没有登记在户籍之中的流散人口，由此而成了里甲编户。在各种资料中仍可看到大量"占籍"的记载，"占籍"即上报户口，入籍定居，这就意味着大量流散人口被编入里甲户籍，成为纳粮当差的民户。兹列举数例如下：

> 归德古为大郡，户口蕃庶，国朝以来，生养休息，不甲于他郡，亦不减于他郡。招来而安辑之，则有司存。[1]

> 睢州蔡氏，先世砀山人，元末兵起，为避兵乱辟地睢州，遂占籍。[2]

> 商丘孙氏，其先晋之洪洞人，远祖某以明初奉诏东徙，占籍虞城。[3]

> 商丘朱海，拜官礼部，出为归德牧伯，遂于商丘家，为商丘朱氏始祖。……（洪武三年），胞弟江、河来荒至宋，公雅敦友爱，为之占籍立业，曲尽周详。[4]

> 睢州王赞，其先世山西洪洞人，有诮祀者，始迁河南之仪封，已而□籍睢州野鸡冈，遂为睢州人。[5]

> 睢州蒋氏，其先祖曾为会稽守，今杭州，自我始祖宗公以大户解粮京师，时在元顺帝末年。岁次辛巳，公元1341年，距今648年。因大明兵起讨元，天下未定，我祖宗公中途睢州

---

[1] 嘉靖《归德志》卷3《田赋》，《天一阁藏明代方志选刊》，上海古籍书店1990年影印本。

[2] 《新中国出土墓志（河南）》下册，文物出版社1994年版，第26页。

[3] 郭善邻：《处士孙先生行实》，《春山先生文集》卷3，乾隆五十六年友鹤山房刊本。

[4] 《重修朱氏家乘序》，商丘《朱氏家乘》卷首，1985年版。

[5] 《新中国出土墓志（河南）》下册，文物出版社1994年版，第58页。

被阻，遂落户在睢州，定居在坊里五甲民籍，以务农为业，子孙繁衍。①

这些关于"辟地占籍""占籍立业"的记录表明，所谓"占籍"的意义，像很多地区一样，并不单纯地只是一个家庭到官府衙门去登记户口，而往往是与定居及购置土地相联系的行为。② 由于"立籍"是与"当差"联系在一起的，编入里甲意味着要向政府承担赋役义务，没有田产的人口一般是不会立籍入户的。③ 所以，有时"户"又被称为"田户"，如鹿邑县"明洪武年分县田户为十四图"④。值得注意的是，根据目前发现的各类民间文献，明初在归德占籍立业的人，一般都不是本地人，而是政府迁民或流散之民，这也折射出明初的里甲户籍制度基本上是建立在移民社会的基础之上。通过里甲户籍的整顿，这些移民成为编户齐民，逐渐在归德定居下来，对明清归德社会结构的形成有着深远影响。

里甲户籍的设立是出于赋役征派的需要，目的是让"编户"办纳粮差，是把地方社会纳入国家控制体系之中的重要措施。据光绪《鹿邑县志》载：

> 明洪武十四年（1381），编赋役贡册，以一百一十户为里，推粮丁多者十人为长，余分十里，岁役里长一人，管摄里事。每里编为一册，十年一周攒造焉。⑤

另据嘉靖《永城县志》载：

---

① 《蒋氏族史概论》，睢州《蒋氏家谱》，1990 年版，第 12—13 页。
② 刘志伟：《在国家与社会之间——明清广东里甲赋役制度研究》，中山大学出版社 1997 年版，第 62 页。
③ 同上书，第 63 页。
④ 光绪《鹿邑县志》卷 3《建置》，台北成文出版社 1976 年影印本。
⑤ 同上。

坊乡共二十三里，每里十甲，每甲十户，一为里长，十为甲首，有外移而不足于十一，有分析而过于十一者，十年轮役一次，凡百供应科费皆取办焉。①

在地广人稀的中原地区，明初为了防止迁民逃亡和稳定赋役征派，采取了鼓励垦荒、减轻赋役等一系列惠民政策。据《明太祖实录》载，洪武二十一年（1388），"往彰德、真定、临清、归德、太康诸处闲旷之地，令自便置屯耕种，免其赋仍户部给钞二二十锭，以备农具"，并规定"三年不征其税"，"免赋役三年"，"额外开荒，永不起科"②。在现存的家谱中，仍可看到有关"永不起科"的记载，如民权《渔王氏族谱》载：

明初，开封、归德等地皆遇黄河之变，天下之人莫适。及建文即位，黄河又迁，凡已出之地，具无人耕……圣旨有云：兰阳、仪封、宁陵、考城等县，俱遭黄河之苦，今已出之地，草木畅茂，不堪耕种，无论军民人等，但有能开种者，永不起科。③

明初国家为了鼓励农民垦荒，承认其对所垦荒地的所有权，这对安定迁民和开垦荒田无疑起到了积极作用，很多移民纷沓而来。据明代考城义士张宪墓志铭所记："先世居陈留，国初河循故道，□地可拓为壤，人咸趋之。考城带河为邑者也，祖讳顺者以是因家焉。"④ 与此同时，山西太原府阳曲县人王荣来到考城迄南凤堌村，"圈地十八顷，遂世居焉"⑤。又据《商丘文史大观》记述："明洪武年间，张姓始祖

---

① 嘉靖《永城县志》卷4《政事·征役》，上海古籍书店1990年影印本。
② 《明太祖洪武实录》卷193。
③ 《王氏家谱始序》，民权《渔王氏族谱》卷首，1954年本。
④ 民国《考城县志》卷12《艺文志·明故义士张公暨配孺人郭氏墓志铭》，民国三十年铅印本。
⑤ 《王氏家谱始序》，民权《渔王氏族谱》卷首，1954年本。

由山西洪洞笊篱迁来，占荒柘城，占荒老人乃笊篱名工。"① 元末兵燹后，河南省原是荒地最多的区域，到了洪武二十六年（1393），河南省的田额已经跃居全国第二位，由此可见明初移民垦荒的成绩。②

从地方史料看，明初的里甲户籍制度得到了较为切实的执行。如嘉靖《夏邑县志》载：

> 明稽古定制，以天下之田定天下之赋，因其地宜立为等则。岁有定额，家有常数，其法未始不善也。③

又如光绪《鹿邑县志》载：

> 明洪武十四年（1381），编赋役贡册，以一百一十户为里，推粮丁多者十人为长，余分十里，岁役里长一人，管摄里事。每里编为一册，十年一周攒造焉。惟时无飞诡、影射过割诸弊，故被役者甚均。④

明朝建立以后，通过政府迁民、鼓励垦荒、减轻赋役等政策，对荒闲土地重新作了重点分配，为里甲制度的建立和巩固奠定了社会经济基础。特别是迁民政策与里甲制度相互为用，有助于建立稳定的社会秩序。

第三节　军事移民与卫所屯田

明帝国疆域有两套统治系统，除了户部掌握的里甲户籍，其他大

---

① 张龙之、李传申：《商丘文史大观》，新华出版社 1988 年版。
② 梁方仲：《明代粮长制度》，上海人民出版社 1957 年版。
③ 嘉靖《夏邑县志》卷 3《田赋第三·田赋》，上海古籍书店 1963 年影印本。
④ 光绪《鹿邑县志》卷 3《建置》，台北成文出版社 1976 年影印本。

半疆域是处于都司卫所的管理之下。① 朱元璋在编制里甲户籍的同时，又于天下遍设卫所，"自京师达于郡县，皆立卫所"②。由于归德为豫、鲁、苏、皖四省交界之通衢，有"南北咽喉"③"江淮屏蔽"④"水陆冲要，运路咽喉"⑤之称，一直以来都是中原通往江南的交通要道，"为大河南北之要道焉"⑥。因而，明政府对这一区域非常重视，很早便在此处设卫进行守备。如嘉靖《归德志》载：

> 混一区宇建设，即闻知兹土（归德）关系匪轻，乃以卫属直隶州属河南，犬牙交制，军民互处。……故凡卫僚铨注，非有大勋劳至亲信者弗与焉。⑦

明代在归德境内设有归德卫与睢阳卫，归德卫在明初属河南都司，后属中军都督府在京；睢阳卫于洪武二十二年（1389）设于睢州，初隶南京，景泰初始隶河南都司。按明朝规定，一般一卫军士 5600 名，一所 1100 名。据嘉靖《归德志》载，归德卫有左千户所、右千户所、中千户所、前千户所、后千户所，左右各百户所附，正厅官 128 人，指挥使 6 人，同知 4 人，金事 10 人，卫镇抚 1 人，千户 40 人，所镇抚 5 人，百户 66 人，总旗 96 人，小旗 48 人。归德卫的卫官总人数为404 人，官军数量总额为 4481 人。⑧ 又据清顺治《睢阳卫官志》载，

---

① 顾诚：《明帝国的疆土管理体制》，《历史研究》1989 年第 3 期。

② 张廷玉等《明史》卷 89《兵一》，中华书局 1974 年版，第 2157 页。

③ 嘉靖《归德志》卷 5《官师志·卫僚》，《天一阁藏明代方志选刊》，上海古籍书店 1990 年影印本。

④ 康熙《商丘县志》卷 3《兵燹》，中州古籍出版社 1989 年点校本，第 115 页。

⑤ 《与韩弘诏》，引自《白氏长庆集》卷 40。

⑥ 乾隆《归德府志》卷 10《地理略下·形势》，中州古籍出版社 1994 年点校本，第 383 页。

⑦ 嘉靖《归德志》卷 5《官师志·卫僚》，《天一阁藏明代方志选刊》，上海古籍书店 1990 年影印本。

⑧ 嘉靖《归德志》卷 2《建置志·卫》，《天一阁藏明代方志选刊》，上海古籍书店 1990 年影印本。

睢阳卫有指挥使、指挥同知、指挥金事共28人，卫镇抚4人，左、右、中、前、后五所千户30人，所镇抚5人，百户50人，皆世袭。其幕有经历，则文官为之，睢阳卫所额设官军4060名。[①]这仅指正规军的数目，此外还有大量随军的家属，他们被称为"军余"或"舍丁"，实际上也同军人一道成为明初移民。

卫所军户一般都是来自外地。据嘉靖《归德志》载，千户40人中来自直隶省的有21人，占总人数的一半，其次是来自湖广、山东的5人和4人；百户25人中有7人来自河南，6人来自直隶。在明初移民潮中，卫所军户占有相当比例。今日商丘地区各县的自然村镇，几乎50%以上是明代建立的，其中有很多是军籍移民建立的，参见下表：

表2—2　　　　　　　　明代归德州、永城县与夏邑县户籍类别[②]

年代	州县	总户数（户）	户籍分类数		占总户数的百分比（%）	资料出处
			户籍分类	户数（户）		
天顺六年	归德州	1851	民户	1363	74	嘉靖《归德志》卷3《田赋志·户口》
			军户	420	23	
			寄庄	12	0.06	
			校尉	9	0.04	
			力士	4	0.02	
嘉靖二十二年	归德州	3743	民户	3160	84.40	嘉靖《归德志》卷3《田赋志·户口》
			军户	521	14	
			匠户	61	1.60	
			校尉户	6	0.16	
			力士户	4	0.10	
			医户	1	0.02	

---

① 光绪《睢州志》卷4《官师志·卫官》，中州古籍出版社1990年点校本。

② 上述数据出自嘉靖《归德志》（《天一阁藏明代方志选刊》，上海古籍书店1990年影印本）卷3《田赋志·户口》，统计略有出入，似有其他零星人等未列入记载，百分比为笔者计算。

续表

年代	州县	总户数（户）	户籍分类数		占总户数的百分比（%）	资料出处
			户籍分类	户数（户）		
嘉靖二十一年	永城县	4489	民户	3700	82.42	嘉靖《永城县志》卷3《食货·户口》
			军户	737	16.41	
			匠户	38	0.85	
			校尉户	9	0.20	
			力士户	4	0.09	
			医户	1	0.02	
嘉靖二十六年	夏邑县	2722	民户	2374	87	嘉靖《夏邑县志》卷3《田赋第三·户口》
			军户	322	11.83	
			匠户	20	0.73	
			校尉户	4	0.15	
			力士户	2	0.07	

由表2—2可见，明初归德的户籍主要是由民户和军户构成，民户和军户分别属于州县与卫所两个系统。卫所军户不同于里甲户籍，作为国家军队体系中的一员，不用负担里甲正役和杂泛差役，只需承担军役，由直接隶属的各卫所进行管理。军户一旦被编入军籍之后，子孙便世袭其业，不得改籍。根据《明史·食货志》载，"凡军、匠、灶户，役皆永充"[1]，"毕以其业著籍，人户以籍为断"[2]。这些记载显示出明代以"籍"控"役"的统治形态，使不同户籍的人世代为政府提供各种差役。[3]

为了使卫所军户能达到自给自足的目的，明初以来即分配固定比例的军士屯田。根据《续文献通考》记载：

---

① 《明史》卷78《食货二·役法》，中华书局标点本1974年版，第1906页。
② 《明史》卷77《食货一·户口》，中华书局标点本1974年版，第1878页。
③ 于志嘉：《明代军户世袭制度》，台湾学生书局1987年版，第49页。

自兵兴以来，民无宁居，连年饥馑，田地荒芜。若兵食尽资于民，则民力重困。故令尔将士屯田，且耕且战……边地卫所军，以三分守城，七分开屯耕种；内地卫所军，以二分守城，八分开屯耕种。①

归德卫和睢阳卫属于内地卫所，地处重要的农耕地区，因而是卫所军屯密集分布的地方。明初迁至这两个卫所的军户，基本上是以屯军为主。如嘉靖《归德志》载："国家设军卫而有屯地，此寓兵于农之意，典甚微也。"②这些屯军在屯所屯田，"屯所"即屯田百户所，属于卫指挥所，是军屯生产的基层组织。以归德卫为例，明初隶于归德卫百户所之下的军屯共有39屯。据嘉靖《归德志》记载：

东葛驿乡六屯，隶百户文贵；西葛驿乡四屯，隶百户卢义；北马牧乡五屯，隶百户张斌；中马牧乡七屯，隶百户侯琰等；南马牧乡一屯，隶百户詹玉等；西曲睢乡一屯，隶百户刘聚；中曲睢乡四屯，隶百户周俊等；忠信乡四屯，隶百户吴山等；宁德乡二屯，隶百户杨杰等；东曲睢乡五屯，隶百户郭福等，上俱旧志所载。③

在军户的家谱、文集资料中，同样可以找到很多屯军的例子。例如：

（商丘刘氏家族）吾家戍集也……隶商丘之伍，有为吾之始祖者，受田于阏伯台右。盖三百载之先畴矣。是田也，属于卫古屯法也，无事则耕而食，有事则行役焉。④

---

① 《续文献通考》卷5《田赋考·屯田》。
② 嘉靖《归德志》卷3《田赋志·屯田》，《天一阁藏明代方志选刊》，上海古籍书店1990年影印本。
③ 同上。
④ 刘榛：《虚直堂文集》卷8《刘氏祭田碑记》，康熙刻本。

（商丘叶氏始迁祖叶受）洪武八年（1375）由庐陵泰和任职归德卫，屯谷熟镇之东北。①

（商丘沈氏始迁祖沈福二）洪武二十二年（1389）隶籍归德卫左所李百户伍下，占屯城东南一十五里邵家口处，辟草莱而居。②

（商丘蒋氏始迁祖总旗公讳三老）原籍居山西泽州府（后序曰平阳府），前明洪武壬子授护卫亲王后所千户上旗总旗，调卫归德州卫，见风俗淳朴，率本所四百户，圈占府城东北十二里，立名为四旗营。③

由于各地的土地数额、土地肥瘠、地方缓冲、耕作条件等有所不同，各地每军受田情况也不一致。据《明会典》记载："每军种田五十亩为一分，又或百亩，或七十亩，或三十亩、二十亩不等。"④福建每军受田三十亩，广东每军受田二十亩。⑤与地狭人稠的东南地区相比，归德地区位居腹里、地广人稀，每军受田较多，一般在百亩左右。如商丘沈鲤家族，其始迁祖以军籍隶属归德，"里不过一厘，田不逾百亩"⑥；再如商丘刘榛家族，其始迁祖以戍籍迁入归德，"亦无不有百亩之敷锡者"⑦；又如睢州田兰芳家族的始祖李三，"从明太祖起兵，天下既定……授田百亩以酬，其庸三分屯于睢州之潮庄，遂世为睢人"⑧。另据明代归德府志载，归德卫有屯田地3986顷，新增籽粒地1185顷。⑨可见，与其他地区相比，归德的屯田较多，正如嘉靖《夏邑县志》记：

① 商丘《叶氏家乘》卷6《都金乡饮公暨郑恭人墓志铭》，民国八年本。
② 商丘《沈氏家谱》卷1《沈氏家谱序》，民国二十三年本。
③ 商丘《蒋氏族谱》卷1《家谱下卷序》，光绪五年本。
④ 《明会典》卷18《户部·屯田》。
⑤ 李龙潜：《明代军屯制度的组织形式》，《历史教学》1962年第12期。
⑥ 商丘《沈氏家谱》卷1《沈氏家谱序》，民国二十三年本。
⑦ 刘榛：《虚直堂文集》卷8《刘氏祭田碑记》，康熙刻本。
⑧ 田兰芳：《逸德轩遗稿》卷3《清故进士张公懋勋合葬墓志铭》，康熙二十五年刊本。
⑨ 嘉靖《归德志》卷3《田赋志·屯田》，《天一阁藏明代方志选刊》，上海古籍书店1990年影印本。

"我夏接界二省比邻，诸屯广袤。"①

　　明初为实现卫所之间的相互牵制，在屯地的分配上往往相互交错，不同卫所的屯田共处一地。如宁陵境内有睢阳卫、宣武卫、归德卫三卫的军屯。再如柘城境内有五个卫所的军屯，"五卫十州县军民，开垦占种，又十之六七"②。由此可见，归德境内的军屯不止归德卫和睢阳卫两个卫所的军屯，还包括周边卫所的军屯。明朝军屯不仅各卫交错，而且还常与民田相杂，地处中原的归德地区更是如此。如嘉靖《归德志》所记："地方人民田土俱于归德卫四十九百户所官军营堡屯田相搀杂处。"③在卫所交错与民卫杂处的状态下，军户之间及军民之间发生冲突的概率无疑会大大增加，因而，卫所军户的演变在很大程度上影响了明代归德的社会变迁。

　　总之，在明代迁民垦荒、重编里甲、设立卫所、广置屯田的历史条件下，形成了由众多的政府迁民和军事移民共同构成的移民社会，由此开始了明代归德府地区的重新开发史。

---

　　①　嘉靖《夏邑县志》卷1《地理第一·疆域》，《天一阁藏明代方志选刊》，上海古籍书店1963年影印本。

　　②　光绪《柘城县志》卷7《艺文志·均田记》，光绪二十二年刊本。

　　③　嘉靖《归德志》卷3《田赋志·马政》，《天一阁藏明代方志选刊》，上海古籍书店1990年影印本。

第三章　明前期的土地兼并与军事权贵

　　明初建立的里甲户籍制度，原来是明王朝控制人口和征派赋役的主要依据。然而，这种画地为牢的社会制度，历时不久便已破绽百出。在归德府地区，由于河患频仍，劳役繁重，里甲编户动辄破产，卫所军户趁机兼并土地，军事权贵在地域社会中占据了支配地位。本章首先考察黄河水患对土地兼并过程的影响，进而论及里甲组织的解体与军事权贵集团的形成。

第一节　黄河水患与土地兼并过程

　　区域史是研究一定空间范围的历史，首先要考虑社会生态环境对区域社会的影响。翻开归德府各州县的地方志，搜寻关于自然灾害的一节，每一页上都写着"水患"二字。这一独特的生态背景，直接影响归德地区的土地兼并、赋役负担及民间宗族组织等问题，成为制约明初归德社会变迁的基本前提。

　　归德府地处黄淮平原，位于河南省最东边，在河南省各府之中，归德府的地势最低。如嘉靖《归德志》载："吾郡为中原东鄙，西北诸水皆经是而东注焉。"[①] 又如光绪《柘城县志》载："豫省八府，归德处东方，最洼下之地。"[②] 因而，一旦黄河泛滥，归德府所属州县很

---

　　① 嘉靖《归德志》卷1《舆地志·山河》，《天一阁藏明代方志选刊》，上海古籍书店1990年影印本。

　　② 光绪《柘城县志》卷7《艺文志·与大中丞赵公书》，光绪二十二年刊本。

容易遭到水灾，尤其是商丘、夏邑、永城、虞城等几个地势更低的县。

　　由前文可知，宋元之前，归德并不存在河患问题，自南宋之后，由于财政和军事的原因，黄河被人为改道，占夺了淮河的出海通道，归德境内的河患问题日益严重。如乾隆《归德府志》所记："自明以来，归德、开封之间，无处不决。"① 如果说"黄河夺淮"是宋元遗留下来的问题，那么，明政府的治河政策又加剧了归德的河患。从永乐开始，保护运河、保障漕运畅通成为治理黄河的主要目的和指导原则。如果治理黄河水患与保证运河畅通发生矛盾，统治者会毫不犹豫地选择保障运河，"北堵南分"的治河方略正是这一原则的产物。这种治河方略对黄河的破坏比明初的治黄更为严重，它不顾自然规律，明知黄河在河南、山东、两直隶交界处的地势为西南高、东北低，却逆水之性，堵绝黄河北流，迫使黄河河水全部南流。"北堵南分"的治河方略给黄河两岸广大地区造成严重灾害，尤其是归德、曹县、单县、砀山一带更是糜烂不堪。在这种治河政策下，归德境内的河患愈来愈严重。弘治十三年（1500），黄河在商丘县东北丁家道口上下黄河溢决堤岸十二处，河道淤塞三十余里。② 嘉靖十六年（1537）夏，黄河又在商丘县李口乡南岸决口，河水泛滥，灌归德府城，至嘉靖十九年（1540）冬城内始干。其后河水漫流，归德府一带灾害连年。直至清咸丰五年（1855），黄河水向北迁徙，归德府的黄河水灾才慢慢减少。如下表所示：

表 3—1　　　　　　　　　　　明代归德河患灾害年表

时间	地点	河患情形	资料来源
洪武二十三年	归德州	河决归德，经夏邑，永城诸县	光绪《永城县志》卷15《灾异志》、乾隆《归德府志》卷34《灾祥略》
成化元年	鹿邑	河决，流经武平城，漂没庐舍，是年免田租三之一	光绪《鹿邑县志》卷6下《民赋考二》

① 乾隆《归德府志》卷14《水利略一·河防》，中州古籍出版社1994年点校本，第460页。

② 《明孝宗实录》卷160。

续表

时间	地点	河患情形	资料来源
成化十年	鹿邑	河溢，城圮东北	光绪《鹿邑县志》卷6下《民赋考二》
成化十四年	虞城	淫雨涝溢，平途可以运舟，如是者数岁	光绪《虞城县志》卷9《杂记·灾祥》
弘治二年	归德考城	河决开封，经归德东趋入淮。夏五月，黄河决支流，分为三，其一决封丘金龙口至曹州入张秋，其一出中牟下尉氏合颍水入淮，其一泛滥于原武阳武兰阳仪封考城，命刑部侍郎白昂治之，役丁夫二十五万，水患稍息	光绪《永城县志》卷15《灾异志》、民国《考城县志》卷3《事纪》
弘治十一年	夏邑永城	河决夏邑县北，经永城之太丘、回村，经萧县入徐州界	光绪《永城县志》卷15《灾异志》
弘治十五年	归德州	河决入城，公私廨舍，荡然无余	康熙《商丘县志》卷3《灾祥》
弘治二十年	考城	夏五月河决入考城	民国《考城县志》卷3《事纪》
嘉靖十二年	鹿邑	河溢水至城濠	光绪《鹿邑县志》卷6下《民赋考二》
嘉靖十六年	归德州鹿邑	河决归德，泛溢城下，十九年冬始涸，夏六月河溢鹿邑，伤稼	康熙《商丘县志》卷3《灾祥》、光绪《鹿邑县志》卷6下《民赋考二》
嘉靖十九年	鹿邑	河决野鸡冈，县境大水	光绪《鹿邑县志》卷6下《民赋考二》
嘉靖二十一年	鹿邑	夏六月，淫雨逾月，河南徙，平地水深丈余，民多溺死，免税粮	光绪《鹿邑县志》卷6下《民赋考二》
嘉靖二十二年	鹿邑	秋河水伤稼	光绪《鹿邑县志》卷6下《民赋考二》
嘉靖二十四年	永城虞城	永城春旱，无麦，河水溢虞城，声闻数十里，秋禾咸被淹没	光绪《永城县志》卷15《灾异志》、光绪《虞城县志》卷9《杂记·灾祥》
嘉靖二十五年	睢州	河决睢州	光绪《睢州志》卷12《灾异》

时间	地点	河患情形	资料来源
嘉靖二十六年	睢州永城虞城	河决睢州官亭，绕州城堤。永城大雨，诏免田租之半。虞城大雨，诏免田租之半	光绪《睢州志》卷12《灾异》、光绪《永城县志》卷15《灾异志》、光绪《虞城县志》卷9《杂记·灾祥》
嘉靖三十二年	宁陵	河决，漂没民居	宣统《宁陵县志》卷终《杂志·灾祥》
嘉靖三十七年	商丘	河决伤禾	康熙《商丘县志》卷3《灾祥》
嘉靖三十九年	商丘	河北徙	康熙《商丘县志》卷3《灾祥》
万历十五年	鹿邑	大水	光绪《鹿邑县志》卷6下《民赋考二》
万历二十二年	鹿邑	春，大饥，赈免田租。夏，大水，无麦禾	光绪《鹿邑县志》卷6下《民赋考二》
万历二十五年	虞城	大雨河溢，后连年大雨水	光绪《虞城县志》卷9《杂记·灾祥》
万历二十六年	永城	大饥，人相食，河役繁兴，瘟疫频行，杨东明绘《流民图》，诏有司赈济	光绪《永城县志》卷15《灾异志》
万历二十九年	商丘鹿邑	河决商丘，支流四出，平地皆水。河决鹿邑	康熙《商丘县志》卷3《灾祥》、光绪《鹿邑县志》卷6下《民赋考二》
万历三十年	夏邑宁陵虞城	河决夏邑，飘荡田庐，水入城，夏邑城内行舟。宁陵吕坤于壁间题词云："癸卯年，杀人天！瘟疫死一半，麦秋尽水淹。挑河苦累死，天灾又那堪。雨泪向谁落，肉食人不觉！"河决虞城，麦禾屋庐飘荡几尽，堤不没者二三尺，水浸城内盈尺	宣统《宁陵县志》卷终《杂志·灾祥》、光绪《虞城县志》卷9《杂记·灾祥》
万历三十二年	商丘夏邑虞城	河溢商丘，是年大疫，死者相枕。夏邑大饥，人相食，河役繁兴，瘟疫流行，民死十之七。虞城大饥，疫，河役繁兴，民死十七，邑给谏杨东明绘饥民图说	康熙《商丘县志》卷3《灾祥》、民国《夏邑县志》卷9《灾异》、光绪《虞城县志》卷9《杂记·灾祥》

续表

时间	地点	河患情形	资料来源
万历三十三年	鹿邑	秋八月，河决王家口，冬十二月免被灾田租	光绪《鹿邑县志》卷6下《民赋考二》
万历四十四年	鹿邑	夏六月蝗，秋七月河决陶口	光绪《鹿邑县志》卷6下《民赋考二》
崇祯九年	睢州永城	睢州大水，永城大雨水	光绪《永城县志》卷15《灾异志》、光绪《睢州志》卷12《灾异》
崇祯九年	鹿邑	春五月丙辰大雨，平地水深五尺，麦为腐	光绪《鹿邑县志》卷6下《民赋考二》
崇祯十一年	睢州永城虞城	睢州旱蝗，永城蝗，虞城火灾，三四次，延烧二百余家	光绪《睢州志》卷12《灾异》、光绪《永城县志》卷15《灾异志》、光绪《虞城县志》卷9《杂记·灾祥》
崇祯十五年	睢州	河决睢州，新旧两城皆陷	光绪《睢州志》卷12《灾异》
崇祯十五年	鹿邑	秋九月，闯贼决河灌汴，鹿邑平地水深逾丈，人民没溺殆尽	光绪《鹿邑县志》卷6下《民赋考二》

在自然灾害较为严重的地区，往往也是土地兼并较为激烈的地区。在河患频仍的归德地区，由于农民不断迁徙逃亡，土地买卖非常频繁，当地军事权贵和藩王等特权阶层趁机兼并流徙民户的土地，卫所军户和邻县居民也趁河患之际兼并大量民田，致使明代归德府的在册田地大量流失。

首先是军事权贵兼并大量土地。如前所述，归德是交通要道和军事重镇，为了加强对中原地区的统治，朱元璋采取了设卫所、迁藩王、调勋戚等一系列措施。明初，中原地区一片荒凉，卫官与勋戚等军功集团凭借各种特权大量兼并土地，成为地方社会最有势力的大地主。军事权贵在地方上拥有雄厚的经济势力，与他们掌握的各种特权密不可分。他们大多倚仗其特权，兼并或靠别人投献，攫取更多的土地。地方志中就有很多有关卫官兼并大量屯田、私自役使"舍余军丁"的史料。嘉靖《归德志》记载：

　　弘治壬戌（1502），河水决城，文册湮溺，卫官佥派殷实舍余军丁佃纳，名为花户，日久困弊，逋负甚多，告讼繁兴。……国家设军卫而有屯地，此寓兵于农之意，典甚微也。但归德地临大河，沧桑相寻，百七十年来，不知其几鱼鳖矣，疆界沟洫荡然非故。然士卒之祖宗坟墓有恒在，而未尝改易者，此亦足以征其一二矣。今豪右吞渔，奸点诡计，每以世远册费为辞，故田连阡陌之族无升合之输，而贫无置锥之夫甘包赔之苦，士卒如之何，其不穷且徙而冤以死也。①

　　频繁的河患极易使地界不清，这给屯册的保存和屯田的管理带来很大困难，屯官很难有效巡视，屯田的占有关系非常复杂。再加上不同卫所的屯田往往相互交错，更使屯田管理近于无政府状态，屯军可乘机私相典卖，无所顾忌。明弘治年间，卫官凭借手中职权，趁河患之际，"佥派殷实舍余军丁佃纳，名为花户"。卫官和殷实"舍余军丁"接管了原有屯地，但是没有继承军役，致使大量正军"逋负甚多，告讼繁兴"。还有很多屯田被豪右吞渔，致使贫穷军户"甘包赔之苦"。这一史料描述的虽是明中叶的事情，但是，它既然被记载在地方志之中，就说明在此之前这一问题已经相当严重。

　　与军功集团大肆兼并土地相比，河南藩王有过之而无不及。河南是明代分封宗藩最多的地区之一，明王朝先后在河南分封了周、唐、伊、赵、郑、卫、秀、崇、汝、潞、福十余个王府，约占明王朝分封宗室总数的1/5，时人惊叹："天下藩封之多，未有如河南者。"②强大的河南藩王势力势必会影响归德地区，尤其是在明中叶以后，随着河患问题的严重，河南的藩王通过奏讨、夺买、投献等多种方式大肆兼并

　　①　嘉靖《归德志》卷3《田赋志·屯田》，《天一阁藏明代方志选刊》，上海古籍书店1990年影印本。

　　②　苏晋予：《河南藩府甲天下——明代河南藩王述论之一》，《史学月刊》1991年第5期。

归德的滩地和民地。如光绪《鹿邑县志》载：

> 汝宁府崇王赡田一区，在鹿（邑）境者四百顷……在柘（城）境者三百七十一顷……前明成化二年（1466）间，共圈鹿柘境民地七百七十一顷，为汝宁府崇王赡田。①

另外，成化六年（1470），秀王见澍就藩河南汝宁府，曾讨得归德、陈、睢等州，商水、鹿邑等县黄河退滩水淀地。弘治十三年（1500），崇王见泽讨得河南归德州等处黄河退滩地二十余里。弘治十四年（1501），孝宗赐给周府睢州等处地五千二百一十多顷。孝宗曾赐给徽府鹿邑等县地七百五十七顷有奇。正德四年（1509），军人张允因嫉妒河南鹿邑直隶亳州民人垦种河濡地七百五十一顷，亩多税少，便指为荒地，献给了徽府。②直至清初，永城县境内仍有废藩福府更名地九顷和汝宁崇府厂地六十九顷。③

黄河水患使归德的杂泛差役非常繁苛，由于卫所军户不需要负担这些差役，他们在土地兼并过程中占有一定优势。再加上归德地处腹里，屯军数量较多，军屯数额较大，"军民杂处，犬牙交制"④，军民纠纷主要体现在"军占民地"方面。明代前期，归德的大量民田落入卫所军户手中。宣统《宁陵县志》有一则史料说明这一问题，摘录如下：

> 宁陵壤接商（丘）、睢（州），睢（阳）、宣（武）、归（德）三卫之军屯在焉。军市民田而徭赋例以田供，无复有言。惟睢州则掩为屯业，一莫之应。盖党盛而势维，彼固有所恃也。宁陵田额不逾四千顷，而鬻入于军者千有奇。军食千顷之田，而千顷之

---

① 光绪《鹿邑县志》卷6《民赋》，台北成文出版社1976年影印本。

② 《明代的王府庄田》，《王毓铨集》，中国社会科学出版社2006年版，第107—124页。

③ 光绪《永城县志》卷8《度支志·土田》，光绪二十九年刻本。

④ 嘉靖《归德志》卷1《舆地志·疆域》，《天一阁藏明代方志选刊》，上海古籍书店1990年影印本。

徭赋，犹科及于民。民应三千之征，而又为军虚供千顷之徭赋，奈之何不日削而贫也。民不胜其楚，诉于官，疏于朝，勘以多官，参以旧籍，事白矣，税定矣，彼亦自以为罪，无异词矣。及移文一征，辄又旅拒自若，如是者数十年来不知几矣。宁陵之民，俯首为军人役，贫而至于流且莩者，又不知几矣！去年癸亥（1563）冬，推府南泉公以核役至县，询知其害，叹曰：有是哉！民之不幸也。[①]

上述"如是者数十年来不知几矣"，说明这一现象在嘉靖以前早已存在。如光绪《柘城县志》载："本朝自洪武迄今，黄河南徙者三。小民流移，地多荒旷，故三厂相继坐落；而五卫十州县军民，开垦占种，又十之六七。"[②] 可见，自明初以来，军占民地的现象在归德地区非常普遍。

其次，在明中叶前后，整个河南省的土地兼并问题都非常严重。洪武二十六年（1393），河南原额田144万顷，至弘治十五年（1502），降至41万顷。[③] 在一百多年中，河南省失额田高达103万顷，在全国来说算是非常多的。[④] 所以，弘治五年（1492），巡抚河南右副都御史徐恪在奏疏中云：

照得河南地方，虽系平原沃野，亦多冈阜沙瘠，不堪耕种。所以民多告瘁，业无常主。或因水旱饥荒，及粮差繁并，或被势要相侵，及钱债驱迫，不得已将起科腴田减其价值，典卖与王府人员并所在有力之家。又被机心巧计，捏立契书，不曰退滩闲田，即曰水坡荒地，否则不肯承买。间有过割，亦不依数推收。遗下税粮，仍存本户。虽苟目前一时之安，实贻子孙无穷之害。因循

---

① 宣统《宁陵县志》卷11《艺文志·仁政碑记》，中州古籍出版社1989年点校本，第404—405页。

② 光绪《柘城县志》卷7《艺文志·均田记》，光绪二十二年刊本。

③ 《明世宗实录》卷102。

④ 《明史》卷77《食货志》。

积习，其来久矣。故富者田连阡陌，坐享兼并之利，无公家丝粒
之需。贫者虽无立锥之地，而税额如故，未免缧绁追并之苦。尚
冀买主悔念，行佣乞怜，直至力尽计穷，迫无所聊，方始挈家逃避。
负累里甲，年年包赔。每遇催征，控诉不已。地方民情，莫此为急……
此等民害，各处皆有，不独河南。①

在归德一带，由于黄河水患频繁，涌现出大量滩地。相较一般田地，
滩地耕作条件较好，尤其是在干旱半干旱地区，滩地更具优势。不过，
因受河水泛溢、河道变迁的影响，滩地又具有不稳定性，河之东西无
定，地之出没无常，经常引发滩地资源之争。上述藩王丈量的大量土
地之中就有很多是河滩地。其实，早在明初，地方豪强和邻县居民就
对归德境内的滩地进行争夺。如考城地滨黄河，经常受到水患的侵蚀，
其滩地遂引起地方豪黠和开封杞县居民的争夺。根据民国《考城县志》
记载：

> 洪武永乐间，诏河南开垦荒田，永不起科。考境黄河屡迁，
> 豪黠吞并滩地，杞县人因入垦田，得八百余顷。宣德时，朝廷收其地，
> 起科征解。景泰中，刘鹏恐为考之害，奏归之杞。于是种地在考，
> 纳粮于杞，考之空粮为累甚巨。……按旧志载，杞考一地二粮文云：
> 考距杞百余里，中隔州县有二，杞地在考，事属不经，缘考地滨大河，
> 先年多退滩荒土，杞人以境外来垦，亦通例也。后竟诡报新垦之
> 考城地三百余顷注杞图籍，名曰新增地，而考腹里之田土税粮遂
> 驾空而入杞矣。及考履亩均税，前地仍在丈量之内，而粮又再入
> 考矣，此一地二粮所由来也。②

如上所述，由于邻县居民对考城滩地的争夺，使之长期为"空粮"

---

① 徐恪：《修政弥灾疏》，《明经世文编》卷81。
② 民国《考城县志》卷13《人物列传》，民国三十年铅印本。

所累。户口与土地的分离，必然导致赋役征派的混乱，引发更多的民间诉讼，对归德里甲民户无疑是一种威胁和冲击。明代归德有很多田地的业主居住在邻县，户籍和田地分离的现象越来越普遍。乾隆《归德府志》引用明代旧府志，对此有如下详细记载：

> 李嵩旧志：府境田七万七百八十顷三十八亩四分七厘八毫六丝，此初额也。久而为境外侵没者甚多。嘉靖四十三年（1564）冬，知府罗复述职如京，因上疏正之。大略计害之明著者有五：一曰地亏正额，二曰粮多诡隐，三曰差累居民，四曰讼争不息，五曰官守失职。因请将本府所属州县境内被祥、杞、兰阳、陈留、陈州、宣武、项城、通许、睢、陈、彰德等府、州、县、卫所军民人等节年开垦及置买田地，不论年月久近，尽归所属州、县办纳粮差。其原籍境外粮额一一割归于垦地州、县，逐县征解。人丁则令原籍报册，应当民差，庶几丁地各有所归。经界既正……赋役惟均，里甲免偏累之苦，奸民不得以恣其隐射，告争不致于浩烦矣。其时怀庆、卫辉告，欲加赋归德，罗复恳辞申免，九属具蒙其利。[①]

由上可见，明代归德府普遍存在大量田地为外县业主占有的局面，户籍和田地的分离问题愈加严重。这些外县居民在归德开垦，本应在归德交纳赋税，但由于户籍不在归德各州县，他们实际上是不输粮役的，这无疑加重了归德里甲民户的赋役负担。

第二节　赋役不均与里甲的解体

频繁的河患与土地兼并问题，使归德的里甲民户负担过重，造成

---

① 乾隆《归德府志》卷18《赋税略上·总额》，中州古籍出版社1994年点校本，第510—511页。

赋役负担严重不均。为了躲避差役，很多里甲民户分门立户或逃亡流徙，致使里甲户籍非常混乱，最终导致里甲组织的解体。

频繁的河患，在平原上沉积大量的泥沙，往往把原先农业发达的地区变成旱、涝、沙、碱的常灾区。在归德府各州县，普遍存在土质盐碱和土地贫瘠的问题。如夏邑县"素洼下，东南、东北地多斥卤，蓄殖力薄"①；鹿邑县"非尝稔之田也，土瘠而农惰"②；永城县"邑东南隅，于邑綦下而土綦瘠"③；睢州和宁陵县"沙土性松"，"地苦沙瘠"④。土质盐碱化问题给归德的农业经济带来了非常不利的影响。在这样贫瘠的土地下劳作，庄稼自然稀疏，农业生产效率非常低，如"商邑土薄产微"⑤，又如永城县"往岁熟，亩亦不过升斗耳"⑥。农业生产效率低下，间接加重了归德居民的赋税负担。明代吕坤在《去伪斋文集》中论及："考城地滨大河，岁患水，民贫，赋役重。"⑦乾隆《归德府志》引用明代旧志记载：

> 豫州一境，乃田下等而赋多者。归德在豫境地尤卑下，滨于大河。旧志谓黄河大溢则决，小溢则漫，不溢则潴，盖患夫沙土疏脆，民生之疲于赋役久矣。⑧

更为重要的是，频繁的河患还加重了里甲民户的杂泛差役负担。

---

① 民国《夏邑县志》卷1《地理志·农业》，中州古籍出版社1990年点校本。

② 光绪《鹿邑县志》卷3《建置志》，台北成文出版社1976年影印本。

③ 光绪《永城县志》卷33《词章志·明邑侯魏公设永清堡碑铭》，光绪二十九年刻本。

④ 王凤生：《宋州从政录》，《官箴书集成》，黄山书社1997年版。

⑤ 郭善邻：《商丘令胡公免派木瓜园差徭记》，《春山先生文集》卷1，乾隆五十六年友鹤山房刊本。

⑥ 光绪《永城县志》卷33《词章志·明邑侯魏公设永清堡碑铭》，光绪二十九年刻本。

⑦ 吕坤：《考城令见阳王侯宜民政略碑》，《去伪斋文集》卷8，齐鲁书社1997年影印本。

⑧ 乾隆《归德府志》卷18《赋税略上》，中州古籍出版社1994年点校本，第509页。

治理黄河水患是一项极大的工程，抢修大堤、堵塞决口等都需要大量的人力、物力。其中，仅与治理黄河有关的差役就有挑河之役、疏浚之役、草梢之役、夫柳之役等，正所谓"民间夫役，河工为大"①，"治河之役，史不绝书"②。以宁陵县为例，从正德至嘉靖年间，宁陵县的役夫不断。据宣统《宁陵县志》载：

> 正德中，崔岩开赵皮寨，由宁陵五里堡等处役夫十万，益肆狂流。嘉靖五年（1526）盛应期开赵皮寨，由宁陵北关等处随疏随淤，益夫至二十万，上怒下怨。③

因此，与税粮相比，归德的杂泛差役异常繁苛，"赋轻而役重"，大大有别于江南地区的"赋重而役轻"。再加上归德地处要冲，"供需独繁，而责成最先，且当四通孔道，食力舆马之役，日仆仆不休，又数有河患"④。明代归德是典型的"重役"地区，正所谓"田第四，赋第二，又杂出第一"⑤。

频繁的黄河水患与繁重的差役负担，使归德地区的里甲民户极易破产，他们往往卖田鬻女、逃亡流徙。如嘉靖《夏邑县志》载：

> 明初以来，公私受敝，或卖田而鬻女，或死亡而转徙。况兼以黄河流毒，岁罹昏垫之虞，遂使村垌成空。⑥

另据嘉靖《归德志》载：

---

① 《清朝文献通考》卷21《役职考》。
② 民国《考城县志》卷6《田赋志》，民国三十年铅印本。
③ 宣统《宁陵县志》卷11《艺文志·河防议》，中州古籍出版社1989年点校本，第436页。
④ 乾隆《归德府志》卷10《地理略下·形势》，中州古籍出版社1994年点校本，第383页。
⑤ 乾隆《归德府志》卷18《赋税略上》，中州古籍出版社1994年点校本，第509页。
⑥ 嘉靖《夏邑县志》卷3《田赋志》，上海古籍书店1963年影印本。

纳粮民田坟茔居址共约有一千二百五十余顷，存没不胜冤苦……人民艰难，粮差繁重……逐年倒死倍偿买补并供养草料日工等项，用银不下千百余两。常遇水旱灾伤，人民艰难，典田鬻女，尚办不敷。①

明中叶前后，随着土地兼并问题越来越严重，明初归德的里甲户籍制度受到强烈冲击，里甲民户不仅要应付繁苛无止的杂泛差役，还要负担由藩王和军事权贵等特权阶层转嫁而来的沉重赋役。土地兼并问题无疑加剧了赋役不均的问题，这在大地主较为集中的归德地区更加明显。

首先，藩王勋贵丈量民田的做法加重了里甲编户的赋役负担，如嘉靖《归德志》载：

常遇水旱灾伤，人民艰难，典田鬻女，尚办不敷。又蒙徽、崇二府插厂丈量民田共一千五百余顷，人民办纳原额粮草，并新增起科子粒，即今负累拖欠不堪。②

其次，由于卫所军户广占民地，加剧了军民之间的冲突，如《柘城县志》载：

本朝自洪武迄今，黄河南迁者三。小民流移，地多荒旷，故三厂相继坐落；而五卫十州县军民，开垦占种，又十之六七；地去而粮遗，田诡而差避。柘民嗷嗷弗息肩，有司不能戢和，号为难治。③

---

① 嘉靖《归德志》卷3《田赋志·马政》，上海古籍书店1990年影印本。
② 同上。
③ 光绪《柘城县志》卷7《艺文志·均田记》，光绪二十二年刊本。

最后，如前文所述，那些由邻界居民开垦的归德滩地，造成"一地二粮"和"空粮"等问题，导致归德境内里甲编户的偏累之苦。

严重的赋役不均问题，使归德里甲民户往往通过"分户"以躲避繁重差役。明代差役制度有一个重要特点，即差役负担的轻重按每户的人丁事产为依据金定，丁产多的户所负担的差役远远高出丁产少的户，故民间通过"分丁析户"往往可以达到"避差徭"的目的。在赋役繁苛不均的归德地区，很多里甲编户通过"析产分户"来规避差徭。如嘉靖《夏邑县志》载，里甲民户为了逃避民壮等差役，"户各分门，多克之以佣奴，杂之以老弱"①。又如嘉靖《永城县志》载："有外移而不足于十一，有分析而过于十一者……盖人民散居则制服难，疆域杂分则强暴多。"②与考城县毗邻的兰阳县也是如此，据嘉靖《兰阳县志》载："户口渐增，由分户所致，非实增也。"时人李希程还赋诗一首："瘠地濒河岁未登，新来赋役重难胜；各分版籍求规避，谁解翻为户口增。"③可见，"分户避役"在河南省非常普遍。

再加上黄河水患问题严重，生态环境的不稳定性也容易造成里甲民户"分立门户"的客观事实。如宁陵《张氏族谱》记载：

> 二祖恪遵母训，矢勤矢勇，耕稼不辞艰，二十余年，田园日增，复于商丘之三□堂、太康之商冈寺，分置庄二处……田地数顷，遂呼二子，命之曰：吾必教尔分置田产者，非为目前防后患也。天有旱涝，岁有丰歉，断乎不得均平。倘遇旱涝丰歉之不齐者，彼此互相补救，此即古人避荒救灾之善策也……至四世，因河冲决，祖墓伤坏，九门祖遂各拔茔迁葬，分立门户，居商（丘）者四，居宁（陵）者四，一居太康。迁移之年月日，时或先或后，皆不可考。吾家分派自此始矣。④

① 嘉靖《夏邑县志》卷2《建置第二·武备》，上海古籍书店1963年影印本。
② 嘉靖《永城县志》卷4《政事·征役》，上海古籍书店1990年影印本。
③ 嘉靖《兰阳县志》卷2《田赋志》。
④ 《张氏族史》，宁陵《张氏族谱》，1984年本。

除"分户避役"外，归德居民还频繁迁徙，尤其是在黄河水患的影响下，归德里甲民户更是居无定所。这方面的记载在地方志中俯拾皆是。据康熙《鹿邑县志》载："前志（明代旧志）云，数有水患，民鲜宁居，所由来矣。"① 另据光绪《睢州志》载，成化十三年（1477），河决杞县过睢州，"冲入城垣，官廨民舍，荡析无余"②。又据嘉靖《归德志》载，明嘉靖二年（1523）冬大饥，"民之流亡，难以数计，至春尤甚，人相食，父老谓：比之成化间过之"；嘉靖十五年（1536）春三月河水决，"民多逃徙"；嘉靖十八年（1539）春大饥疫，"民皆无食，馑者相望于道"，"十室九空"③。有时因人口迁徙过多，不得不改迁新城，如弘治年间，连年河涨，城被湮没，归德遂"改迁新城，百废草创"④。

河患频繁的生态环境使归德居民鲜有宁居，基层社会很难形成稳定的聚居村落。据嘉靖《归德志》载：

> 宋之村落，庶矣！今通商贾而市材货者惟三十有六，余若乡寨村营多着于古而泯于今，盖以兵燹河患相寻，人烟飘徙，屋庐荡然，鞠为农耕牧唱之区矣，仅存其名。⑤

另外，夏邑县原有三十八个村落，至嘉靖年间这些村落大多已经废弃。据嘉靖《夏邑县志》载：

> 我夏之村旧志所载三十有八，庶矣哉！近圮于河，荡析离居，十不能存五六，且亡以识其方所，夫何众于昔而寡于今也，亦可以观世矣。⑥

---

① 康熙《鹿邑县志》卷1《河防》。
② 光绪《睢州志》卷2《建置志·城池》，中州古籍出版社1990年版点校本。
③ 嘉靖《归德志》卷8《杂述志》，上海古籍书店1990年影印本。
④ 嘉靖《归德志》卷4《学校志·庙学》，上海古籍书店1990年影印本。
⑤ 嘉靖《归德志》卷1《舆地志·村镇》，上海古籍书店1990年影印本。
⑥ 嘉靖《夏邑县志》卷1《地理志·乡村》，上海古籍书店1963年影印本。

　　朱元璋创设里甲户籍，是想"以籍控役"，即通过里甲户籍达到控制人口与征收赋役的目的。明中叶前后，随着黄河水患的增加，土地兼并问题的严重，赋役不均的问题越来越明显，必然导致里甲民户的大量逃亡。大约明中叶前后，归德的里甲编户大量逃亡，里甲户籍遭到严重破坏。据嘉靖《归德志》载，弘治十二年（1499）册定户口时户为1862，口为28145，大大少于成化十八年（1482）册定户口时的户2946，口44946。①嘉靖年间，归德乡民纷纷逃徙，商丘户减3/10，夏邑、虞城耗减4/10，其他各县均有逃户。②如《考城县志》载："自洪武以后，户口岁有增减而图籍不足，无凭参考。"③

　　明中叶以后，随着里甲编户的大量逃亡，归德的里甲组织呈现出一片残破景象。如嘉靖《永城县志》载："广土众民，旧多殷富，频年以来，土地有荒芜而里社亦寖萧条然……其后民庶逋逃。"④又如嘉靖《夏邑县志》载，会里铺"侵蚀于奸猾之家"⑤，"旧志巷十有八，今见存者三，余为豪猾者侵塞"⑥。清代以来的地方志对此也有记载，如民国《考城县志》所记："成化年间，岁歉民饥，乡里多移徙。"⑦可见，明中叶以后，赋役贡册"法久而紊"，归德地区的坊乡里社逐渐减少，遂出现"里不足以役地而人反以混里矣"⑧的现象。

　　地方政府是以里甲为单位进行赋役征派的，面对里甲编户的不断减少，归德府各州县官员纷纷对里甲组织进行裁撤与合并。永城县地

①　嘉靖《归德志》卷3《田赋》，《天一阁藏明代方志选刊》，上海古籍书店1990年影印本。

②　《方舆汇编·职方典》卷393《归德府部汇考三》，中华书局1985年影印本

③　民国《考城县志》卷6《田赋志》，民国三十年铅印本。

④　嘉靖《永城县志》卷1《地理志》，《天一阁藏明代方志选刊》，上海古籍书店1990年影印本。

⑤　嘉靖《夏邑县志》卷2《建置志·邮舍》，《天一阁藏明代方志选刊》，上海古籍书店1963年影印本。

⑥　嘉靖《夏邑县志》卷2《建置志·街巷》，《天一阁藏明代方志选刊》，上海古籍书店1963年影印本。

⑦　民国《考城县志》卷12《明义官王学墓表》，民国三十年铅印本。

⑧　光绪《鹿邑县志》卷3《建置志》，台北成文出版社1976年影印本。

方官员把正统末新置的 2 乡 8 图合为 4 图，由 27 图减至 23 图；归德州地方官员把成化年间新置的 4 个迁民乡并为 1 个，由 30 坊乡减为 27 乡；鹿邑县地方官员在"嘉靖元年（1522），并乡都，裁八里"。[①] 可见，经过长期的人口迁徙流亡，归德的里甲户籍非常混乱，里甲组织名存实亡。

赋役征派是以王朝对编户齐民的控制为基础的。随着里甲户籍的混乱与里甲组织的解体，国家控制的编户齐民越来越少，国家征收的税粮，即作为正赋的夏税秋粮也随之减少。

表 3—2　　　　　　　明洪武至弘治年间归德州的户口田赋统计

年代	户	口	田赋	
洪武二十四年册	2851	28145	官民地夏 2573 顷	官民地秋 3379 顷
永乐十年册	1826	27853	官民地夏 580 顷	官民地秋 389 顷
天顺六年册	1851	28145	起科官民地夏 507 顷秋 388 顷	不起科官民地夏 1324 顷秋 391 顷
成化十八年册	2946	44946	夏 490 顷	秋 491 顷
弘治十二年册	1862	28145	起科官民地 897 顷	不起科官民地 1769 顷

资料来源：嘉靖《归德志》卷 3《田赋志·户口》，《天一阁藏明代方志选刊》，上海古籍书店 1990 年影印本。

由表 3—2 可知，自永乐之后，地方政府控制的"户"开始大量减少，征收的田赋税额也呈下降趋势。

华南学者的研究证明，明初的里甲户籍遭到破坏之后，宗族或乡族组织逐渐演变成为赋役共同体，替代国家在地方社会发挥有效作用。[②] 与之相比，在归德地区，由于河患频仍和土地兼并问题，赋役负担严

---

① 光绪《鹿邑县志》卷 3《建置志》，台北成文出版社 1976 年影印本。

② 郑振满：《明清福建的里甲户籍与家族组织》，《中国社会经济史研究》1989 年第 2 期；《明清福建家族组织与社会变迁》，湖南教育出版社 1992 年版。［美］科大卫、刘志伟：《宗族与地方社会的国家认同——明清华南地区宗族发展的意识形态基础》，《历史研究》2000 年第 3 期。

重不均，里甲民户经常分门立户、逃亡流徙，族人较难有效控制，族产亦难长期积累，民间宗族组织势必难以稳定发展。正如明万历年间王士性在《广志绎》中所云：

> 宛（河南南阳）、洛（河南洛阳）、淮（河南淮阳）、汝（河南汝阳）、睢（河南睢州）、陈（河南陈州）、汴（河南开封）、卫（河南卫辉）自古为戎马之场，胜国以来，杀戮殆尽。郡邑无二百年耆旧之家，除缙绅巨室外，民间俱不立祠堂，不置宗谱，争嗣续者，止以殓葬时作佛超度，所烧瘗纸姓名为质。庶民服制外，同宗不相敦睦，惟以同户当差者为亲。同姓为婚，多不避忌。同宗子姓，有力者蓄之为奴。[①]

上述淮阳、陈州、开封均与归德府毗连，且同位于豫东地区。因而可以推断，明初的里甲组织遭到破坏之后，归德地区没有形成普遍发达的乡族或宗族组织，国家与基层社会之间的自治共同体亦没有建立起来。

第三节 军事权贵与地方事务

明初的里甲组织遭到破坏之后，由于归德的民间宗族组织较为薄弱，地方自治共同体没有建立起来，拥有各种特权的军事权贵逐渐占据了地域支配地位。

归德是中原通往江南的交通要道，战略地位十分重要。如嘉靖《归德志》载："归德为关陕喉衿，江淮要冲，古称重地。"[②]顾祖禹也在

---

① 王士性：《江北四省》，《广志绎》卷3。
② 嘉靖《归德志》卷2《建置志·卫》，《天一阁藏明代方志选刊》，上海古籍书店1990年影印本。

《读史方舆纪要》中提到归德"足以鞭饵齐鲁，遮蔽东南"①。因而，建国伊始，朱元璋采取了设卫所、迁藩王、调勋戚等一系列措施，加强对归德地区的控制。据嘉靖《归德志》载："故于设官独加详焉，既有守以守之，卫以卫之，而又迁藩辖之"②，"凡卫僚铨注，非有大勋劳至亲信者弗与焉"③。另据商丘《侯氏家乘》载："徙豪杰实大郡，归德尤多。"④可见，在明初政策之下，很多卫官、勋戚等军功集团迁至归德地区。

明代归德军事权贵的由来，还与元末战争、靖难之役等一系列重大历史事件密切相关。朱元璋在建国以后，曾多次讲道："自起兵以来，诸将从朕，被坚执锐，以征讨四方，战胜攻取，其功不可忘哉。"⑤为了不忘功臣诸将之功，洪武三年（1370）十一月开始分封功臣，其中就有归德军事权贵的祖先。如商丘朱氏家族的始迁祖朱海佐明太祖定鼎金陵，拜官礼部，出为归德牧伯，遂于商丘家⑥。又如考城焦氏的二世祖荣公，在元末江淮逆贼蜂起、中原逐鹿之际，随范元帅南征北战，佐明太祖建国金陵，克复中原，屡建大勋。洪武间，荣公以武功升武略将军，遂于河南开封府睢州考城县盟台乡而家焉，镇抚豫州，即居考城。⑦再如柘城魏氏，先世郑州人，明初隶常遇春麾下，有奇功，升锦衣卫指挥使。⑧

洪武初年，明朝虽已建立，但战争尚未结束，军队的作用至关重要，武将的社会地位很高，故"国家初起右武"⑨。明成祖即位后，靖难之

---

① 顾祖禹：《河南一》，《读史方舆纪要》卷46。

② 嘉靖《归德志》卷2《建置志·卫》，《天一阁藏明代方志选刊》，上海古籍书店1990年影印本。

③ 嘉靖《归德志》卷5《官师志·卫僚》，《天一阁藏明代方志选刊》，上海古籍书店1990年影印本。

④ 商丘《侯氏家乘》卷2《明寿官公暨配王孺人合葬墓志铭》，光绪三十年本。

⑤ 《太祖实录》卷58。

⑥ 商丘《朱氏家乘》卷首《忠武公祠堂记》，1985年本。

⑦ 民权《焦氏家谱》上卷《家乘序·续纂家乘总序》，1993年本。

⑧ 《新中国出土墓志（河南）》下册，文物出版社1994年版，第79页。

⑨ 王世贞：《弇山堂别集》卷81《科试考》。

役、漠北之战接连不断，归德的很多军事权贵参与了这些战争。如永城张麒之长子，在靖难之役连连大捷，张麒次子张昶，奉天靖难之初，以守城劳，后到处征战，洪武三十三年（1400），从征沧州，战东昌，明年征蓟州别山，与辽东军合战，又明年，征紫荆关，授保定蓟州，征平峪骷髅山，败辽东军，皆有劳勋。又如商丘朱氏家族四世长门宣威将军字在位公，初官典膳，以靖难功改中都留守司指挥金事。[1]可见，在元末战争、靖难之役中，很多功臣立下汗马功劳，并凭借其杰出的军事才能，成为军功时代的弄潮儿。

明初功臣的地位崇高，待遇也很优厚。洪武二十五年（1392）的标准是：功臣的俸禄在700石至5000石之间。其中，公，五千石至二千五百石；侯，千五百石至千石；伯，千石至七百石。[2]朱元璋不仅对功臣们加官晋爵，而且在经济、政治上授予他们可以世袭的特权，并赐给他们大片土地和佃户、奴婢，这些特权阶层很快成为地方社会的军事权贵。明前期的军事权贵凭借军功获得勋位后，不论是向皇帝乞请，还是圣上的钦赐，大多毫不例外地获得大量土地，在短时期内迅速成为当地大地主集团。兹列举数例如下：

（睢州王延，出身卫官）□□弟无依，赡以田宅费。□□姊之（子）无后，其随嫁之庄园，竟不取还。[3]

（夏邑郭臣，明周王仪宾、尚闻清县主、封亚中大夫）先世殷实甲郡邑，后蒙王赐田八百顷于商、夏间。[4]

（永城，仁宗张皇后）吾起于寒微，叨蒙国恩，荣及祖宗，显受褒宠。诸兄嗣膺重爵厚禄，合门贵富，与功臣等，此皆列圣天地之赐也。[5]

---

① 商丘《朱氏家乘》卷首《朱氏家乘序》，1985 年本。
② 《明会要》卷 43。
③ 《新中国出土墓志（河南）》下册，文物出版社 1994 年版，第 35 页。
④ 民国《夏邑县志》卷 6《人物志·宦迹》，中州古籍出版社 1990 年点校本。
⑤ 陈子龙：《明经世文编》卷 15，中华书局 1962 年版。

明隆庆元年（1567），永城赠入孙（忠）、张（麒）二勋戚厂地一千五百二十九顷五十三亩。[①]由此不难看出，明代永城勋戚占有土地之广。

如前所述，在各类土地兼并中，军事权贵和藩王阶层占地最广。由于归德是河南省中少有的没有封王建府的地区之一[②]，因而，藩王对地方社会的干预不似河南其他地区那样直接，这就使卫官和勋戚更容易凭借各种特权大量兼并土地，成为地方社会上最有势力的大地主。尤其是在中原草昧的社会背景下，卫官与勋戚等军功集团迅速占据了地域支配地位。

一些功臣勋贵被分封至归德后，凭借武力率先占据了有利地盘，成为明前期的军事权贵集团。如商丘叶氏家族的始迁祖叶受，即通过"杀虎"行为确立了其在地方社会的威望。据商丘《叶氏家乘》记载：

> 来宋之始祖曰受，从明太祖有功。洪武八年（1375）任职归德卫，公屯谷熟镇之东北。是时，中原草昧，至者斩蒿莱以居，有二虎乳子荆棘中，人皆辟易，始祖格杀二虎及其子，据地而家焉。卜者已知其地脉丰厚，必产异人也。[③]

以军功起家的军事权贵得到官职后，无一例外都会获得各种特权和大量土地。不仅如此，他们的家庭成员和部分佃户也享有优免差徭的特权，特权的世袭又使这些军事权贵的势力得以延续。所以，这些军事权贵所在的家族非常有权势，往往是地方社会上的世禄之家。如嘉靖《永城县志》载，仁宗张皇后所在家族，"贵联戚里，遭逢景运，与效战守之劳，官阶三品，崇秩厚禄，身荣而家富"[④]。后人称永城张

---

① 光绪《永城县志》卷8《度支志·土田》，光绪二十九年刻本。
② 苏晋予：《河南藩府甲天下——明代河南藩王述论之一》，《史学月刊》1991年第5期。
③ 商丘《叶氏家乘》卷6《都金乡饮公（叶廷植）暨郑恭人墓志铭》，民国八年本。
④ 嘉靖《永城县志》卷6《艺文志》，上海古籍书店1990年影印本。

氏家族，"先勋戚世家也，世掌军卫……当明代盛时，一门两侯，绳绳继继，蝉貂烜赫，世莫伦比"①。考城焦氏家族也是如此。据《焦氏家谱》载，"三授世袭命，世掌锦衣卫"②，"文武亦不乏人，斯时士大夫通过其门者，咸称曰：诚文武冠冕世家也"③。

关于归德的军事权贵与世禄之家，墓志铭上也有很多记载。据明嘉靖三年《明故百户秦母安人陈氏墓志铭》载，秦母安人的父族、母族和夫族均为卫官家族，"皆世禄之家，固非寻常之比"④。另据嘉靖四十一年《明睢州王（延）孺人高氏墓志铭》载，睢州万户明威将军南墅高公华臣"为世名将，阀阅著姓"⑤。又据康熙五十一年《清乡贡迪士宜君令魏君（珖）墓志铭》载，永乐年间，始迁祖因功获赏屯地十顷，"柘城魏氏之盛，自此始也。曾大父报国，三科武举"⑥。

获得封赏与拥有特权是军事权贵与世禄之家发展的基本条件。此外，归德的军事权贵还通过家族联姻、参与地方事务等途径，逐渐占据地域社会的支配地位。

军事权贵通过联姻，建立起稳固的婚姻网络。据嘉靖二年《明故昭信校尉归德卫后所百户致仕孙公（隆）墓志铭》载，归德卫百户孙隆有四个女儿，长适百户郑奎，次适归德卫世袭百户尹奎，次适典膳何希彦，次尚幼。孙女一，许优给百户张养道。⑦据嘉靖十八年《明诰封王（金滕）淑人安氏墓志铭》载，王佐的长子王金藤升睢阳卫指挥使，王金藤有两个女儿，长女适指挥使高冠，次女适指挥佥事雍东。⑧据嘉靖二十四年《明骠骑将军东泉汤公（卿）墓志铭》载，睢阳卫汤宽的

---

① 《新中国出土墓志（河南）》下册，文物出版社1994年版，第22—23页。

② 民权《焦氏家谱》上卷《迁宁小宗谱序》，1993年本。

③ 民权《焦氏家谱》上卷《家乘序·续纂家乘总序》，1993年本。

④ 现藏商丘县八关斋内。

⑤ 《新中国出土墓志（河南）》下册，文物出版社1994年版，第35—36页。

⑥ 同上书，第79页。

⑦ 同上书，第8—9页。

⑧ 同上书，第31—32页。

孙子汤希范聘指挥梁栋女,长孙女适指挥张希夷。[①]据嘉靖四十一年《明睢阳王(延)孺人高氏墓志铭》载,睢州万户明威将军南墅高公华臣"为世名将,阀阅著姓",子三,一荫祖爵,一武举生,一指挥使。墅公三女,长女适河南都指挥西原王佐,仲女适国学生王延。[②]据嘉靖四十五年《明太学生苏泉王君(延)配高氏合葬墓志铭》载,王延出身卫官,其"始祖义,从高庙有功,累迁正千户。高祖成,以父荫升许州卫指挥同知,宣德间调睢州。曾祖□,以荆襄功升指挥使,遂世其官。祖佐,以治河功,升都指挥佥事"[③]。通过上述嘉靖年间的墓志铭可见,卫官之间的婚姻网络对军事权贵集团的形成具有重要作用。

明代归德的军事权贵还广泛参与地方公共事务,尤其是在维护地方治安方面发挥重要作用。如宁陵《瓦屋刘氏族谱》记,瓦屋刘氏的始祖东安公,世居山西洪洞县,明朝建立后,朱元璋下达迁民令,东安公在应迁之列。由于公"晓于戎机",便兼任镇抚事,带职东迁,以防止新迁之民相扰。公即留长兄与五弟看守先人坟墓,自己遂携老母及两弟和乡勇中被迁者东来,初来驻扎宁陵。[④]东安公带领这些乡勇在维护地方治安方面发挥了重要作用。据家谱载:

> 黄河水寇忽由东北窜入宁(陵)北,人民纷纷来城避难。县令召集壮丁与公所练乡勇共六百余人,命公统带,日夜防守,水寇皆不敢入境,毙贼三十余名,其余皆东窜。[⑤]

在东安公镇抚的六七年间,宁陵之民"安居乐业",东安公的名号亦由此而得。又如睢阳卫官汤卿在维护地方治安方面立下汗马功劳。据嘉靖二十四年《明骠骑将军东泉汤公(卿)墓志铭》载,明嘉靖年间,

---

① 《新中国出土墓志(河南)》下册,文物出版社1994年版,第33—34页。
② 同上书,第35—36页。
③ 同上书,第37—38页。
④ 宁陵《瓦屋刘氏族谱》卷1《谱序》,1985年本。
⑤ 同上。

山东巨寇王堂"流布劫虏，势甚猖獗"，汤卿"且战且守，所至多捷，时巡抚何公以将才目之，中外倚以为重"。之后，汤卿升睢阳卫世袭指挥佥事，整理城操，后升河南都指挥佥事，筑堤百里，杜绝水患，民赖以安，又镇压河南境内的巨寇，"千兵万户，次第轩昂"①。

　　此外，军事权贵还积极参与修城建桥、宗教祭祀、文化教育等地方公共事务。据嘉靖《归德志》载，洪武初，指挥张晟等重筑城池；永乐十九年（1421），卫镇抚夏亨孝子杨敬建通济桥，用便往来；正德六年（1511），尚书临安俞琳感梦，檄知州袁经、指挥陈宗尧、千户周廉创建五老祠。②当归德发生水旱瘟疫等自然灾害时，"州卫官率耆宿而遍祷之，乡井各从事焉"③。此外，纳粟指挥刘迎创建驻云宫，归德卫军户黄钧参与嘉靖《归德志》的纂修。④可见，军事权贵广泛参与归德的地方公共事务。

　　在军民杂处的居住状态下，州县官员的管理能力非常有限，拥有各类特权的军事权贵势力非常强大。据旧志载，明弘治年间，睢州判官王珀"常盘查颍上，豪右敛迹，卫官不敢仰视"⑤。这从侧面反映出明前期的军事权贵和卫官势力非常强大，毕竟像王珀这样的地方官员只是少数，他才会被记载在县志中大肆褒扬。事实上，多数地方官员不敢与军事权贵相抗衡，对地方事务的治理非常有限。如《柘城县志》载："柘（城）邑区区百里，厂卫、军民错杂其中，县吏所治无几。"⑥

　　由于明前期军事权贵占据地域主导地位，归德亦盛行"重武轻文""务农讲武"⑦的社会风气，读书科举者非常之少，士绅力量较为

---

① 《新中国出土墓志（河南）》下册，文物出版社1994年版，第33—34页。

② 嘉靖《归德志》卷2《建置志·恤政》，《天一阁藏明代方志选刊》，上海古籍书店1990年影印本。

③ 同上。

④ 嘉靖《归德志》卷8《杂述志·宫》，《天一阁藏明代方志选刊》，上海古籍书店1990年影印本。

⑤ 光绪《睢州志》卷4《官师志·州官名宦》，中州古籍出版社1990年版点校本。

⑥ 光绪《柘城县志》卷7《艺文志·柘邑升学记》，光绪二十二年刊本。

⑦ 商丘《朱氏家乘》卷11《朱氏祖茔记》，1985年本。

薄弱。正如明代乡宦商丘沈鲤所云："吾乡自成弘以前，间阎子弟不愿为诸生章甫也。学使者行县至，则有司常趣之，其稍能通章句以上者辄已预，以文辞科第绝少也。"①

第四节 "通均地粮"与"清理军屯"

军事权贵和世禄之家，依靠各种特权，兼并大量民田，导致赋役分派不均，加剧了各种社会矛盾。同时，由于卫官和勋贵气焰嚣张，地方官员往往不能与军事权贵抗衡，军户冲突与军民纠纷相当频繁。嘉靖年间的赋役改革与清理军屯，就是这些矛盾激化的集中表现。

首先，为达到均摊赋役的目的，归德地方官员采取调整差役金派的办法，进行"粮地通均"和"通均地粮"的赋役改革。根据嘉靖《夏邑县志》记载：

> 明稽古定制，以天下之田定天下之赋，因其地宜立为等则。岁有定额，家有常数。其法未始不善也。然法久弊生，在我夏往岁之弊极矣。嘉靖辛卯（1531），官司建议而粮地通均，公私似为少便也。而弊岂能尽革之乎？肆于豪强者之兼并，巧于里书者之飞诡，伪于寄庄者之影射，甚而有田无赋，有赋无田，乃至逋负包赔，其害可胜言哉。②

由上可知，夏邑县的"粮地通均"改革主要是针对田赋征收的问题。如前文所述，由于土地兼并问题严重，夏邑县出现了"有田无赋、有赋无田"的问题。为了解决这一问题，夏邑县地方政府试图通过"粮

---

① 康熙《商丘县志》卷15《艺文志·新设商丘县儒学记》，中州古籍出版社 1989 年点校本，第 508 页。

② 嘉靖《夏邑县志》卷3《田赋第三·田赋》，《天一阁藏明代方志选刊》，上海古籍书店 1963 年影印本。

地通均”，对全县田地进行整顿，重新规划田赋的征派负担，以达到赋税分征合理的目的。但是，由于豪强兼并、里书飞诡、寄庄影射等问题得不到解决，“粮地通均”也很难真正得到贯彻，里甲编户仍不得不“逋负包赔”。

与此同时，永城县进行了“通均地粮”的改革，试图将差役和田赋根据地粮而定。在明初，无论是田赋的征收，还是差役的佥派，都是以编制在里甲户籍之中的人户为对象，各种赋役名目，虽然征派的方法和原则不同，但实际上都以里甲户为供纳赋役的基本单位。[1]因而，随着户籍的混乱和里甲组织的解体，差役的佥派存在着很大困难。鉴于此，永城县地方政府试图把差徭和赋税都建立在田地多少的基础之上，“自通均地粮以来，凡差徭赋税悉出于地”[2]。这一点与明初建立在户中人丁财产多寡的基础上有很大不同。

其次，与“粮地通均”一样，永城县的“通均地粮”改革也没有很好地解决赋役负担不均的问题。根据嘉靖《永城县志》记载：

> 自通均地粮以来，凡差徭赋税悉出于地，加以荒歉不时，而富者亦渐耗矣，户口减于逋逃，田赋累于荒芜。[3]

可见，“通均地粮”之后，永城县的逃户问题依旧十分严峻，田地大量荒芜，真正的大土地所有者并没有遭到打击，反而是一些非身份性地主成为这次赋役改革的牺牲品。

“通均地粮”赋役改革的失败，意味着按地征派赋役的标准并没有在归德建立起来。其实，早在元代，中原地区就是按户征派赋役的。元代危素在谈到南、北赋役原则的差别时说道：

---

① 刘志伟：《在国家与社会之间——明清广东里甲赋役制度研究》，中山大学出版社1997年版，第88页。

② 嘉靖《永城县志》卷3《食货志》，《天一阁藏明代方志选刊》，上海古籍书店1990年影印本。

③ 同上。

> 大抵江、淮之北，赋役求诸户口，其田（南）则取诸土田。……国朝既定中原，制赋役之法，不取诸土田而取诸户口，故富者愈富，贫者愈贫。①

按地征派赋役的标准之所以没有在中原地区建立起来，与宋元以来地广人稀的生态环境密切相关。宋元以来，中原战乱频繁，地广人稀，农业生产普遍采取广种薄收的办法，每个劳动力耕地往往达百亩之多。正如明代商丘沈鲤所说："北方田地宽广，农事无法，人有遗力，地有遗利矣。"② 所以，在地广人稀的中原地区，控制劳动力显然比控制土地更加重要，按地征派赋役的标准很难建立起来。

归德府地广人稀的情形，从元末明初一直延续至清乾隆时期。乾隆初期，时任河南巡抚的尹会一（1691—1748）曾写道：

> 南方种田一亩，所获以石计；北方种地一亩，所获以斗计。非尽南智而北拙，南勤而北惰，南沃而北瘠也。盖南方地窄人稠，一夫所耕，不过十亩，多则二十亩，力聚而功专，故所获甚厚。北方地土辽阔，农民惟图广种，一夫所耕，自七八十亩以至百亩不等，意以为多种则多收，不知地多则粪土不能厚壅，而地力薄矣，工作不能遍及，而人事疏矣。③

乾隆之后，随着人口的快速增长，中原地区的人地关系矛盾逐渐突出，地广人稀的优势渐渐消失。可见，在明初至清中期，中原地区的人口尚未激增，地广人稀，人均耕地面积较多，这是按丁派役的标准在归德长期存在的重要原因，也是明万历"一条鞭法"和清雍正"摊丁入亩"遇到很多阻力的重要原因。

---

① 陈高华：《元代税粮制度初探》，《陈高华文集》，上海辞书出版社 2005 年版。
② 沈鲤：《文雅社约》卷上《劝义十一》，齐鲁书社 1997 年影印本。
③ 尹会一：《尹少宰奏议》卷 2。

　　根据华南学者的研究,明代华南地区的里甲制度在遭到破坏之后,宗族组织逐渐与里甲组织结合起来,形成稳定的利益集团或赋役共同体,成为单个社会成员与官府之间的中介组织,这是地方社会逐渐实现自治化的社会基础。[①]然而,华南地区经历的这一社会转型,并没有在地处中原的归德发生。明代归德地区的黄河水患非常严重,杂泛差役异常繁苛,人口流动极为频繁,民间宗族难以稳定发展。所以,明初"以籍控役""画地为牢"的里甲户籍制度,在归德地区更容易遭到破坏。此外,在地广人稀的归德,掌握人口更为重要,这是丁役长期存在、役法改革失败的重要原因。所以,当明初的里甲户籍制度遭到破坏之后,里甲组织很难与薄弱的民间宗族组织结合为稳定的赋役共同体,民间自治化的机制也没有在归德建立起来。

　　嘉靖年间的均派屯粮与清理军屯,把矛头直接指向卫官阶层,在很大程度上限制了军事权贵的政治特权。对于卫所军户的犯罪事宜与军民关系的各种问题,明初以来即有所谓的约会制,即军民间的诉讼需由本管军职衙门会同民职有司一体约问。然而,由于明初归德的卫官和勋贵气焰嚣张,府州县的品级又相对低于卫所武官,常不能与之抗衡。所以,对于土地兼并、赋役不均、军占民田等问题,州县的解决能力是相当有限的。到了嘉靖年间,明政府为了解决"各处军卫所官舍军余人等置买民田,往往不肯纳粮当差,不服州县拘摄,致累粮里包赔"等问题,要求"抚按衙门并管粮官明白榜谕,今后一体坐派粮差,不许抗拒。违者原买民田追夺入官"[②]。嘉靖四十二年(1563),下旨将军屯管理权移交屯地所在地区的州县行政官员,地方官员开始直接介入屯地管理事务。就在这一年,推府南泉公以核役至归德府宁陵县,开始治理军占民地及军民纠纷等问题。根据宣统《宁陵县志》

---

　　① 郑振满:《明清福建的里甲户籍与家族组织》,《中国社会经济史研究》1989年第2期;《明清福建家族组织与社会变迁》,湖南教育出版社1992年版。[美]科大卫、刘志伟:《宗族与地方社会的国家认同——明清华南地区宗族发展的意识形态基础》,《历史研究》2000年第3期。

　　② 《世宗实录》卷218。

记载：

> （南泉公）乃西行谒两院各道诸公，力言其事，诸公为之恻然。
> 事属太府雨岩公议，公又根冤之所由，叹曰：有是哉！官之不为
> 民所也。先是睢州之税，县惟概责诸军无专征之人，后虽设有收
> 户，又无督征之官。彼军冥悍成习恶，知有县，县不能征，势不
> 得不责偿于民。彼见民已为供方，自喜为得计，准复有应其征者，
> 宜其流毒一至于此也。公以为不可，乃就计于南泉公，取军中田
> 粮之多者，岁轮四人为庄头，而责成于卫所之官，其权又总之于
> 府。有征则府移文取足于卫，卫下取足于庄头。不用命，则府必
> 取而罪之。县惟代之转输而已，催科之责无与焉。如是则庄头虽
> 欲私其属，如卫之有册何？卫虽欲庇其军，如府之有议何？自此，
> 官不事棰楚而威令自行，民不烦告争而军运自集，宁陵数十年虚
> 赔之苦，可一旦而去矣。[①]

南泉公均派屯粮的改革，主要是针对屯粮征收不足的问题。他采取了改变征收人员的方法，"取军中田粮之多者，岁轮四人为庄头，而责成于卫所之官，其权又总之于府"。这种将权力交由府县的做法，大大剥夺了管屯武官的权力，对于民户和普通屯军而言都是功德无量的事情，所以，获得成功的地方官员往往会被大书特书。据宣统《宁陵县志》载：

> 计定，又上请院道诸公，金曰：准如议行。士民大喜，相庆
> 曰：噫！吾民何幸至此极也，释吾千钧之重负而衽席之者二公也，

---

① 宣统《宁陵县志》卷11《艺文志·仁政碑记》，中州古籍出版社1989年点校本，第404—405页。雨岩公名夏，嘉靖三十二年（1553）进士，南泉公名青霄，嘉靖四十一年（1562）进士，二公皆姓罗。

活吾民之子孙于沟壑者二公也。①

同时，随着卫官占地、豪右吞渔问题的严重，归德卫管屯佥事开始清理军屯。如嘉靖《归德志》载：

> 嘉靖十三年（1534），管屯佥事方昇申例清查，颇为详尽，本卫有册可稽。……佥宪方公之清理，虽未尽复其旧，十亦得其七八矣。然而因各致详，由今复古，革一方之奸弊，明昭代之典刑，将必有名世者出焉。②

如上所述，嘉靖年间管屯佥事清理军屯取得了一定的效果，军事权贵的政治特权受到了一定程度的削弱。军事权贵的后代为了维持社会地位，开始追求更具象征意义的科举和仕途，地方权势顺理成章地从军事权贵转移到了士绅阶层，逐渐形成以士绅为中心的缙绅望族。

---

① 宣统《宁陵县志》卷11《艺文志·仁政碑记》，中州古籍出版社1989年点校本，第405页。

② 嘉靖《归德志》卷3《田赋志·屯田》，《天一阁藏明代方志选刊》，上海古籍书店1990年影印本。

第四章 缙绅望族的崛起
——以族谱为中心的研究

明中叶以后，由于土地兼并不断加剧，归德地区的社会分化日益明显。那些占有大量土地的军事权贵、卫所军户和商人地主等社会阶层，为了维护政治与经济优势，积极追求科举功名和仕途宦绩，逐渐形成雄踞一方的缙绅望族。本章主要以家谱资料为主，采取个案分析的方法，透过世系及有关传记资料，考察明代归德府缙绅望族的崛起过程。

第一节 从军事权贵到缙绅望族

在商丘地区，自古流传着"睢州四大门阀"或"睢州四大户"的说法，这是指当地的汤、王、袁、蒋四个大家族。汤氏家族是睢阳卫前所千户汤铭所在的家族，袁氏家族是睢阳卫百户袁可立所在的家族，王氏家族可能是睢阳卫指挥使王佐所在的家族。可见，在"睢州四大门阀"之中，至少有两大家族来自卫官阶层。此外，商丘地区还流传着"商丘八大家"的说法，即沈、宋、侯、叶、余、刘、高、杨八大家族。在这八大家族中，至少有五家来自卫所系统，下文即将提到的叶氏家族即卫官叶受所在的家族。① 这种现象绝非偶然，随着军事权贵家族人

---

① "沈""侯""刘"三家是普通军户，"叶""高"两家是武官。在这五家中，"沈""侯""叶"均是在明初调至归德卫，"高"则是在明晚期才迁至商丘，所以"高"不在我们的讨论范围，"沈""侯"则放在下一节中讨论。根据商丘《高氏家谱》记载，商丘高氏家族，始祖迁陕，跟随朱元璋打仗，屡建大功，镇守陕西延绥，隶榆林卫，传四世，至椿山公，授祖职指挥使。明末，宫保公高第之父为龙席将军，宁夏副总兵。宫保公高第授祖职，历升至河南开归总兵官，遂入籍于河南商丘县。

口的繁衍，能够世袭军职的家族成员毕竟只是少数，大多数军事权贵的后代走向了科举习文之路，这就使之逐渐演变为以士绅为中心的缙绅望族。下面试以睢州汤氏家族和商丘叶氏家族为例，说明军事权贵演变成缙绅望族的历史过程。

一 睢州汤氏家族

汤氏家族是睢阳卫前所千户汤铭所在的家族，在第二代汤铭时，汤氏家族即成为睢州首富，位居睢州汤、王、袁、蒋四大门阀之首，下面先来了解一下汤氏家族的家族成员情况。

第一代：汤宽：安徽滁州来安人，元末从孙平起兵反元，朱元璋起兵归附之，以功补红旗长，后授冠带总旗，论功封昭信校尉，世袭广东神电卫正七品百户。

第二代：汤用：汤宽长子，袭广东神屯卫百户，无嗣。

　　　　汤铭：汤宽次子，因兄无嗣袭广东神屯卫百户，升河南归德府睢阳卫前所千户，定居睢州。

第三代：汤广：汤铭长子，袭河南睢阳卫前所千户，无嗣。

　　　　汤庠：汤铭次子，因兄无嗣袭河南睢阳卫前所千户，后赠骠骑将军。

第四代：汤杰：汤庠长子，袭河南睢阳卫前所千户，无嗣。

　　　　汤英：汤庠次子，因兄无嗣袭河南睢阳卫前所千户，后因功赠骠骑将军，升河南都指挥佥事。

第五代：汤卿：汤英子，明弘治癸亥年袭河南睢阳卫前所千户，明嘉靖年因功平功升睢阳卫世袭指挥佥事，后升河南都指挥佥事。

第六代：汤易：汤卿子，袭睢州指挥佥事、骠骑将军，掌卫印。

第七代：汤希韩：汤易长子，明嘉靖辛酉年袭睢州指挥佥事、骠骑将军。

　　　　汤希范：汤易次子，贡生，山西赵城县县丞。

汤希富：汤易幼子，监生。

第八代：汤敬：汤希韩长子，明万历丙子年中武魁，己卯再试中

第二名，庚辰中进士，袭睢州指挥佥事、骠骑将军，

加升指挥使，无嗣。

汤政：汤希韩次子，因兄无嗣，三捷武闱，袭睢州指挥

佥事、骠骑将军。

汤征：汤希韩三子，以武举人袭睢州指挥佥事、骠骑将军，

无嗣。

汤学：汤希韩四子，因兄无嗣袭睢州指挥佥事、骠骑将军。

汤敏：汤希范子，州庠生。

汤敕：汤希范子，无嗣

汤孜：汤希范子，武举。

第九代：汤宏猷：汤政长子，无嗣。

汤大猷：汤政次子，因兄无嗣袭睢州都指挥佥事、骠骑

将军，无嗣绝封。

汤克猷：汤政子，生员

汤　猷：汤政子

汤壮猷：汤政子，无嗣

汤徽猷：汤政子，无嗣

汤振猷：汤政子

汤文猷：生员，无嗣

汤允猷：增广生，无嗣

汤祖契：汤敏子，生员，诰封中宪大夫，陕西按察司副使，

乡饮正宾，崇祀乡贤祠

汤远猷：汤孜长子，生员

汤截猷：汤孜子。

汤卓猷：汤孜子。

虽然汤氏家族的前几代成员不多，但是他们大多军功显赫，在镇

压寇乱、管理屯田、振兴卫事、筑堤防患等方面非常活跃。第二代汤铭因征山寇有功，由凤阳府中都金川门百户升河南睢阳卫前所千户，成为睢州首富。第三代汤庠在明正统九年（1444）随马都督征讨兀良哈叛军，在玉沙泉与敌军相遇，奋勇战斗，有功于世，赠骠骑将军。第四代汤英课军校屯田，训练有方，兵食充足，卫事振兴，赠骠骑将军、河南都指挥佥事。第五代汤卿在明嘉靖年平山东巨寇王堂，后升睢阳卫世袭指挥佥事，整理城操，又升河南都指挥佥事，筑堤百里，杜绝水患，镇压河南境内巨寇。第六代汤易，战守有方，保障睢阳卫免陷于寇，后以保障之功升调陕西岷州正五品守备，以政绩及军功深受军民爱戴，授明威将军。

第七代之后，随着家族人口的日益繁衍，汤氏家族的科举习文者渐渐增多。第七代汤希范和汤希富分别为贡生和监生。第八代汤敏是州庠生。第九代汤克猷、汤文猷、汤允猷、汤远猷、汤祖契均为生员，尤其是汤祖契还是乡饮正宾，并崇祀乡贤祠。不仅如此，世袭武职的军官也开始习文弄墨，如汤敬弱冠工诗，手不释卷，诗法盛唐，篆隶极精，善书匾额，尤以仿颜真卿书楷逼真而名闻当世。又如汤政熟读兵书战策，喜交游，好饮酒，每醉必挥毫作诗，有"汤政斗酒诗百篇"之美誉。家族的习文之风逐渐孕育出清初的理学名臣——汤斌，汤斌乃汤祖契的儿子，历任国史院检讨、潼关道副使、江西岭北道参政等职。汤斌使汤氏家族再度声名显赫，成为地方社会上的"累世名门"[①]。

二　商丘叶氏家族

于志嘉认为，对于在卫所的军户可以划分为"卫所军户"与"附籍军户"两支来研究，我们所要讨论的叶氏家族正是留守在屯所的军户家族。叶氏家族即归德卫冠带总旗叶受所在的家族，根据《叶氏家乘》记载：

---

① 睢州《汤氏族谱》卷1《恭人先妣节烈事状》，1986年本。

始祖讳受，原籍江西吉安府泰和县吴门乡，明洪武平定江西，从军八年，任归德卫冠带总旗，遂卜居郡东谷熟镇东北七里余白河之阳家焉，是为商丘叶氏始祖。

根据民国八年（1919）的商丘《叶氏家乘》，其历代传承世系如图4—1所示：

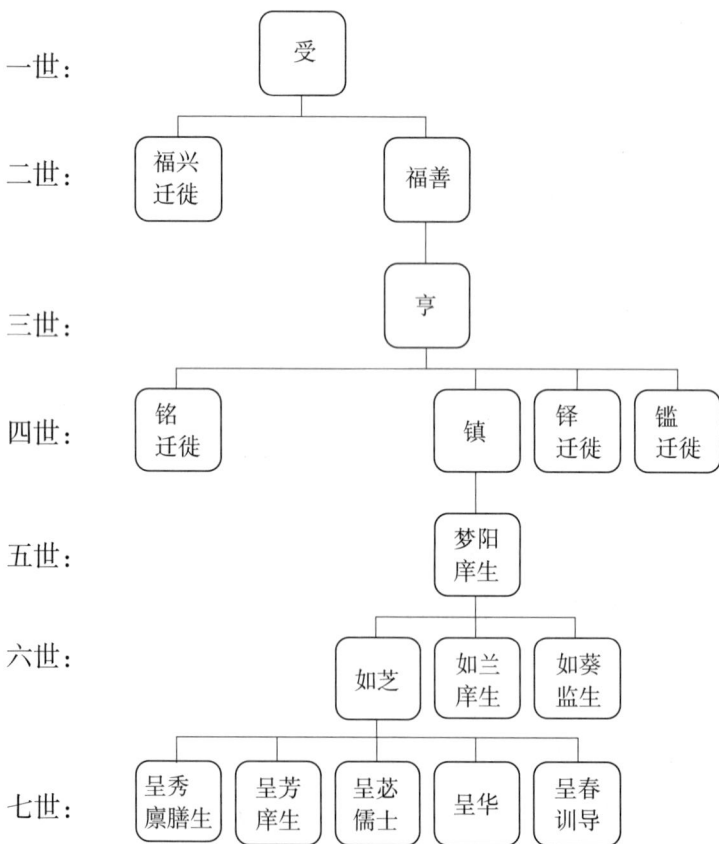

八世：十三人，其中，叶廷桂中进士，后升兵部尚书。

九世：二十人。

图4—1 叶氏家族世系

通过上述世系可知，叶受生二子，长子福兴迁居谷熟镇侯家集北二里许流腊坡，是为长门，世系失考。次子福善世居谷熟镇东北老家，是为二门。叶福善只有一个儿子，即叶亨。叶亨生四子，至第四代，随着叶氏家族人口增多，只有次子叶镇留守故居，叶亨的其余三个儿子均移居他处。根据乾隆《旧序》记载，"吾家自始祖传至二世，一为长门，谱系残缺，无考。二门传至四世祖，同胞四人，一无嗣，其三祖分东、西、中三门，此谱固中门之裔也。"笔者目前找到的家谱就是中门叶镇这一门修的支谱。叶镇这一门所在的谷熟镇即始迁祖屯军之处，一世祖叶受、二世祖叶福善和三世祖叶亨前三代的坟均在此处。可见，商丘叶氏家族的大部分成员迁徙他处，只有一小部分成员留守屯所。

至第五代，随着家族成员不断向外迁徙，屯所军户只剩下叶梦阳一人。叶梦阳（1502—1576），郡庠生。根据商丘沈鲤（1531—1615）撰写的《文学公暨程孺人墓表》记载：

> 公讳梦阳……古宋城东世族也。公业儒，幼有志节，稍为郡庠弟子员，耕道猎德，佩文服艺，人争师事之，公因人为教训迪有方，治田畴，导树畜，尤所谙焉。[1]

清初翰林院学士李目在为叶廷植撰写的墓志铭中也追忆道：

> 受生福善，福善生亨，亨生镇，俱忠厚勤俭，农桑世其业，镇生梦阳，梦阳生有大志，变耒耜为诗书，而时以丝絮米麦出行贾，既富甲闾里。[2]

可见，叶梦阳在叶氏家族中占有非常重要的地位，他把留守屯所的这一支逐渐发展壮大起来。

---

[1] 商丘《叶氏家乘》卷6《文学公暨程孺人墓表》，民国八年本。
[2] 商丘《叶氏家乘》卷6《都金乡饮公暨郑恭人墓志铭》，民国八年本。

叶梦阳在家族中的重要地位，与其从事的商业经营密不可分。由于归德一郡"无丹锡金漆之饶"，于是形成了以麦、谷、稷、棉等为主的农副产业结构，尤其是棉花得到广泛种植[①]。叶梦阳"以丝絮米麦出行贾"，其经营的主要商品就是丝絮和米麦，从"富甲闾里"即可看出商业经营对军户家族的发展具有非常重要的作用。

叶梦阳经营商业为子孙后代走上科举习文之路奠定了经济基础。商丘沈鲤（1531—1615）撰写的《文学公暨程孺人墓表》记载：

> （叶梦阳）子三，如芝好古，多闻诚确无伪，次如兰，名列上庠，行谊为士林楷模，三如葵，处贤父兄间肃肃雍雍。孙五，呈芳、呈苾、呈秀、呈春、呈华，学于家学，人授一经，芳辈皆孜孜黾勉于经传，成就亦可待也。[②]

可见，叶梦阳的儿子和孙子都走上了科举习文的道路。

至叶呈春的儿子叶廷桂时，叶氏家族开始迈入商丘"八大家"的行列，成为地方社会上的缙绅望族。叶廷桂于天启年间中进士，官至南京兵部尚书，南征北战，屡立奇功，是明朝重臣。由于叶廷桂的缘故，叶氏家族的成员屡受皇封，其家眷仅被封为诰命者就有30余名。自此之后，"叶氏为睢阳望族，科第连绵，簪缨累世"[③]。

除上述个案之外，笔者还发现了很多由军事权贵转向缙绅望族的例子。如清初文人田兰芳在为袁太学作传时提及，睢州袁氏家族的先祖是睢阳卫百户，在袁可立中万历己丑（1589）进士，官兵部尚书之

---

① 王象晋在《木棉谱序》中云："北土广树艺而昧于织，南土精织纴而寡于艺，故棉则方舟而鬻于南，布则方舟而鬻诸北"（《元明事类钞》卷24）；吴伟业在《木棉吟》中云："昔年河北栽花去，今也栽花遍齐豫。北花高擖渡江南，南人种植知何利"（叶廷琯：《吴梅村木棉吟》，《鸥陂渔话》卷4）；钟化民在《赈豫纪略·救荒图说》中指出，河南许多地区"半植木棉，乃棉花尽归商贩，民间衣服率从贸易"。

② 商丘《叶氏家乘》卷6《文学公暨程孺人墓表》，民国八年本。

③ 商丘《叶氏家乘》卷7《封君公暨□太孺人双寿文》，民国八年本。

后，袁氏家族遂成为地方社会上的缙绅望族。[1]又据永城乡宦练国事的墓志铭载，永城练氏家族的先祖练素为勋戚，"数传而生寿。寿生昆，昆生绒，赠兵部侍郎。绒生惟精，赠兵部侍郎。四世独子，至惟精生公兄国体与公。绒以上皆业农，至惟精，始作邑庠弟子员，家少振"[2]。在练国事中万历丙辰（1616）进士之后，练氏家族遂成为永城县的著姓望族，练国事也成为威望极高的名公巨卿。再如万历十年（1582）徐乾墓志铭载，睢州徐氏家族的先祖，原籍丽水县人，洪武二十五年（1392）任归德卫右所百户。正德以后，徐氏家族中办文会、中进士的人逐渐增多。正德年间，"（徐翰）与王竹筠、鲁月川、马嵩盘诸公为文会，讲读课程之外，专以砥励名行为务"[3]。嘉靖年间，"（徐翰）与乡人真率会，以诗酒相娱乐"[4]。徐翰入睢州官籍后，他的两个儿子徐养相和徐养大分别登丙辰（1556）进士和壬戌（1562）进士，二人登第之后，经济富裕，"家道益充，地土益广"[5]。同时，对于袭职一事，"族子有当袭祖职者，贫寓他方，公资遣之谒选，嗣其官"[6]。

　　通过上述个案可知，在前几代，卫官的家族成员较少，与原籍军户有着较为密切的联系，如商丘叶氏家族第三代叶亨"修族谱、联于江右"[7]。这种现象应该较为普遍，于志嘉曾在《明清时代军户的家族关系》一文中，对归德卫正千户贾氏家族与海宁原籍的关系做过分析，认为直到宣德初年为止，前三代贾氏子孙仍以海宁祖籍为心之所寄。[8]

　　几代之后，随着家族人口的繁衍，卫官与原籍的关系渐渐疏远。如归德贾氏，自第四代贾福景泰年间葬于归德，归德贾氏与海宁贾氏

---

① 田兰芳：《田兰芳文集》卷2《袁太学传》。

② 《新中国出土墓志（河南）》下册，文物出版社1994年版，第20—22页。

③ 同上书，第42—43页。

④ 同上书。

⑤ 同上书。

⑥ 同上书，第38—40页。

⑦ 商丘《叶氏家乘》卷1《谱系》，民国八年本。

⑧ 于志嘉：《明清时代军户的家族关系——卫所军户与原籍军户之间》，《中央研究院历史语言研究所集刊》第74本第1分，2003年3月。

的联络趋于冷淡，反而是海宁一支偶有北访归德大宗者，在归德的一支为贾氏本支大宗，亦称北族。可见，随着卫官家族人口的增加，归德已经成为他们久居发展之地。①

军事权贵的特点是拥有特权和世袭，由于每代只能一人世袭军职，其他的人自然会去追求最具象征意义的科举和仕途，有的文武并重，成为"儒将"，有的经商致富，"富甲闾里"。随着科举入仕者的增多，归德府的军事权贵逐渐转型，成为以士绅阶层为主导的缙绅望族。而那些没有取得功名的军事权贵一般都没有发展起来。如商丘《蒋氏族谱》载，蒋氏家族的始迁祖总旗公讳三老，授护卫亲王后所千户上旗总旗，明洪武初年从山西调卫归德州卫，自千户公卫守归德，"所可恨者，南北家数百年以来无仕宦子弟，求其能步朝堂登初步者卒寥寥矣"②。由于家族中没有仕宦子弟，蒋氏族人认为其家族走向了衰败，曰："不必曰策名天家也。呜呼，何其衰与，其衰也。其不教耶，其不富耶，抑其不庶而富教之，无以加耶。"③可见，在军事权贵转向缙绅望族的过程中，科举入仕是最重要的手段，归德地区这种以武官职起家的模式与南方地区有所不同。

第二节　从卫所军户到缙绅望族

这一节讨论的"卫所军户"，并非指卫官阶层，而是普通的卫所军户。由于归德的杂泛差役异常繁重，拥有免杂役特权的卫所军户具有一定优势，而且，在军事权贵占主导地位的地方社会，当军民发生纠纷时，卫所军户经常受到偏袒，这些都有利于卫所军户的发展。在商丘八大家中，至少有四大家来自卫所系统，其中一家即上文提到的

---

① 于志嘉：《明清时代军户的家族关系——卫所军户与原籍军户之间》，《中央研究院历史语言研究所集刊》第 74 本第 1 分，2003 年 3 月。
② 商丘《蒋氏族谱》卷 3《族谱序》，光绪五年本。
③ 商丘《蒋氏族谱》卷 1《重修族谱序》，光绪五年本。

叶氏家族，还有三家分别是沈氏、侯氏和刘氏家族。这三个家族并非卫官家族，而是普通军户的家族，下面以沈氏和侯氏两个家族为例探讨卫所军户转向缙绅望族的过程。

一 商丘沈氏家族

商丘沈氏出自苏州府昆山县一保乡，世居昆山县城。元末，昆山沈道兴有二子，长子福一，次子福二。明洪武四年（1371），"大臣有平章潘氏者，括取伪吴张士诚麾下旧军，蔓及道兴"。而此时沈道兴已老，不能行军役，按照次序，该长子福一代父行军役，但福二愤然曰："有事弟子服其劳，吾父既不可以行，吾当代吾兄行矣！"沈福二代兄行军役时，把唯一的儿子沈铭留在原籍苏州府昆山县的家中，"独挈配王氏与其婿范贵渡江而北次扬州兴化县"，后调河南祥符，再调归德，始隶籍归德卫左所李百户伍下。[①]根据民国二十三年（1934）的《商丘沈氏家谱》，其历代传承世系如图4—2所示。

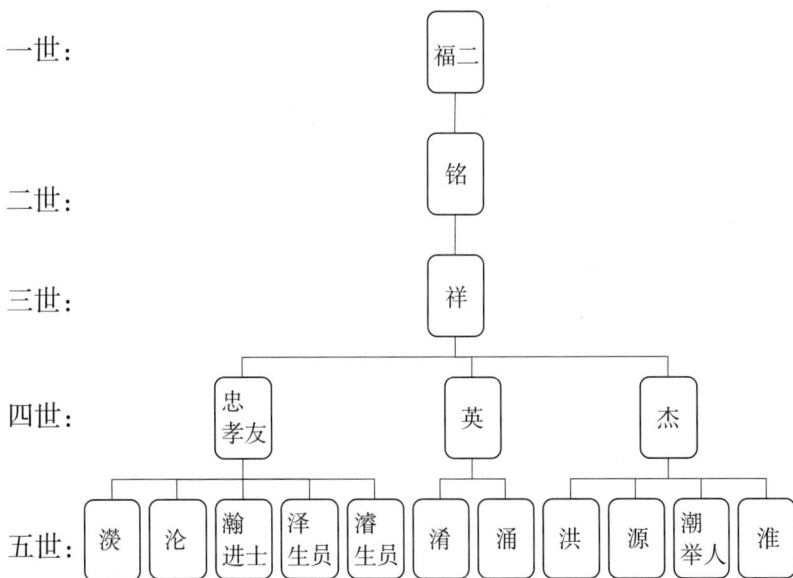

一世：　福二

二世：　铭

三世：　祥

四世：　忠孝友　　英　　杰

五世：　潩　沦　瀚 进士　泽 生员　潚 生员　淯　涌　洪　源　潮 举人　淮

---

① 商丘《沈氏家谱》卷1《沈氏家谱序》，民国二十三年本。

六世：共三十一人，其中，棋（生员）、桐（监生）、柚（生员）、朴（生员）、杜（奉记生员）均为沈忠的孙子。

七世：共六十一人，其中，光（生员）、灿（寿官）、照（贡生）、烈（贡生）、点（贡生）、黠（监生）、鲤（进士）、鳞（监生）、鲘（生员）、鲁（儒士）均为沈瀚的孙子。

图4—2 沈氏家族世系

洪武二十二年（1389），沈福二占屯城东南一十五里邵家口处，"辟草莱而居"，"田不逾百亩"[1]。沈福二在归德卫屯所居住时，生活较为艰苦。沈福二之后的两代人中每代仅有一名男丁，即远在苏州府昆山县的儿子沈铭和孙子沈祥。由于沈福二在河南只生下一女，没有儿子，待沈福二年老不能行军役时，远在昆山的儿子沈铭不得不代父行军役。建文三年（1401），沈铭不幸在靖难之役中战死，此时沈铭的儿子沈祥只有十七岁，即补充行伍。在永乐八年（1410）、永乐十二年（1413）、永乐二十二年（1424），沈祥"三扈文皇帝北征，俱随其主帅渡沙漠而还"[2]。

明正统以后，沈氏家族的人口开始增多。第四代共有三名男丁，即沈祥的三个儿子沈忠、沈英和沈杰，至第五代时，沈氏共有十一名男丁。由于卫所容纳能力有限，随着沈氏家族人口的繁衍，"屯所不能尽居也"。在屯军田地不足以使用的情况下，很多卫所军户势必要通过其他的方式谋求生存，成为寄籍军户便是一个既便捷又普遍的办法。明政府规定以官军户下多余人丁附籍有司，其先决条件必须是购置有附近民产。谭纶等辑《军政条例》卷二，景泰元年（1450）《军户不许隐蔽人丁》云：

官军户下多余人丁，有例除存留帮贴正军外，其余俱许于附

---

[1] 商丘《沈氏家谱》卷1《沈氏家谱序》，民国二十三年本。

[2] 同上。

近有司寄籍，纳粮当差，若一家有三五人十余人，只用一二人寄
籍有司，而将余人隐蔽在家者，不分年岁久远，除该纳粮草仍于
有司上纳，其人丁尽数发回军卫。[①]

在这种政策之下，很多卫所军户在卫所周边州县购买民田，以获
得寄籍军户的身份。沈忠这一支即采取了这种办法，先置产于归德州
郡城东南七十里界沟集，又置产于城北四十里染湛集[②]，加上屯所，沈
氏共有三处聚落，"盖并其屯所而三焉"[③]。沈忠这一支通过购买民田，
随田产移居到卫所周边的虞城县，成为寄籍军户。沈忠的儿子沈瀚虽
为归德州学生，实食廪于虞城县学，因寄籍虞城之待宾一乡，为民籍。[④]
我们讨论的沈氏家族是沈忠这一支派，即离开屯所寄籍周围邻县的寄
籍军户。

成化七年（1471），沈忠因其孝顺闻名，被列入地方志中的"孝
友"，获得了"永蠲其家"的待遇。值得注意的是，这一时期的很多
军户都被列入地方志中的"孝友"。根据嘉靖《归德志》，被列入"孝
友"的五个人全部来自卫所，如沈忠，归德卫军籍；任贵，"世为沛人，
父恭义军于归德"；杨敬，归德卫前所人，其父亲在洪武年间亡于行阵；
吕仲和，归德卫右所人；卢礼，百户义之弟。[⑤]可见，成为"孝友"是
卫所军户提高社会地位和经济实力的一种常用策略。

沈忠这一支通过移居城市、另置产业、入附近县学、寄籍他处、
成为"孝友"等一系列行为，为其后代参加科举考试提供了方便。在
沈氏家族第五代人中，沈瀚中成化甲辰（1484）进士，历任福建省建
宁府知府，成为沈氏家族中第一个获得进士功名的人。此外，沈潮中

① 转引自于志嘉《从〈辞〉看明末直豫晋交界地区的卫所军户与军民词讼》，《中
央研究院历史语言研究所集刊》第75本第4分，2004年12月。

② 嘉靖《归德州志》记为"染湛集"，《沈氏家族》记为"冉站集"。

③ 商丘《沈氏家谱》卷1《沈氏家谱序》，民国二十三年本。

④ 同上。

⑤ 嘉靖《归德志》卷7《人物志·孝友》，《天一阁藏明代方志选刊》，上海古
籍书店1990年影印本。

成化丙午（1486）举人，沈泽、沈濬俱为诸生。上述四人之中，除了沈潮是沈杰的儿子外，其余三人都是长门沈忠的儿子。沈潮在会试南宫后就去世了，并没有给所在支派带来荣誉。与之相比，沈瀚这一支逐渐成为家族中最为显赫的一支，沈瀚的子孙"世居城市，以便儒业……沈氏始大，衣冠显贵者渐多"①。在第六、七代中，拥有生员身份的全部都是沈瀚的子孙。可见，沈忠和沈瀚采取的一系列策略为其后代的发展奠定了基础，尤其是巧妙利用寄籍的身份，为自己创造了最有利的局面，成功地把子孙带入了仕途，沈氏家族也成为虞城县的著姓望族。

正德六年（1511），"流贼"杨虎攻破虞城。为躲避战乱，沈瀚这一支派由虞城县迁回归德州郡城，并置产业，"以流贼之乱复还居郡城，置世业"②。正德中，沈瀚去世，沈柚早世，而沈泽未娶而卒，沈潮会试南宫卒，"门户盖稍稍衰焉"。嘉靖初年，沈瀚的季子沈朴、长孙沈光、从孙沈炜同时为诸生，少子沈杜也"得以诸生衣冠奉建宁公祀，乃稍能持门户，稍瞻具族人"。至沈瀚的孙子沈鲤时，沈氏家族再度繁盛，位居"商丘八大家"之首。沈鲤（1531—1615）中嘉靖乙丑科（1565）进士，选庶吉士，兼翰林院学士，加太子少保，万历十二年（1584）冬，拜礼部尚书。沈鲤把沈氏家族推向了鼎盛期，"沈氏自相国鲤以来为宋之巨族"③，"沈为宋中著姓，自其先相国文端公（沈鲤）以来，世以诗礼传家"④。明隆、万之际，沈鲤的子孙"恩例授冠带与衣冠而儒者又复数十人"⑤，他们或尚宝司卿，或户部员外，或中书舍人，是商丘八大家中获恩例最多的家族。

---

① 商丘《沈氏家谱》卷1《沈氏家谱序》，民国二十三年本。
② 同上。
③ 侯方域：《壮悔堂文集》卷10《沈季宣墓志铭》，北京出版社1998年影印本。
④ 郭善邻：《春山先生文集》卷3《烈妇沈氏墓表》，乾隆五十六年（1791）友鹤山房刊本。
⑤ 商丘《沈氏家谱》卷1《沈氏家谱序》，民国二十三年本。

二 商丘侯氏家族

商丘侯氏家族的始迁祖侯成原是杞县人，明初奉诏由杞县迁入商丘，以军籍隶属归德卫，在商丘古城西南侯老家村居住下来，后世遂为归德卫人。根据光绪三十年（1904）的《商丘侯氏家乘》，其历代传承世系如图4—3所示。

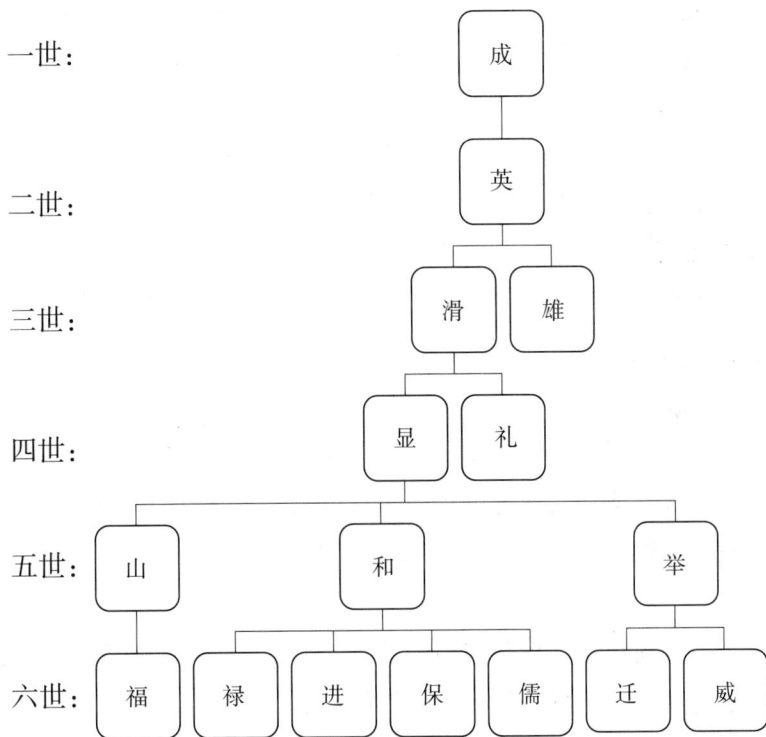

图 4—3 侯氏家族世系

商丘侯氏家族在前四代每代仅有一两名男丁，在第五、六代时，即正德、嘉靖年间，侯氏家族的人口开始增多。第五代有三人，即侯山、侯和与侯举，有关侯山和侯举的情况并不清楚，目前只知道侯和这一支的情况，本书引用的族谱正是侯和的次子侯进这一支的支谱。

商丘侯氏家族在前几代"有隐德，家世业农"①。至侯和的儿子侯

① 商丘《侯氏家乘》卷1《载籍》，光绪三十年本。

进时，"无甚厚产，独特持以勤俭，故生齿日繁，军徭日增，能宽然不乏常，村居时时杖履行吟陇上，欣然自得，无上事未尝入城府"①。此时的侯氏家族可能只是地方弱族，经常遭到"同伍无赖"的欺负，"有横逆宁汪涵不求直，而同伍无赖以公（侯进）为易凌，益日奇乞公，公终置不较，或以无能消之曰：吾固无能耳！"②在承担沉重军役的同时，侯进仍不忘延师授子，"公始课子弟以博士业，辟塾延师督训有加，不令其与治生计，衣服冠履爱从先进"③。在侯进的精心训导下，侯氏族人"悉恂谨朴茂，一见即知为侯氏子"④。

侯进有三子，长子侯瑀、次子侯玑、三子侯琳。侯琳幼弱，侯玑早卒，留下一子叫侯执蒲，被侯瑀收养。侯瑀在侯氏家族中的地位非常重要，在侯瑀之前，侯氏家族"家世业农"，侯瑀是家族中第一位科举习文者，虽然"弗售"，但侯瑀像其父侯进一样，在承担繁重赋役的同时，不忘教导子侄。据《侯氏家乘》载：

> （侯瑀）严课其子执躬及孤侄执蒲……且耕且读，一切编赋徭役皆身当之无难色，复延师教伯兄兄弟及余，内外综理，井然秩然。维时吾父早卒，季叔幼，伯父惨淡经营，艰难险阻靡不备尝。⑤

后来，侯氏族人为争夺祖产而起冲突，侯瑀乃"别有行营"，走上了独立发展的道路。据《侯氏家乘》载：

> 先茔有吉地，以次当属公家，而族人力取之，赠公有愤色，公曰：幸非异姓，又何争？乃别有行营，而与形家言悬合，厚德之报也。⑥

---

① 商丘《侯氏家乘》卷1《墓志》，光绪三十年本。
② 商丘《侯氏家乘》卷2《墓志》，光绪三十年本。
③ 同上。
④ 同上。
⑤ 商丘《侯氏家乘》卷1《载籍》，光绪三十年本。
⑥ 同上。

有了一定的经济基础，侯瑱才能够进行家族建设，积极参与地方公益事业。根据《侯氏家乘》记载：

> （侯瑱）念宗盟不固，率□祀典弗修弗备，以至于怨恫，为先人羞，乃著约春秋，大会族人祀于茔。祀毕，少长递进殇为寿，其贫不任婚葬者助之，逸不率祖训者教告之，尝曰：吾门荣盛，咸祖宗积德所致，今者食神之惠，必诚必恪，庶几羹墙。[①]

在灾荒年月，侯瑱又极力救助灾民。据侯瑱的墓志铭记载："岁己亥（1599），淫雨漏河城以肉室庐荡析，人无所托处，癸卯（1603）又荐饥，益不聊生，公（侯瑱）尽倾储峙，全活无虑数千人。"[②] 此外，侯瑱还修缮桥梁、周济姻党、赈济灾民等，"力缮津梁，如蔡河诸处，至今利涉皆公之贻也。他如周姻党、赈急难，未易更朴矣"，因而侯瑱被称为"乡里善士"[③]。

同沈氏家族一样，侯氏家族也采取了寄籍的方式谋求发展。侯进及其长子侯瑱均隶属军籍，侯进次子侯玑的户籍就不清楚了。据《明清进士录》统计，侯瑱的儿子侯执躬及孙子侯恪属归德卫军籍，而侯瑱的侄子侯执蒲（侯玑之子）及侄孙侯洵（侯玑之孙）却属商丘民籍。[④] 这样看来，侯执蒲和侯洵似乎已经摆脱了军籍，改入民籍。但是，事实并非如此，当侯氏家族已经成为缙绅望族的时候，侯洵还有摆脱军籍的倾向。崇祯三年（1630），侯洵官至兵部侍郎，试图把侯氏的出身戍籍改掉，被侯执蒲修书制止。根据《侯氏家乘》记载：

> （侯）家故军籍，子洵佐司马欲脱之，执蒲书止之，目若人以为苦，如国家何？若吾以为辱，如祖宗何？卒不易二事，至今

---

① 商丘《侯氏家乘》卷2《墓志》，光绪三十年本。

② 同上。

③ 同上。

④ 朱保炯、谢沛霖：《明清进士题名碑录索引》，上海古籍出版社1980年版。

卿里传为美谈云。①

所以，侯执蒲和侯洵并非真正转入民籍，极有可能是寄籍军户。由此可见，"寄籍"这一方式是很多卫所军户发展成地方望族的重要途径。

在延师教导子侄、经营酿酒业、进行家族建设、参与地方事务、成为寄籍军户等一系列措施之下，商丘侯氏家族培育出兄弟进士、父子进士等高级士绅，成功迈入"商丘八大家"的行列。万历十六年（1588），侯执蒲与兄侯执躬同举于乡，侯执躬登万历己丑（1589）进士，侯执蒲登万历戊戌（1598）进士。万历四十三年（1615），侯洵与弟侯恪同举于乡，万历四十四年（1616），二人又同登进士，侯洵还官至太仆寺少卿、兵部侍郎、户部尚书。万历年间，侯氏家族在两代人中出了四名进士，"父子兄弟同朝，吾族之盛在明季也"②。正如同乡宋荦所说："吾中州望族之最，夙称侯氏……可谓盛焉！"③

通过以上两个军户家族的个案可知，由于明初政局不稳，一有战事，归德卫的军户即被调去行军打仗，承担沉重的军役。沉重的军役负担导致军户人口死亡率很高，因而，卫所军户在前几代人丁单薄。如清初商丘文人刘榛在回忆沈氏与刘氏起家之艰难时说道："予与沈氏皆以军戍来归德，创造之艰难与有同焉；而三世四世之间不过三数人，又不显，两家亦同。"④可见，普通军户在前几代生活艰辛是非常普遍的现象。

在明初原籍主义的指导原则下，移往卫所的常为单丁或为以卫军为主的核心家庭，卫军老疾，常归葬原籍，继役者也常常由原籍勾补而来。在此政策下，明初的卫所军户与原籍军户经常保持联系，如沈氏家族中的沈铭和沈祥就是在他们的父亲年老或去世之后从原籍昆山勾补而来的。但是，由于卫所军户要负担沉重的军役，许多原籍军户不愿与

① 商丘《侯氏家乘》卷1《载籍》，光绪三十年本。
② 商丘《侯氏家乘》卷1《五修家乘自序》，光绪三十年本。
③ 商丘《侯氏家乘》卷1《商丘侯氏家乘》，光绪三十年本。
④ 刘榛：《虚直堂文集》卷8《刘氏祭田碑记》，清康熙刻本。

其建立长久联系。据嘉靖《归德志》载，胡元凯，江西吉水人，后调至归德卫前所，"既老勾丁原籍橄下族人率逡巡避之"①。尤其是宣德以后，随着卫所军户繁衍的子孙越来越多，卫所军户与原籍军户的关系越来越疏远。政府逐渐调整，改行落地生根的政策，卫所军户纷纷走上了独立发展的道路，对地方社会的变迁有着深远影响。

通过上述沈氏家族的世系图，可以看出明初一名军户经过七八代的发展能够衍生出多少军籍子弟，而实际服军役者又是何其少数。除了正军服军役外，卫所军户还有大量军余，他们在卫所经历了怎样的变化？普通军户在前几代人数较少，军役负担确实很重，家谱中都会有军役繁重的记载。但是，经过几代的发展，随着家族人口的繁衍，军役对军户所造成的实际负担，不论是就在家族整体赋役中所占的比重，还是就其对所有家族成员的羁绊程度而论，都较明初大大地减轻。②尤其是在杂泛差役繁多的归德地区，拥有免除杂泛差役特权的卫所军户比起里甲民户反而具有一定的优势。不仅如此，还有一些军户通过成为"孝友"，获得"永蠲其家"的优待，如商丘沈忠等。因而，很多军户家谱中只提及明初的军役负担较重，之后的军役负担基本上没有提及。随着卫所军户的负担减轻，很多军户开始侵占大量民田，如《宁陵县志》所载："宁陵田额不逾四千顷，而鬻入于军者千有奇。"③

在军户家族的发展过程中，军屯起着至关重要的作用。以商丘刘氏家族为例，清初刘氏家族的屯田被占，刘氏族人回忆道："彼久假者，非吾祖宗沐雨栉风出万死一生之业乎？吾后人家殷户厚，无非始基于此，而旁落焉，伤矣。"④归德地处腹里，屯军数量较多，军屯数额也较大，拥有一定数量的军屯无疑为卫所军户进行家族建设提供了经济条件。

---

① 嘉靖《归德志》卷7《人物志·游寓》，《天一阁藏明代方志选刊》，上海古籍书店1990年影印本。

② 于志嘉：《再论族谱中所见的明代军户——几个个案的研究》，《中央研究院历史语言研究所集刊》第63本第3分，1992年9月。

③ 宣统《宁陵县志》卷11《艺文志·仁政碑记》，中州古籍出版社1989年点校本，第404页。

④ 刘榛：《虚直堂文集》卷8《刘氏祭田碑记》，清康熙刻本。

随着卫所军户的繁衍，屯所渐不能容纳众多子弟，很多军籍子弟便离开屯所，移居他处，成为寄籍军户，商丘沈氏和侯氏就是典型的例子。虽然军户家族分居而处，但是在军户不得分户的政策下，军户子弟仍然保持着密切的联系。如归德蒋氏自五世分支止居各异，有祭田以供春秋之祀；又如商丘侯瑀"著约春秋大会，族人祀于茔"①，这在一定程度上促进了军户家族的发展。

随着越来越多的军户转向习文，社会风气逐渐由习武转向习文，如清初商丘文人刘榛所云："吾家戎集也……顾数传而后家多为士，耻列行间，尝委其田于贫无业者。"②另据康熙《商丘县志》记载：

> 吾乡自成弘以前，间阎子弟不愿为诸生章甫也。学使者行县至，则有司常趣之，其稍能通章句以上者，辄已预以文辞，科第绝少也。……迨后人文日益占，咿唔占者连东西家。且斌斌藻缋之工也，而上始操尺寸，严累黍以限之，犹策名科第者踵相接，以方昔何盛也。③

其实，由于明政府鼓励军户科举入仕，卫所军户考取功名是一个普遍的趋势。根据嘉靖《归德志》记载，万玘，归德卫军籍，明正德六年进士；胡守中，宁陵军籍，嘉靖十一年进士；赵恩，归德州军籍，明成化十一年进士；赵举廉，睢阳卫军籍，明隆庆五年进士；刘淮，睢州军籍，明正德十二年进士；李一经，睢州军籍，嘉靖二十九年进士；李璠，归德卫军籍，万历二十三年进士；等等。④经过几代人的发展，很多军户考取了进士功名，他们所在家族自然成为地方社会颇有名气的缙绅望族。商丘沈氏家族和侯氏家族即通过科举入仕一跃

---

① 商丘《蒋氏族谱》卷1《重修下卷族谱序》，光绪五年本。

② 刘榛：《虚直堂文集》卷8《刘氏祭田碑记》，清康熙刻本。

③ 康熙《商丘县志》卷15《艺文志·新设商丘县儒学记》，中州古籍出版社1989年点校本，第508—509页。

④ 朱保炯、谢沛霖：《明清进士题名碑录索引》，上海古籍出版社1980年版。

成为地方望族。

第三节　从经商致富到缙绅望族

河患问题使归德居民迁徙不定，土地买卖非常频繁，卖地换粟成为常事，这在很大程度上加剧了土地兼并，促进了以土地买卖、粮食交易为主的商业经济的发展。在笔者发现的家谱之中，就有不少地方望族有经商经历，他们大多通过经商致富等方式逐渐发展为明后期的缙绅望族。下面以虞城范氏家族和夏邑彭氏家族为例，说明商业经营在缙绅望族的形成过程中所起的重要作用。

一　虞城范氏家族

虞城范氏家族自称范仲淹的后代，其始迁祖士聪，原籍苏州，有三子，即文元、文理和文蔚。元明鼎革之际，士聪带领文理由苏州迁至虞城，遂"占籍虞城"，其余两个儿子仍留居苏州。[①]据虞城《范氏族谱》载："文正祖传八世，至士聪祖，率其次文理祖迁居河南纶城，即吾迁虞始祖，系忠宣房宋丞相纯仁祖之嫡派也。"[②]文理生四子，即伯亮、友亮、智和仲亮，伯亮又生三子，即贵、俊、政。只有伯亮这一支流传下来，其余支派不详，本书采用的正是伯亮这一支纂修的支谱。根据民国八年（1919）的《虞城范氏族谱》，其历代世系如图4—4所示。

虞城范氏家族在前几代以农耕为主，始迁祖士聪"立业于耕耘，传家以忠厚"[③]。传至四世祖范俊（1395—1432）时，范俊开始科举习文，并于宣德四年（1428）中举。范俊在家族史上占有非常重要的地位，范俊中举之后，"家声始大，自后科第联绵，产业益隆，应显位致巨

---

① 虞城《范氏族谱》卷1《重修虞邑范氏族谱》，民国八年本。
② 虞城《范氏族谱》卷1《重修虞邑范氏族谱序》，民国八年本。
③ 虞城《范氏族谱》卷1《虞邑范氏祖谱第七爰序言》，民国八年本。

富者不可屈指数，时称中州世族"①，"一门簪缨，光震远迩，嗣后子孙绳绳，科第不绝，名臣贤士络绎数百年，皆公启之也"②。范俊的两个儿子都是家族中值得骄傲的功名人物，长子范贤为顺天府通判，次子范贯授七品散官，"数传而后，子孙繁衍，科第蝉联，与姑苏相埒，世称望族焉"③。

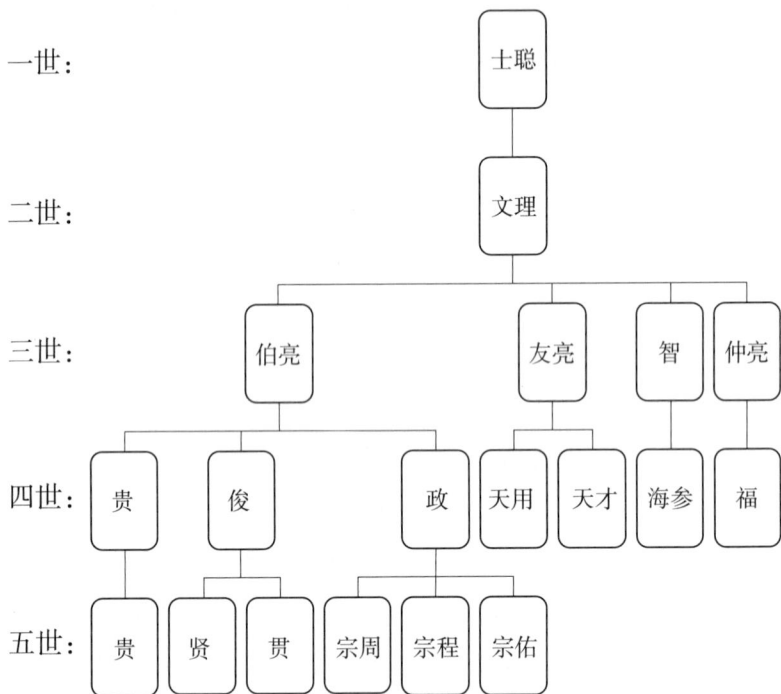

图 4—4 虞城范氏家族世系

传至范俊的孙子范廷锦时，范廷锦"上舍不仕，治产数万，富侔侯王"，在暮年之时已经积累了六万亩田产，成为典型的北方大地主。范廷锦"尽以资财巨万，田六万亩均分六子"。其子范椿乃明弘治年间的例贡，得到万亩田产后，通过借贷和商业贸易等途径，极大地拓

---

① 虞城《范氏族谱》卷1《聪》，民国八年本。
② 虞城《范氏族谱》卷1《俊》，民国八年本。
③ 虞城《范氏族谱》卷1《重修虞邑范氏族谱序》，民国八年本。

展了祖业。根据嘉靖三十四年《明故国学生西台范公（椿）暨配孺人何氏墓志铭》记载：

> 自念身荣家富，皆祖父之所遗，若株守前业，非吾志也，亦何异于人哉。乃殖货财，乃通贸易，数年耕稼，数年生放。指掌转盼之间，一日而田连阡陌，遍地流泉，车马骈阗，仆从成群，曹、单、濮、郓、天雄之流民，来佃其田者，依稀千室之邑。四境皆有田，每田皆设庄，每庄起楼台，瓦缝参差，堂室罗列，器用充牣，不移而足，园圃环绕，果木花竹，□□阴阴，在圃成林，在庭成蹊，惟城干方圆宅亚于金谷矣。载观城中府镇，俱以千金置买甲第，堆积商贾之货，安顿行旅之客。……其才行之长者，门客盈庭，交游有终，假贷不偿，置而罔问。声妓满前，内行严肃。通都之人，识其过半。千百箱仓，锱铢不爽。家僮百人，如网在纲。①

由上可知，在明嘉靖年间，身为例贡的范椿通过耕稼、贸易及借贷等方式，在地广人稀的豫东平原，采取大规模的雇工经营方式，并在"城中府镇，俱以千金置买甲第，堆积商贾之货，安顿行旅之客"，极大地拓展了祖业。从范椿的例子可以看出，商业经营是范氏家族发家致富的重要手段。

范氏家族的其他族人也有经营商业的经历，如范椿的侄子范熠经常在灾荒年月做粮食买卖的生意。根据虞城《范氏族谱》记载：

> （范熠）以例贡仕昌邑县丞……致仕解印归里。其家居也，凡宗族乡党以及贫穷无告者，苟有所求，无不立应。属年谷不登，适有行商粜粮者十人诣门请籴，公悉与之。既去良久，司量者有德色，公问之，曰："量无大小低昂在人，吾已暗减其升合矣。"欲以居功。怫然怒曰："贫民奔走道路，原求升之利，以养其父

---

① 《新中国出土墓志（河南）》下册，文物出版社1994年版，第65—66页。

母妻子，若重拆其本，彼将何堪？尔心又何忍。"遂使驰骑追之，及诸河返悉为补足，商众谢恩而去。①

这是一则赞扬范熠买卖不欺的史料，它从侧面折射出农商结合是范氏家族发家致富的重要手段。

由于经营商业，范氏家族在科举入仕的道路上越走越顺。明万历年间，范贤这一支中，有范良彦中万历丙辰（1616）科进士，另有15名例贡和2名贡生。范贯这一支则在文举和武举两方面都很发达。如《范氏族谱》载：

> 越五世而大显，志樊中万历壬子（1612）乡试，仕至山西蔚州兵备道佥；志骥己酉（1609）科武举，任参将，赠骠骑将军都指挥使；志（完）辛未（1631）进士，历任山西巡抚……兵部右侍郎；志泰晋王府长史赠太仆寺少卿；志敏钦赐参将；志道山西清源县知县；志奇征聘贤良方正钦授直隶蠡县知县。②

不仅如此，范氏家族中也不乏达官显贵与名臣鸿儒的人物，如范良彦、范志懋和范志完都是明代的理学名臣。据《范氏族谱》载：

> 范氏一脉，自宣德乙酉讳俊者，以礼经中式河南乡试……平其将大矣。迨其后，侍御公（范良彦）联翩于前，金宪公（范志懋）偕弟司马公（范志完）继起于后；理学名臣并著一时，可不谓盛焉。③

可见，在万历年间，虞城范氏家族已经成为远近闻名的缙绅望族。

---

① 虞城《范氏族谱》卷1《熠》，民国八年本。
② 虞城《范氏族谱》卷1《熠》，民国八年本。
③ 虞城《范氏族谱》卷1《范氏增修族谱序》，民国八年本。

二　夏邑彭氏家族

夏邑彭氏家族的始迁祖彭悠久,原籍江西庐陵,其父彭仲宽(1394—1419)去世时,遗有二子,长子悠远,仅四岁,次子悠久,犹在抱。正统戊午年(1438),彭仲宽的妻子去世。此后,长子悠远留在江西冷水塘,入赘当地张家。悠久则迁徙至夏邑司镇(司道口),"襟黄流而带芒阜(芒砀山),地脉雄厚,有先王之遗风,遂卜筑焉"[①],彭悠久就是夏邑彭氏的始迁祖。

关于彭氏家族如何在夏邑发展起来的,可以从夏邑彭氏前两代的移居故事[②]窥见一斑。

"彭不薄金"故事之一:据传说,始祖久塘公(彭悠久)初到夏邑,发现云中有一座金桥,他大喊道:"金桥!金桥!"便带着妻儿向金桥的另一端奔去,刚进庄子,雨下大了,就找个地方住下。在不远处,住着一个姓金的大财主,家里很富裕,人称"金员外",这天夜里做了一个梦,梦见两只幼虎爬上了门前的一对旗杆。第二天醒来,员外打开门,看见两个幼童正攀着两个旗杆,正好应了梦。这两个幼童就是久塘公的两个儿子,中美公和中孚公。金员外认为此二人日后必大贵,遂要求结为金兰之好。久塘公也猛然醒悟,认为金桥原来就是以金氏作桥,走向光大彭氏之路,于是就答应与金员外结为金兰。从此之后,久塘公就在夏邑司道口定居下来,开了个酒铺,金员外在各方面都给了他很多帮助,后来还把久塘公聘为家塾教师,彭氏渐渐在夏邑站稳了脚跟。

"彭不薄金"故事之二:彭中美兄弟参加乡试,由于当时的考生必须报清上三代的履历,但是,此时久塘公迁到夏邑才30多年,他们仅能报一代人,江西的事情没有人能够替他们作保。所以,兄弟俩只好回去,在返家的途中,在一个庄上借宿,庄前有个老人把他们领进一个插花兽的高门楼里,便叫他们写了祖上三代的履历,说愿意为他

---

① 夏邑《彭氏大族谱·夏邑始祖饮和先生久塘府君传》,1996年本,第94页,

② 这几则故事均出自夏邑《彭氏大族谱》,1996年本,第196—200页。

们作保。这个老人姓金，官居布政使司，这庄子名叫金牌坊，归夏邑管辖。后来，彭中美中了举人，此后彭家与金家就成了世交。由于受到金布政使司的提携之恩，彭家就嘱咐后人绝不能薄待姓金的，代代相传，"彭不薄金，金不为奴"作为家训成语流传下来。

"天赐酿泉"的故事：始迁祖久塘公初到夏邑，以做酒铺生意为生。久塘公利用开酒铺的机会，广泛结交当地名人，别人在酒铺饮酒，少给钱不计较，赊久者不索讨。不仅如此，久塘公还置樽中衢，聚众畅饮，并与乡之耆老为河朔饮，燕衎竟日。一日，大家都喝醉了，久塘公仍命妻子刘氏取酒，刘氏有难色，便命其子取河边土井之水呈之。众饮之，赞尤甚。待第二天久塘公酒醒后，汲水再细品之，大喜，汲井水入瓮，遂有"天赐酿泉"的故事，这个故事广泛流传，至今不衰。

从"彭不薄金"与"天赐酿泉"的几则故事，我们可以获得以下几个信息：其一，彭氏属于自发性移民，并非政府迁民。其二，彭氏以做酒铺生意起家，而且生意兴隆，积累了一定财产。其三，移民彭氏与土著金氏的关系非同一般，他们或"结为金兰"，或"成为世交"。其四，夏邑彭氏是在当地人的帮助下参加科举考试的。这几则故事的目的，无非想证明夏邑彭氏经济富裕与科举成功的合法性。从这些故事中，我们可以推测彭悠久作为明中叶的自发性移民，最初可能没有被编入里甲户籍，所以，彭悠久才会依附于地方有势者，创造了"彭不薄金"的故事。另外，始迁祖彭悠久初至夏邑，也不太可能拥有大量土地，因而才会经营酒铺生意，而且远近闻名，获利甚丰，留下了"天赐酿泉"的故事。可见，这些家族故事向我们展现的是一个外来移民如何在移居地发展起来的过程。

除家族故事外，我们还可以通过族谱中的人物传记来了解家族的起家过程。根据夏邑《彭氏大族谱》中的《饮和先生久塘府君传》记载：

> 彭悠久致众客，烹肥击鲜，燕衎浃日，作河朔饮。性复慷爽，慕朱、郭之为人，好为人排难解纷。一时县中豪杰之士，咸愿结

纳缔婚媾，称曰饮和先生。里老树饮和亭子，以志公德也。殁后，有张、孔二姓讼，居间者不能解。人曰饮和而在，复有是乎？其足以风世也如此……里中岁暮祭腊，推公为祭酒。[①]

可见，始迁祖彭悠久迁入夏邑后，通过积极参与地方事务、努力扩大社交网络、热心调解民事诉讼、联姻当地居民等方式逐渐站稳了脚跟。

总之，无论是从家族故事还是人物传记都可看出，作为外来移民的彭氏采取了各种各样的手段在夏邑站稳了脚跟。在这些手段之中，开酒铺做生意无疑是彭氏家族发展的根基，为彭悠久参与地方事务、宴请地方人士提供了经济条件。

彭悠久采取的各种策略为后代的发展奠定了基础，至明嘉靖、万历年间，彭氏家族的科举入仕者逐渐增多。彭悠久的长子彭中美举嘉靖乙酉（1525）乡试，成为"北方名儒"。彭中美之子彭好古，弱冠之年就举于嘉靖丁酉（1537）乡试。彭好古共生八子，其中次子彭健吾登万历癸未（1583）进士，六子彭端吾与七子彭七贤在万历十三年(1585)同举于乡，余皆茂才。在彭好古的八个儿子之中，六子彭端吾登万历辛丑（1601）进士，最为贤达，为官之始，即被授予中书舍人一职，后被选拔任山西道御史。随着家族中的科举鼎甲者和名公巨卿越来越多，夏邑彭氏家族逐渐成为地方社会上的缙绅望族，"称邑中巨族"[②]。

从虞城范氏和夏邑彭氏两个家族的例子，可以看出商业经营在缙绅望族的形成过程中起到了非常重要的作用。前文提到的商丘叶氏家族和侯氏家族也都有过经商的经历，下面再举几个例子加以补充。如考城张宪初力学举子业，后以经商致富，占有大量田地，"初力学为举子业，既而划然改曰：人生以取青拾紫为贵，不知吾性分中自由良

---

① 夏邑《彭氏大族谱·夏邑始祖饮和先生久塘府君传》，1996 年本，第 94 页。
② 民国《夏邑县志》卷 6《人物志·义行》，中州古籍出版社 1990 年点校本。

贵存焉。"经过张宪的经营，"泉货日丰，土地日辟，而富甲诸姓"①。永城李氏家族也是通过商业经营发展成为地方望族的例子，其先世为山西冀城人，在明中期因贾于中州，徙居永城。明中叶以后，家族中科举入仕者增多，并出现"兄弟进士"，"皆以高第居显官"②。由此可以推断明中叶前后归德的经商活动较为普遍。

明代归德商业经济的普遍发展，与河患频仍的生态背景密切相关。长期的河患使这里的土地兼并问题非常严重，以土地买卖、粮食交易为主的商业活动较为频繁，上文提到的范熠就经常在灾荒年月做粮食买卖的生意。另据民国《考城县志》记载：

> （王学，1425—1497）充邑庠生，屡入乡试不偶……绝意功名，躬亲农商，且薄饮食、节衣服，坚守其志。又其乡当河流之冲，土田常为河水所没，君以物贸易之，地至三万余亩。一遇丰穰，所获谷米不可以斗斛量，遂为一方富翁，而河南山东间言富者称王君焉。③

可见，在河患期间，王学仅仅通过买卖土地就可富甲一方。

河患频仍的生态环境，使明代归德的商业经济并非纯粹的商业活动，而是具有农商结合的特点，归德商人也非专门的商人，而是采取"亲躬农商"的经营手段。上述几个例子也反映出归德的各类商业活动都与农业密切相关，如土地买卖、粮食交易和酿酒业等。清初睢州赵振先曾说：

> 此地之人有舍农而务商者，其业无不败。有农兼商者，其业

---

① （民国）《考城县志》卷12《金石志·明故义士张公暨配孺人郭氏墓志铭》，民国三十年铅印本。

② （光绪）《永城县志》卷21《人物志·孝友》，光绪二十九年刻本。

③ （民国）《考城县志》卷12《金石志·明义官王学墓表》，民国三十年铅印本。

必不兴，兴亦不长。盖土宽之处，使之务农，土狭之处，使之理商。①

赵振先的这段话基本可以反映明末归德的商业情况，折射出"农兼商"是归德居民的重要经营方式。虽然赵振先的主要目的是鼓励农耕，但他还是承认商业经营能够带来较大利润，只是认为纯粹的商人不会持久富裕而已。

更为重要的是，很多归德商人并非因主观意愿而选择经商，而是在科举无望的情况下才从事经商活动的。如考城王学和张宪都是在科举无望的情况下，遂"绝意功名"，从事经商活动；再如睢州杨洲"业儒未就，遂经营"②。也有一些是在"业儒"的同时兼营商业，如商丘叶梦阳"时以丝絮米麦出行贾"③；又如范椿，虽身为例贡，仍"殖货财""通贸易"④。所以，那些通过经商致富的归德商人并没有发展为专门的商人集团，而是非常重视科举入仕，进而演化为以士绅阶层为中心的缙绅望族。

---

① 赵振先：《力田》，《赵惠南家传录》，同治抄本。
② 《新中国出土墓志（河南）》下册，文物出版社1994年版，第46页，现藏于睢县南关外东元村张维忠、张志廷二家。
③ 李目：《都金乡饮公（叶廷植）暨郑恭人墓志铭》，商丘《叶氏家乘》卷6，民国八年本。
④ 《新中国出土墓志（河南）》下册，文物出版社1994年版，第65—66页。

第五章　士绅阶层的地域支配

明后期归德府的士绅阶层，主要集中于少数缙绅望族，其中有不少科举鼎甲和高官显宦。他们与中央政权和地方社会保持密切而广泛的联系，他们的言行对归德府乃至河南省的政治与社会变迁都具有深远影响。本章依次考察士绅阶层与缙绅望族的内在联系、士绅阶层的地域支配体制与"衣冠之虐"所导致的社会危机。

第一节　士绅阶层与缙绅望族

明朝初年，归德府的进士寥寥无几，明中叶社会风气由重武转向习文，归德府的进士逐渐增多。弘治以后，归德府共中文、武进士168名，占该府平均人口的17/10000，其比例之高居全省之冠，高于其他几个府的比例。河南七个府（州）进士占平均人数的比例分别为：归德府17/10000，汝宁府15/10000，开封府8/10000，河南府5/10000，南阳府5/10000，卫辉府5/10000，怀庆府2/10000，汝州2/10000。[①] 由此可见，明代归德府的进士人数在整个河南省名列前茅，"盖中州士风之厚，以归郡为最"[②]。正如商丘文人贾开宗（1595—1661）所说："宋虽滨河，而三百年升平，养之教之，富庶凤成，且世林立，人文蔚兴，遂鼎足三吴。"[③] 请参见表5—1、表5—2。

---

① 赵广华：《明代河南科举与人才的消长》，《河南大学学报》1992年第1期。
② 商丘《叶氏家乘》卷3《明经公暨节孝刘孺人墓志铭》，民国八年本。
③ 贾开宗：《溯园文集》卷1《归德府志序》，道光八年刊本。

表5—1　　　　　　　　　成化至崇祯年间归德进士一览　　　　（单位：名）

年代 地区	成化	弘治	正德	嘉靖	隆庆	万历	泰昌	天启	崇祯	合计
商丘	6	0	1	8	1	16	0	3	1	36
睢州	8	4	2	8	3	15	0	1	8	49
宁陵	0	1	0	2	1	5	0	0	1	10
鹿邑	0	0	1	1	0	2	0	2	1	7
柘城	0	0	0	0	0	1	0	0	0	1
永城	0	0	0	0	1	15	0	0	8	24
夏邑	1	1	0	1	1	9	0	0	2	15
虞城	0	1	0	1	0	2	0	0	2	6
考城	1	0	1	4	0	2	0	0	0	8
合计	16	7	5	25	7	67	0	6	23	156

资料来源：乾隆《归德府志》，商丘地区文化局与商丘地区文物管理委员会1980年翻印本。

表5—2　　　　　　　　　成化至崇祯年间归德举人一览　　　　（单位：名）

年代 地区	成化	弘治	正德	嘉靖	隆庆	万历	泰昌	天启	崇祯	合计
商丘	16	3	0	23	3	42	11	0	24	122
睢州	21	10	12	47	3	45	7	0	16	161
宁陵	1	2	0	11	0	9	2	0	5	30
鹿邑	2	1	0	7	0	10	5	0	8	33
柘城	2	2	0	3	2	3	4	0	2	18
永城	2	1	0	4	2	27	5	0	14	56
夏邑	7	1	2	10	1	22	1	0	6	50
虞城	3	1	1	4	0	9	2	0	5	25
考城	4	5	2	6	0	5	0	0	0	22
合计	58	26	18	115	11	172	37	0	80	517

资料来源：乾隆《归德府志》，商丘地区文化局与商丘地区文物管理委员会1980年翻印本。

通过表5—1和表5—2可知，明代归德府的人文之盛达到了一个非常高的水平。如商丘《侯氏家乘》所载：

> 雪苑人文之盛，自汉梁孝王以来于明为极。乃孝王以好文之主兴于上，而枚、马、公孙，皆以四方之彦麟萃飚驰而鸣于梁，而不必皆梁产也。若明代，则自隆万以至启祯，中间数十年，后先相继以文章名当世，纡青曳紫者，率皆产于梁者也。其后波流云绕，侯火瞻乌，势且炎炎矣。尚有吴、侯、徐、刘之徒为之铎，而侯氏且数人焉。由是观之，雪苑人文，明代为盛于汉矣。①

更为重要的是，明代归德的科举入仕者绝非等闲之辈，而是一批权倾一时的达官显贵与名臣鸿儒，如沈鲤、宋纁、宋沾、宋权、吕坤、杨东明、侯执蒲、侯洵、侯恪、叶廷桂、练国事等都是在全国具有一定影响力的名公巨卿。宋纁为南京户部右侍郎、户部尚书、吏部尚书，侯洵为兵部侍郎、户部尚书，叶廷桂任兵部左侍郎，袁可立官至兵部尚书，永城丁氏家族出了"一门两尚书"等。本地文人对此无比骄傲，清初商丘文人高玢曾云：

> 明神宗朝郑公三俊出守，是重而新之（应天书院），自悬绛帐，搜集英隽，每日公余，亲诣讲授，文教大兴，归（德）之名公巨卿接踵其间。②

清初睢州汤斌在回忆明代归德的繁盛情景时，无不骄傲地说：

> 吾郡先哲，如轩介肃、吕司寇、沈文端、宋庄敏、杨晋庵，皆一代伟人，海内共知……明代文物声名，甲于两河……入明以来，

---

① ［美］戴福士：《试论明清嬗替之际河南东北部知识群体的政治动向——从郑廉及所著〈豫变纪略〉谈起》，《中国史研究》1994年第1期。

② 商丘《叶氏家乘》，《金吾公传》，民国八年本。

理学勋业，忠节文章，彪炳宇内。①

至今商丘地区还盛传着"满朝文武半江西，小小归德四尚书"的民谚。

明嘉、万年间，尤其是万历年间，归德的科举事业非常发达，文风甚为浓厚。若仔细分析这些科举鼎甲者的身份，即可发现他们的先祖大多是军事权贵、卫所军户或商人地主等，更为重要的是，很多进士、举人都来自同一家族。如表5—3所示。

表5—3　　　　　归德府部分缙绅望族始迁祖身份及进士、举人统计

家族	始迁祖	进士、举人	资料来源
商丘沈氏	军户	沈瀚，成化二十年（1484）进士	民国二十三年商丘《沈氏家谱》
		沈潮，成化二十二年（1486）举人	
		沈鲤，嘉靖四十四年（1565）进士	
商丘宋氏	土著	宋纁，嘉靖三十八年（1559）赐进士	光绪八年商丘《宋氏家谱》
		宋沾，万历十九年（1591）举人	
		宋权，明天启五年（1625）进士	
商丘侯氏	军户	侯执躬，万历十七年（1589）进士	光绪三十年商丘《侯氏家乘》
		侯执蒲，万历二十六年（1598）进士	
		侯洵，万历四十四年（1616）进士	
		侯恪，万历四十四年（1616）进士	
商丘叶氏	卫官	叶廷桂，天启二年（1622）进士	民国八年商丘《叶氏家乘》
睢州袁氏	卫官	袁可立，万历十七年（1589）进士	光绪《睢州志》
		袁枢，以父荫户部郎中	
永城练氏	勋贵	练国事，万历四十四年（1616）进士	光绪《永城县志》

---

① 汤斌：《汤斌集》，中州古籍出版社2003年版，第162页。

家族	始迁祖	进士、举人	资料来源
永城 丁氏	不详	丁魁楚，万历四十四年（1616）进士 丁启睿，万历四十七年（1619）进士 丁魁河，天启元年（1621）举人 丁魁南，崇祯三年（1630）举人 丁启昌，崇祯六年（1633）举人	光绪《永城县志》
永城 王氏	不详	王三益，万历二十五年（1597）举人 王三善，万历二十九年（1601）进士 王三德，万历四十一年（1613）进士	光绪《永城县志》
永城 李氏	不详	李楠，万历十四年（1586）进士 李晰，万历十七年（1589）进士	光绪《永城县志》
永城 黄氏	不详	黄运泰，万历十七年（1589）进士 黄养正，万历四十七年（1619）进士	光绪《永城县志》
睢州 蔡氏	卫官	蔡晟，成化五年（1469）进士 蔡天祐，弘治十八年（1505）进士	光绪《永城县志》
宁陵 吕氏	移民	吕坤，万历二年（1574）进士	光绪《宁陵县志》
夏邑 彭氏	移民（有 经商经历）	彭健吾，万历十一年（1583）进士 彭七贤，万历十三年(1585)举人 彭端吾，万历二十九年（1601）进士	1996年重修夏邑《彭氏家谱》
虞城 范氏	移民（有 经商经历）	范俊，宣德四年（1429）中举 范志骠，万历三十七年（1609）武举 范良彦，万历四十四年（1616）进士 范志完，崇祯四年（1631）进士	民国八年虞城《范氏族谱》

由表5—3可知，明后期归德府出现了大量的兄弟进士和父子进士。如商丘侯氏家族在两代出现四名进士，商丘宋氏家族三代都有进士，永城丁氏家族、永城黄氏家族、永城李氏家族、永城王氏家族、睢州蔡氏家族等，均出现父子进士或兄弟进士。这些父子进士和兄弟进士，往往利用功名来扩大其家族在地方社会上的影响，其中最重要的手段

就是建立很多牌坊。在商丘县的牌坊之中，沈氏、宋氏和侯氏三个家族的牌坊占全县总牌坊的三分之一。其中，有为沈忠、沈瀚、沈杜、沈鲤立的四世一品坊；为沈瀚、沈潮立的兄弟联科坊；为侯进、侯瑀、侯执躬立的恩褒三世坊；为宋氏家祠立的四世一品坊等。同样的，在虞城县的三十三个牌坊之中，其中仅范氏家族的牌坊就有九个，杨氏家族的牌坊有四个。其中，有为浙江道御史范醇敬、范良彦立的父子御史坊，也有为杨东明、杨东光兄弟立的旌义坊，这两个家族的牌坊是全县仅有的父子牌坊与兄弟牌坊。明代归德的牌坊一般都是为个人所立，那些为兄弟、父子所立的牌坊就显得格外突出，反映了这些进士所在家族的势力非常强大。

随着科举事业的繁盛，归德府如雨后春笋般地先后形成了以士绅阶层为主导的缙绅望族，经历了明、清两代最繁盛的时期。如商丘诗人侯方域（1618—1654）在《赠江伶序》中所写：

　　雪苑盛时，乌衣朱桁，门第相望。

另据侯方域的同乡好友贾开宗（1595—1661）云：

　　忆在前朝神宗日，四海销兵正晏息。子孙休养三百年，世家绵衍饶物力。大姓吴兴与弘农，甲第巍峨如云翼。郡东叠石为青山，曲洞窈深白日黑。十四十五张千灯，昼夜浑游水晶城。歌舞喧呼数万人，士女骈阗相逼侧。①

又如睢州理学家汤斌（1627—1687）所言：

　　前代吾州盛时，世家耆硕，缥缃充栋；操觚之士，比屋而居。②

---

① 贾开宗：《上元篇》，《溯园文集》，道光八年刊本。
② 汤斌：《汤斌集》，中州古籍出版社2003年版，第98页。

从清初文人的回忆中，我们完全可以想象明后期商丘、睢州等地显族累居的繁盛情形。

这些缙绅望族又被称为"望族""世族""巨族""名族""右族"等，虽然名称各异，但是其共同点都是"甲第联镳""科第蝉联"。 现略举数例：

（商丘叶氏）为睢州望族，科第连绵，簪缨累世。[①]

（商丘侯氏）父子兄弟同朝，吾族之盛在明季也。[②]

（商丘宋氏）丰功骏烈，炳耀寰区，甲第联镳，后先辉映。[③]

（虞城范氏）子孙繁衍，科第蝉联，与姑苏相埒，世称望族……应显位致巨富者不可屈指数，时称中州世族。[④]

（夏邑彭氏）吾乡世族，去其乡而侨寓，发越显融，遍于海内。[⑤]……称邑中巨族。[⑥]

（睢州褚氏）吾州名族也，诗书世业，甲科焜耀于清明之际。[⑦]

（柘城王氏）世有隐德，六代后渐蕃昌，家资饶裕，益敦儒业，嘉隆以来，科贡连绵，诗礼簪缨，蔚称右族。[⑧]

可见，明后期归德府缙绅望族的主要特征就是培育了较多的科举鼎甲者，以达官显贵为首的士绅阶层在缙绅望族中占据主导地位。

---

① 商丘《叶氏家乘》卷7《封君公暨□太孺人双寿文》，民国八年本。

② 商丘《侯氏家乘》卷1《五修家乘自序》，光绪三十年本。

③ 商丘《宋氏家乘》卷1《续修家乘序》，光绪八年本。

④ 虞城《范氏族谱》卷1《重修虞邑范氏族谱序》，民国八年本。

⑤ 彭家屏：《夏邑彭氏续立祖籍砧基簿引》，《栗山世祀》，乾隆刻本，现藏于夏邑县彭承良家。

⑥ 民国《夏邑县志》卷6《人物志·义行》，中州古籍出版社1990年点校本。

⑦ 赵振先：《褚氏续修族谱序》，《赵惠南文集》，中州文献征辑处抄本。

⑧ 柘城《王氏族谱》卷1《三次重修族谱序》，1984年本。

第二节　士绅阶层的地域支配

明后期归德府士绅阶层地域支配的构建，是由科举成功的士绅阶层控制经济、政治、文化等资源去实践的，这亦是地方士绅树立权威和维护权力的基本手段。

一　优免特权与大地主经济

优免制度是朱元璋推行的一套重要制度，其目的是区别官户与庶民的身份。官户的优免不同于专业户籍的优免，专业户籍不用负担杂泛差役，但仍须负担沉重的专业徭役，如军户的军差。官户的优免则是真正的礼遇与优待。有明一代，官户的优免数额一直呈上升趋势。洪武十年（1377），朱元璋下达了免除官员徭役的诏令，据《明太祖实录》载：

> 食禄之家，与庶民贵贱有等，趋事执役以奉上者，庶民之事也。若贤人君子，既贵其家，而复役其身，则君子野人无所分别，非劝士待贤之道。自今百司见任官员之家有田土者，输租税外，悉免其徭役。著为令！[①]

洪武十三年（1380），朱元璋又下令尽免官户的杂泛差役。据《正德大明会典》载：

> 六部、都察院、应天府并两县，判禄司，行人司随朝官员，除本户合纳税粮外，其余一应杂泛差役尽免。又各处功臣之家户有田土，除合纳粮草夫役，其余粮长、里长、水马驿夫尽免。[②]

---

① 《明太祖实录》卷111。
② 《正德大明会典》卷22，《户部七·户口三·优免差役》。

　　嘉靖二十四年（1545），明政府规定，一品官免粮30石，人丁30丁；至九品免粮6石，人丁6丁；其不入流的教官举人、监生、生员各免粮2石，人丁2丁。[1]万历年间公布的优免则例，最高优免额达到1万亩，远远高于嘉靖年间的优免额。可见，洪武之后，优免则例虽几经更改，但总的趋势是士大夫的优免权越来越大、优免范围越来越广。

　　明代归德府的文教事业非常昌盛，取得科举功名即意味着获得了一系列的优免特权，这是归德府士绅阶层取得地域支配权的根基。由于优免制度并未对官户家庭的成员究竟包括什么人和多少人作出明文规定，这就为官绅冲破法定限制、滥用优免提供了机会。万历年间，考城县的许多乡宦豪强乘水患之际滥免租税，如《考城县志》所载："田之没于河也，例免租，诡者托地于河，公（县令）核之，得滥免四百余顷。"[2]又如万历三十五年（1607）春，吕坤撰《上巡按条陈利弊》，此文是吕坤与宁陵县举监生员及七乡里老联名呈状河南巡按条陈宁陵县利弊事。吕坤在其中写道：

　　　　今富贵之家，深入高卧，既不守望乡邻；其在城店房、在庄佃户，皆风火不惊、百役无扰之人。[3]

　　可见，明后期归德官绅不仅本户"产无赋，身无徭"，而且依附于他们的佃户仆从与疏属远亲也可以不应公家之役。商丘沈鲤（1531—1615）在《文雅社约》中曾云："今计盖郡中士大夫岂下千人。"[4]如果乡宦的族人、佃户等也享受优免特权，那么，缙绅之家应予优免的人丁和田产就会是极其庞大的数目。

　　与江南地区相比，归德府的优免问题有过之而无不及。江南地区

────────

[1]　眉史氏：《复社纪略》卷2。

[2]　吕坤：《去伪斋文集》卷8《考城令见阳王侯宜民政略碑》，齐鲁书社1997年影印本。

[3]　吕坤：《去伪斋文集》卷5《上巡按条陈利弊》，齐鲁书社1997年影印本。

[4]　沈鲤：《文雅社约》卷上《劝义》，齐鲁书社1997年影印本。

"应役之田什仅五六"，或者"应役者什仅四五"，甚或"应役者止三四而已"①。而吕坤的家乡宁陵"优免者十八，应役者十二"②。嘉靖四十二年（1563），吕坤在宁陵撰《呻吟语》，其中提到士大夫存在的十种问题，其中第一条就是"优免太侈"。根据《呻吟语》记载：

> 士大夫殃及子孙者有十：一曰优免太侈；二曰侵夺太多；三曰请托灭公；四曰恃势凌人；五曰困累乡党；六曰要结权贵，损国病人；七曰盗上剥下，以实私囊；八曰簧鼓邪说，摇乱国是；九曰树党报复，阴中害人；十曰引用邪昵，虐民病国。③

从万历二年（1574）至万历三十五年（1607），在这短短30多年的时间，宁陵县的优免数额增加一倍还多，如吕坤所言："记甲戌（1574）时，优免不及四百顷，今（1607）已九百。"④

优免滥用的直接结果就是官绅通过寄庄、投献、影射、诡寄和占夺等手段兼并大量田地，造成土地的高度集中。在优免特权的庇护下，归德的很多缙绅地主动辄占地数千顷甚至万顷，占田数百顷者比比皆是。商丘郑廉（1628—1710）在追忆明后期家乡繁盛时的景象时云："是时，中州鼎盛，缙绅之家率以田庐仆从相雄长，田之多者千余顷，即少亦不下五七百顷。"⑤关于归德府缙绅望族占有大量土地的记载还有很多，现略举数例：

> （沈鲤，明商丘人）吾昔茅茨，而今大厦；吾昔仅一夫之田，而今连数井之壤；吾昔犹奔走衣食，而今则安享富贵。⑥

---

① 李文治、张显清：《明代官绅优免和庶民"中户"的徭役负担》，《历史研究》1986年第2期。

② 吕坤：《去伪斋文集》卷5《上巡按条陈利弊》，齐鲁书社1997年影印本。

③ 吕坤：《呻吟语》卷2《修身》。

④ 吕坤：《去伪斋文集》卷5《上巡按条陈利弊》，齐鲁书社1997年影印本。

⑤ 郑廉：《豫变纪略》卷3，浙江古籍出版社1984年点校本，第61页。

⑥ 沈鲤：《文雅社约》卷下《七十岁龙江老人书》，齐鲁书社1997年影印本。

（吕坤，明宁陵人）吾当古八口之家者二，而有田两千亩，岁丰可入五百石。①

（刘格，明商丘人）家饶于财，郡西南有田十万亩，少以文学出名，万历年间举人。②

（范廷锦，明虞城人）治产数万，富侔侯王……资财巨万，有田六万亩。③

（王三槐，明柘城人）高曾以来，世有厚资，逮其祖训导公而益大，有田三万余亩，邸第遍邑中。④

（陈如锦，明永城人）家素饶，有田六千余亩。⑤

（丁懋勋，明永城人）广田六十余顷。⑥

（睢州黄氏家族）当其盛时，田庐万顷，楼阁如云，舆马童仆，声势赫奕，可谓极矣。⑦

（睢州赵氏家族）自我太高祖分居于此，有田四千亩。⑧

（虞城刘氏家族）三百年来，子孙蕃息，蠡斯诜诜……庐舍相望，田壤相接，远丁镇四塞十居八九率皆刘氏业也，溯厥曩昔亦云盛矣！⑨

从笔者涉猎的资料来看，明后期归德府形成了以士绅阶层为基础的大土地所有制，最突出的就是商丘刘格占地十万亩，在豫东一带堪称豪富。毫无疑问，缙绅地主凭借其优免特权和各种手段具备强大的经济实力，逐渐成为基层权力的实际掌握者。

---

① 吕坤：《去伪斋文集》卷7《知足说——自警》，齐鲁书社1997年影印本。
② 康熙《商丘县志》卷9《文苑》，中州古籍出版社1989年点校本，第340—341页。
③ 《新中国出土墓志（河南）》下册，文物出版社1994年版，第65—66页。
④ 田兰芳：《逸德轩遗稿》卷3《仄室行略》，康熙二十五年（1686）刊本。
⑤ 光绪《永城县志》卷22《人物志·义行》，光绪二十九年刻本。
⑥ 同上。
⑦ 汤斌：《睢州泰山庙碑后记》，《汤斌集》，中州古籍出版社2003年版，第154页。
⑧ 赵振先：《赵惠南家传录》，《力田》，同治抄本。
⑨ 《三祝堂刘氏家乘》卷1《又南支谱序》，民国五年本。

二 礼仪变革与宗族建设

河患频仍的生态环境，使归德的里甲小民迁徙频繁，民间宗族组织非常薄弱。与之相比，缙绅望族地处优越位置，占有大量土地，更有经济实力进行家族建设。明前期，士绅阶层对建祠活动颇有疑虑，长期为祠堂是否合于"礼"而争论不休。明嘉靖以后，国家承认庶民也可以进行祭祀始祖，这促使士绅阶层进一步拥有宗族建设的合法权。正是在这个时期，归德的科举入仕者开始增多，强大的士绅阶层为家族建设提供了有力支持。所以，明嘉靖以后，归德士绅开始进行一系列的家族活动。

明后期归德士绅的家族活动，主要包括置祭田、修家谱、建祠堂、制家训等方面。下面略举数例：据沈鲤《文雅社约》载，万历戊子年（1588），沈鲤聚族曰："继今后宜即吾始祖墓前设坛为位，萃八世之神灵合享之，而以大宗之子献，以行辈特尊者分献，献毕而礼成。"沈鲤还遵从大宗之法，创修族谱。① 另据虞城《范氏族谱》载，范熠在万历年间"输义田五十亩于始祖墓侧，以奉祭祀，收族人，恤贫乏，仁孝之诚"；范炳在万历十三年（1585）"不恤群议，不惮劳勋"，奋然创谱，"谱凡八卷"；范志懋在万历四十年（1612）中举后，"效文正公劝族人输义田，以祀祖先，赡贫寒，凡孤幼无依者抚之教之"，并著有《族人相见礼节》《义田录》《丧葬礼节》等规范家族活动的书籍。② 据商丘《朱氏家乘》载，嘉靖七年（1528），合族共建朱氏祖茔，设祭田百有余亩以供祭祀。③ 嗣后，和裕公朱煦（1583—1643）"掌理族事，族情雍睦，膳茔祠以尊先祖，谨祀田以供牺牲，修谱系以联亲属，立训词以启后昆，乡党咸以仁人目之"④。又据柘城《王氏族谱》载，自王三槐中举后，家族科第肇起，崇祯年间，王三槐的兄弟王三捷"纠合族买祭田顷余，于十月朔祭毕，享其祭，余竟欢终日，以睦族人，

---

① 沈鲤：《文雅社约》卷下《墓享仪引语》，齐鲁书社1997年影印本。
② 虞城《范氏族谱》卷1《范氏族谱旧序》，民国八年本。
③ 商丘《朱氏家乘》卷11《归德州北马牧乡朱氏祖茔记》，1985年本。
④ 商丘《朱氏家乘》卷11《和裕公传》，1985年本。

族中事无大小，力为己任，真族中领袖"①。据商丘《宋氏家乘》载，宋沾在万历十九年（1591）中举后积极进行家族建设，制定"福山公家训"②。又据夏邑《彭氏大族谱》载，彭端吾在万历辛丑（1601）中进士后，成立彭氏宗祠，制定"银台公家训"。宋沾和彭端吾制定的这两个家训在归德较为有名，其目的不仅是约束族人的思想言行，也是在地方社会推行礼仪教化。如"银台公家训"共64条，其中包括睦亲赡族、个人风节、为人处世等各个方面。

由上可知，很多家族是在家族中出了一些功名人物之后才开始进行家族建设的，士绅阶层成为家族建设的倡导者和领导者。下面以商丘朱氏和柘城王氏两个家族为例，从祭田捐资者的身份来看明后期归德望族的家族组织状况。

商丘朱氏家族，在嘉靖七年（1528）建朱氏祖茔，并于嘉靖九年（1530）立碑于祠堂前。根据嘉靖九年（1530）的《忠武公祠堂记》记载：

> （族人）于是各捐资产，永捐银七百两，镇、铎各捐五百两，镐捐银三百两，其余泰、锐、鑰、连各捐百两。卜于墓西之平原，构大门重门各二楹，东西各三楹，正屋四楹，不日告成。所余之资置祭田九十七亩，以永祭祀。③

从捐资者的身份来看，鑰为开府明典膳；永以恩荫授抚宁伯，以平寇功进侯爵；泰为明义官；镇为正德癸酉拔贡，仕户部湖广司郎中，迁大理寺少卿，擢升巡抚顺天；铎为嘉靖乙酉拔贡，官吏部验封司员外郎；锐为明典膳；镐为明典膳。可见，《祖茔碑记》中涉及的人物"皆读书明理"之人，他们的身份有儒官、义官、拔贡、典膳、庠生及监生等。从捐资数额的多寡来看，捐资最多的是长门朱永（世袭勋贵），

---

① 柘城《门楼王氏族谱》卷7《贤达》，1984年本。
② 宋沾官山东福山知县，因名福山公。
③ 商丘《朱氏家乘》卷首《忠武公祠堂记》，1985年本。

其次是三门朱镇（顺天巡抚）和朱铎（吏部验封司员外郎）。从捐资者的支派来看，主要集中在三门，而三门又是科举入仕者最多的一门。明中叶以后，随着科举入仕者的增多，朱氏家族的乡宦士绅成为家族建设的主要力量。

再以柘城王氏为例，自王三槐中举后，王氏家族在崇祯年间置办祭田，并立祭田碑记。参与其中的族人主要有：八世孙礼部儒士三善、三颂，恩选贡三捷（三槐之弟），九世孙增广生员定国（三槐之次子），举人殿国（三槐之三子），行优生员华国（三槐之四子）等。可见，王氏家族中的主要科贡者都参与其中，而且是以王三槐这一门为主，尤其是王三槐的次子王定国为增广生，"分财生息，济贫拔苦，真一门之领袖，合户之柱石也"[1]。而王氏家族的科第者也主要集中在河州公王三槐一门。根据柘城《王氏族谱》记载：

> （王三槐）所至政声卓著，科第肇起，簪缨辉煌，厥后代有显人皆公贻之。[2]
>
> 科第蝉联，光大其家，河州公（王三槐）一门为多……所谓父子科第者也，子孙绳绳，其人多矣。[3]

可见，柘城王氏的家族建设主要是由"科第蝉联"的王三槐这一门组织和筹划的。

上述两个例子证明，士绅阶层是组织和筹划家族建设的中坚力量。因此，明后期归德府的家族组织基本上属于依附式宗族组织[4]，科举、

---

① 柘城《门楼王氏族谱》卷7《贤达》，1984年本。
② 柘城《门楼王氏族谱》卷6《王氏族谱序》，1984年本。
③ 柘城《门楼王氏族谱》《柘城东王宅家谱后发》，1984年本。
④ 郑振满在对明清福建家族组织的研究中，指出宗族组织的三种基本类型为继承式宗族组织、依附式宗族组织、合同式宗族组织。其中依附式宗族组织是以地缘关系为基础的宗族组织，它集中体现在以士绅为主导的社会，因此本书在此引用这一概念说明归德的家族组织建设情况。参见郑振满《明清福建家族组织与社会变迁》，湖南教育出版社1992年版。

望族、士绅交织在明中晚期归德的区域社会中。由于归德的名宦显臣较多，他们对家族的控制较为有力，家族秩序也较为稳定。据嘉靖七年（1528）《朱氏祖茔祠堂祭田记》载：

> 公设祭田九十余亩，春秋匪懈，享祀不忒。数百年来，林木森森，祠宇翼翼。每逢十月朔，合族致奠，演戏以为欢，诚盛事也。[①]

另据商丘《宋氏家乘》记载：

> 昔福山公（宋沾，明万历举人）之训族人也，历指末流之失，谆谆以无祖为戒，所以挽离异人之心，而使兴仁兴孝者，可谓之至矣！后之人谨守而奉持之，勿忘勿怠。庶几亲疏远近，和气浃洽，秩然有序，散之有支派之殊，合之如一人之身，岂不美欤！[②]

宋氏家族的墓祭活动也能够"必诚必洁，同姓咸在"[③]。又据夏邑《彭氏大族谱》记载：

> 今我族，派自吉安，高曾而上，多贵而守礼。一家之中，禀于一长。凡遇岁时俎豆肃肃雍雍，事毕旅酬和蔼如春。君宣公（彭尧谕，万历进士彭端吾长子）尝为我道缘其血脉相承，皆重孝友，至于服食，惟尚简质，以是无猜无妒，富不以凌负，贵不以加贱，虽有小嫌旋即消比。及夫渡江占籍，至君宣公，皆聚族而居，宗风不替。[④]

再如柘城王氏家族，其祭祀始祖的仪式也能够正常维持，虽然族

---

① 《朱氏家乘》卷11《朱氏祖茔祠堂祭田记》，1985年本。
② 商丘《宋氏家乘》卷14《族约序》，光绪八年本。
③ 同上。
④ 夏邑《彭氏大族谱》，《别驾加宣公垂涕衷言》，1996年本，第216页。

人有迁居邻县者，"尔时于济渎池始祖墓前，春秋祭典尚无缺略"①。据崇祯十三年（1640）《王氏祀田碑记》载：

> 每岁孟冬朔日，布祭祖茔。墓前置列祖木主，以昭穆序，左右配享，子孙依次拜于下，衣冠落落。设乐三献登豆荐馨，悉如典礼，绥我思成，俨然先王遗制焉。子孙雍雍，一人之身所分也，燕饮间和气融融，于敬祖之事，寓睦族之意，吾族盛典也。②

士绅阶层积极参与家族建设，希望家族团结和睦，族人孝友睦亲。可事实上却避免不了族人骄纵奢侈的问题。明末夏邑彭尧谕曾回忆道：

> 往见沈龙老（沈鲤）作垂涕塞衷言。大旨戒其族人骄纵，车马仆从，饮宴之侈，与夫欺凌里闾，如放债徇利之事，此皆当时贵家之所必有。缘其贵者之家，多起寒素。声色货利既未惯赏，而平日或受欺凌之事，久郁思愤，快然一逞，势难趋遏。即贵者斤斤自好，树德立名，往往为族人负罪，不能自白。如沈公所垂涕而告者，盖通病也。③

这里述及沈鲤深为忧虑的族人骄纵的问题，无疑为明后期的"衣冠之虐"埋下了伏笔。

三　政治、婚姻与文化网络

作为同居于归德府的士绅阶层，士绅之间的联系也是多方面的。他们既是政治盟友，又相互联姻，还广结会社，建立稳固的地缘关系。这种牢固的多重社会关系对于巩固归德士绅及其望族在地方社会上的支配地位起到了很大作用。

---

① 柘城《门楼王氏族谱》，《祭先祠并序》，1984年本。
② 柘城《门楼王氏族谱》卷1《王氏祀田碑记》，1984年本。
③ 夏邑《彭氏大族谱》，《别驾加宣公垂涕衷言》，1996年本，第216页。

明后期归德府的知名乡宦不仅拥有较高的威望，而且相互援引、互相攀附，结为关系密切的政治盟友。如宁陵吕坤，与商丘沈鲤有师生之谊，又与虞城杨东明结为政治盟友，还与永城胡锦屏、李孺野（兄弟进士李楠、李晰之父）"油然三姓同胞"①。再如商丘叶廷桂，与同邑宋权"为诸生时，即交相昵而重气节，崇经术，以天下为己任，如一人之身也"②。叶廷桂还与永城练国事同仕于朝，练国事"深重其才"③。

以沈鲤、吕坤、彭端吾、侯洵、练国事为中心的归德士绅结为稳固的政治盟友，他们反对阉党专政，与东林党相友好。据夏邑《彭氏大族谱》载：

> 当明季浙党与东林相龃龉，商丘沈相国鲤（沈鲤）与侯司徒公洵（侯洵），司业公恪（侯恪），永城则练司马公国事（练国事）与其大父通政公（夏邑彭端吾）共矢大节，謇谔抗疏，为东林望。④

由于归德士绅同朝同乡，反对阉党，因而被阉党称为"朋党"。据夏邑《彭氏大族谱》载："前明光熹之朝，阉人煽虐，目正人君子为朋党。夏邑彭通政及商丘侯司徒、永城练司马皆镌党籍，故中州多君子。"⑤这正折射出归德士绅之间的关系网络非常紧密、稳固。

形成地域婚姻圈也是士绅之间建立联系的有效手段，他们往往通过儿女婚配建立密切的亲缘关系，使家族的势力范围得以不断拓展。如夏邑彭氏就与商丘沈氏、商丘侯氏及虞城范氏等多个家族联姻，彭好古与沈鲤为"世亲"，彭尧谕是侯恪的姻友弟，彭好古娶范楷之女。虞城杨东明在与夏邑彭氏联姻的同时，还与虞城范氏和宁陵吕氏联姻，

---

① 光绪《永城县志》卷34《词章志·序传》，光绪二十九年刻本。
② 商丘《叶氏家乘》卷7《贺金吾公七十寿文》，民国八年本。
③ 商丘《叶氏家乘》卷7《司马公乡贤序》，民国八年本。
④ 夏邑《彭氏大族谱》，1996年本，第223—224页。
⑤ 夏邑《彭氏大族谱》，《蔚村彭君暨德配郭孺人墓志铭》，1996年本，第165页。

杨东明的原配是范氏，并"与吕姻契最厚"。宁陵吕坤与虞城杨东明、商丘沈鲤和商丘杨楫等望族联姻，吕坤的长子知畏娶杨东明女，次女正仪嫁给沈鲤的第四子沈旋，次子知思娶商丘杨楫女。商丘叶氏与商丘宋氏、商丘侯氏及睢州汤氏等望族联姻，叶廷桂之女一嫁给宋荦，女一嫁给侯方至，一嫁给廪监生侯方贡，一嫁给贡生汤沆。睢州汤氏与商丘叶氏、睢州褚氏及睢州赵氏等望族联姻，汤沆娶叶廷桂之女，汤斌的外祖母褚氏"世为睢州名族"[1]，汤斌的母亲赵氏"世为望族"。

不仅如此，很多望族之间累世联姻。如商丘宋氏、叶氏两家世代联姻，宋筠曾说："余家与叶氏为世姻。"[2] 再如商丘宋氏、侯氏两家世代通婚，宋荦曾说："余家与侯氏世为姻娅。"[3] 另外，夏邑彭好古与商丘沈鲤也是"世亲"[4]。结为世亲的这些大家族，一般都是当地知名的缙绅望族和文化世家，政治和文化影响旗鼓相当，他们的结合无疑增强了彼此的势力。

归德的缙绅望族通过联姻、结为世亲等途径，形成稳固的家族联盟，建立起"三党"的社会集团。"三党"指的是"父党""母党"与"妻党"。康熙《商丘县志》中就有很多有关"三党"的记载，如"三党有贫者，辄赈给之"[5]；又如"周恤三党，稠叠不厌"[6]。夏邑彭端吾也在《银台公家训》中告诫族人曰："父党，母党，虽极贫不可疏远。"[7]

由于归德的缙绅望族相互联姻，其母族、妻族也多为地方望族，对母族、妻族的重视体现了望族之间的联合互助。望族联合最明显的例子是沈鲤创办的商丘"笃亲会"。商丘"笃亲会"成立于万历二十四年（1596），不仅包括父亲之族，还包括母亲之族，"皆父母之族"，

---

① 睢州《汤氏族谱》卷1《恭人先妣节烈事状》，1986年本。
② 商丘《叶氏家乘》卷3《明经恒斋公墓志铭》，民国八年本。
③ 商丘《侯氏家乘》《商丘侯氏家乘》，光绪三十年本。
④ 夏邑《彭氏大族谱》《慕洲彭公墓志铭》，1996年本，第106页。
⑤ 康熙《商丘县志》卷10《卓行》，中州古籍出版社1989年点校本，第374页。
⑥ 康熙《商丘县志》卷9《贤达》，中州古籍出版社1989年点校本，第326页。
⑦ 夏邑《彭氏大族谱》《银台公家训》，1996年本，第211页。

"姑舅姨母之党"①。不仅如此，沈鲤还建立了沈母宋氏祠堂，体现了沈鲤对母族的重视。②由于沈鲤母亲所在的宋氏家族也是商丘"八大家"之一，所以，沈鲤创办"笃亲会"的实质在于联合地方望族，结成稳固的家族联盟，这种团结父族、联盟母族的策略无疑有助于构建地方权力体系。

除了结为政治盟友、互相联姻之外，归德士绅之间的文化交流也非常频繁，各种文人会社组织得到了极大发展。下面略举数例。

（一）商丘文雅社、雪苑社

随着缙绅望族和士绅阶层的崛起，商丘的社会风气弥漫着侈靡的气息。为了解决万历年间风俗恶薄的问题，沈鲤与其弟沈鳞③（1535—1616）及同乡三位君子在万历年间结社于商丘东南一里处文雅台。④他们在此饮酒赋诗，谈古论今，追昔孔子文雅之风，并制定《文雅社约》，"期挽世风，稍还古昔"，"救奢崇朴"，对家乡各类乡俗进行道德教化。

从明万历至崇祯年间，归德的文人学者讲究诗文辞赋已蔚然成风，并出现了在全国颇有影响的文人结社——雪苑社⑤。明崇祯十三年（1640），明末商丘才子侯方域与侯方镇、贾开宗、吴伯裔、吴伯胤、徐作霖、刘伯愚、张渭等组织"雪苑社"，为名人骚客赋诗论文会聚之所。"雪苑社"是明末清初闻名大江南北的文人会社，如商丘文人徐作肃（1616—1684）在《偶更堂集》中说：

> 一时雪苑有吴、侯、徐、刘之目，亦皆高自标置，与江左复

---

① 沈鲤：《文雅社约》卷下《笃亲会约序》，齐鲁书社1997年影印本。

② 吕坤：《去伪斋文集》卷8《诰赠一品夫人沈母宋氏祠堂碑》，齐鲁书社1997年影印本。

③ 沈鳞：监生，任鸿胪寺署丞。

④ 文雅台是纪念孔子的地方，距商丘古城东南一里。宋景公二十一年，孔子率徒到宋国（商丘）讲授儒学，习礼作乐。梁孝王刘武信奉儒学，在孔子讲学处兴建亭台楼阁，与当时文人雅士在此饮酒赋诗，谈论天下。文雅台因此而得名。

⑤ "雪苑"指西汉梁孝王所筑的东苑平台，亦称"梁苑"或"菟园"，南朝宋著名文学家谢惠连游此地时，正值寒冬大雪纷飞，随作《雪赋》一首，因而始有"雪苑"之称。

社诸公相应和……南方之名士，中原莫不闻，中原之名士，南方莫不识也。[1]

（二）宁陵老实会、孝义会

宁陵吕坤对当时"美宫室、饰车马"的奢侈生活极为不满，认为其"虚文盛而失真，礼节繁而多事，忘本分而不安，慕豪华而相效，供财于耳目，劳心于门面，此夸鄙风也，非实也"[2]。为了推行一种"崇真尚朴、务质守俭"的生活方式，吕坤将其兄长成立的"里社之会"命名为"老实会"。

此外，吕坤见民间市井负贩之徒为双亲设会助葬，曰"助葬会""孝和会"，遂在家乡为乡士大夫先，约"孝义会"。据宣统《宁陵县志》载：

> 自丁酉（1597）岁，先生（吕坤）以少司寇予告归里，杜门日著书数百言。……朴质崇俭，汰奢靡，为乡士大夫先，约孝义会。助不能葬娶者，制布絮、煮粥施啼饥号寒者，恤贫周急，岁以为常。又约野老会勖农桑，廉疾苦诸状。[3]

（三）虞城同善会、广仁会、敬老会、兴学会

根据日本学者夫马进的研究，江南创办同善会是从"中州"得到启发的。这里所谓的"中州"源流，其实就是指杨东明于万历十八年（1590）在家乡虞城县创办的"同善会"。杨东明创办的同善会是以既有的虞城县名士们的亲睦会为母体组成的，认为既有的亲睦会"一饮之外无余事"，实属无益。杨东明遂向亲睦会的成员发出了如下的呼吁："彼贩夫耕叟尚知结社捐资，共期为善。况缙绅冠盖之流乎。宜俯同于俗会，各捐金若干，遇一切贫困可恤、善事宜举者，胥取给

---

①　徐作肃：《偶更堂集·原序》，《清人别集丛刊》，上海古籍出版社1982年版。
②　吕坤：《去伪斋文集》卷5《老实会约引》，齐鲁书社1997年影印本。
③　宣统《宁陵县志》卷11《艺文志》，中州古籍出版社1989年点校本，第406页。

焉。"①在他的呼吁下，最初成立了"同乐会"，后杨东明以"为善乃称最乐也"为由，改称为"同善会"，《同善会条约》如下。

一、每会以十五日为期。各捐分银二星，不得短少色数。

一、相聚宜崇雅道，力禁奢靡。肴止数品，饭止二飧。酒不为限，然亦不可沈湎纵乐。

一、每会先一日单帖约知。失约与届期不至者，各有罚。

一、置会簿，登记会银。照齿序收掌，一年后递传下手。

一、会金积有赢余，遇一切道路可修、桥梁可补、婚葬可助、贫窭疾厄可周可扶者，悉取于此，收掌者登记明白备查。

一、会中务要和气流通，爱如骨肉，隐恶扬善，缓急相恤。加有乖戾存心、构起嫌怨，致不雅观者，不敢请会。

一、凡事贵恒，况为善可怠乎？如有半途而废，无故首败会约者，罚银五两公用。

一、独为君子，仁人耻之。有能推广此心、引进善类，或兴起里邻、立会为善者，则无愧一乡善士，宜报之县主，锡扁示旌。②

根据夫马进的研究，"虞城同善会在对穷人和病人进行救助活动的同时，增进会员之间的亲睦仍然是重要的目的之一"③。在同善会成立的第二年，没有加入同善会的人另外组成了广仁会，广仁会的会则与同善会的条约基本一致。

在同善会创办三年后，杨东明又在家乡创办了敬老会。万历二十一年（1593），杨东明在家乡云：

---

① 杨东明：《山居功课》卷 1《同善会序》，转引自〔日〕夫马进《中国善会善堂史研究》，伍跃、杨文信、张学锋译，商务印书馆 2005 年版，第 116—117 页。

② 杨东明：《山居功课》卷 1《同善会条约》，转引自〔日〕夫马进《中国善会善堂史研究》，伍跃、杨文信、张学锋译，商务印书馆 2005 年版，第 117 页。

③ 〔日〕夫马进：《中国善会善堂史研究》，伍跃、杨文信、张学锋译，商务印书馆 2005 年版，第 131 页。

余里中多高年，据余所及知者，八十以上得十有四人，九十上者得二人。余因偕同善会友，捐会金治酒修敬，驾高轩而迎之，致顷刻殷勤。……敬老会录十六耆，以见德寿相因，而人知所效法云。①

万历二十三年（1595），杨东明谢事归里，又与同邑生员成立兴学会。根据光绪《虞城县志》记载：

（杨东明）获与邑庠诸髦士游，诸髦士率驯雅可与共学。未几，邑庠庠三先生各欣然有志于道，率其门下士邀余会讲。余嘉此胜举，遂忘其固陋，日与上下其议论。凡两越月，而诸髦士各亹亹有当于心，动则三五为群，侈谈学问，朗然谓圣人可学而至，无复向焉之骇且疑者。余乃益信人皆可以为尧舜，特患兴起倡导无人耳。丙申（1596）春，余将游秦中，三先生虑诸友之有作辍也，欲订会约以垂永久。余乃择学向要义列为八款……八者既具，而进修大要思过半矣。至千会中仪节之详亦借为酌定，而会规庶其粗备矣乎！②

总之，随着士绅力量的增强，明后期归德文人结社的现象非常普遍。正如沈鲤所述："里中士大夫有富于财者，未有不结社饮酒，以一日之乐靡小民终岁之费也。"③其实，在此之前，民间结会的现象就广泛存在于豫东地区。据《扶沟县志》载："不论仕与不仕，每结为会饮，明弘治间有德寿会，正德间有真乐会，嘉靖间有九老会，皆人所追慕。"④又据《鹿邑县志》载："结众为会，名称甚繁，其倡

① 光绪《虞城县志》卷8《艺文·敬老录序》，虞城县志编纂委员会1996年整理本，第271页。

② 光绪《虞城县志》卷8《艺文·兴学会约序》，虞城县志编纂委员会1996年整理本，第273页。

③ 沈鲤：《文雅社约》卷下《社仓议二》，齐鲁书社1997年影印本。

④ 光绪《扶沟县志》卷10《风土志·风俗》，台北成文出版社1976年影印本。

义于乡。"① 杨东明和吕坤等人正是看到民间百姓尚知结社捐资，共期为善，才成立同善会和孝义会的。可见，这一时期归德士绅广泛结社的确是受到了民间"俗会"的影响。但是，归德士绅的结会结社又不同于民间"俗会"，而是具有自己的特征，即归德名士所结各会不仅体现了文化交流，还是社区权力结构的基础。下面透过虞城同善会和广仁会的成员构成情况，来分析明后期归德文人会社的权力网络。

根据夫马进的研究，虞城同善会的成员有原知县1人、原县主簿2人、州同知1人、太医院官目1人、省祭2人、贡士1人、引礼1人、县丞1人、生员1人、举人1人，加上杨东明共计13人。同善会虽然包括了官僚和生员，但是高级官僚很少。由于虞城县出身的进士为数不多，在这样的县里，他们无疑属于名士。广仁会的成员有31人，其中有监生13名、生员4名，没有任何功名的"乡民"5名，网罗了虞城县所有有权有势之家。② 可见，同善会和广仁会这两个会社组织包括了所有的社区精英，因而，这两个会社组织成为社区权力结构的基础。

同样地，商丘文雅社和雪苑社也基本上是社区权势者集会的地方。文雅社的成员主要是商丘沈氏家族的成员和同邑的三位君子。雪苑社的成员主要来自商丘侯氏家族和刘氏家族，如侯方域和侯方镇来自侯氏家族，吴伯裔、吴伯胤和刘伯愚三人分别是商丘富绅刘格的外甥和儿子。可见，文雅社和雪苑社的成员基本上来自商丘八大家。

通过对上述会社的分析可知，随着士绅力量的壮大，归德士绅创建了形式多样的、以士绅阶层为主导的各类会社。由于归德地区人文昌盛，士绅阶层和缙绅望族的力量极为强大，各类文人结社往往演变为地方权力中心。虞城县的同善会和广仁会及商丘县的文雅社和雪苑社，不仅具有文化交流的功能，而且与士绅阶层及缙绅望族的地方活动密切相关，成为士绅阶层与缙绅望族参与地方事务的重要场所。

---

① 光绪《鹿邑县志》卷9《风俗·物产》，台北成文出版社1976年影印本。

② 杨东明：《山居功课》卷1《广仁会序》，转引自［日］夫马进《中国善会善堂史研究》，伍跃、杨文信、张学锋译，商务印书馆2005年版，第81页。

四　广泛参与地方公共事务

随着士绅阶层与缙绅望族的壮大，归德士绅特别关注社会秩序的建设，热衷于参与各种地方公共事务。根据现有的归德府各州县地方志记载，明中晚期的地方事务基本上由地方士绅组织负责。归德士绅全方位地参与了地方事务，他们或首倡其事，或广募资金，或道德表率，对地方社会的运作产生了重要影响。下面以沈鲤、吕坤、杨东明、范良彦等士绅为例加以说明。

商丘沈鲤积极参与地方事务，在筑堤捍水、改革盐政、减轻漕运等事务中发挥重要作用。沈鲤曾为民请命，奏请修筑了两条大堤，这两条大堤由于是沈鲤负责修筑，因而被称为"沈堤"，自"沈堤"修筑后，"河南州县始免冲决"[①]。沈鲤还与时为户部尚书的同邑宋纁共同努力，将归德府盐政改隶山东，此后，"民无私贩之嫌，道无称兵之患，而一时所省盐金，岁可三十余万云"[②]。沈鲤又和宋纁商量减轻归德的漕运过重，"散之临清各卫。事体就使，彼此均停，而百年积困，一旦若挈而去之矣"[③]。

由于归德的自然灾害较多，沈鲤对荒政非常重视，并积极投身到各类慈善救济事务之中。沈鲤曾"约同巷数友，结义仓、积社谷，以备荒赈"，又约文雅社五人，"于郡城四门以里各设义学一所，延蒙师一人以教训贫家子弟"[④]。此外，沈鲤还鼓励士大夫建义冢、施寒衣、施药方等各类善举。据沈鲤《文雅社约》记载：

> 每当严寒之时，郡城中贫人裸体者大约不过二百人。如同社五人协力周济，计每人止可费棉袄四十领，每袄一领该银三钱，总费银不过十二两，而国中无冻死者矣。……仁人君子肯惜此小费而坐视此辈寒噤而死乎。[⑤]

---

① 商丘《沈氏家谱》卷6《本传九》，民国二十三年本。
② 康熙《商丘县志》卷15《艺文志》，中州古籍出版社1989年点校本，第513页。
③ 同上。
④ 沈鲤：《文雅社约》卷上《劝义》，齐鲁书社1997年影印本。
⑤ 同上。

沈鲤希望通过以上义举达到"劝善""厚俗"的目的。

明嘉靖、万历年间，宁陵吕坤广泛参与家乡的地方公共事务，从修城护堤到征收地亩钱粮，从平均赋役到限制优免，对种种关涉民生的大事多有调停。据宣统《宁陵县志》载：

> （吕坤）家居二十余年，足未尝一及公庭，口未尝一及身家事。独利病兴革，有关桑梓，不惮为百姓请命，言之台司守令，侃侃谆谆必得当而后止。条陈积困、差役，独累难堪，众擎则易举。惟视田亩多寡，不问贵贱，名曰软抬，释民重负。邻封荐绅置宁田者，依田责征，与所治民等。尤惓惓优免之法，谓驿粮里甲租制弗除。若派在民田，则此为苟获，彼为无妄之灾，即四夷八蛮心所不忍，而况父母之邦乎？数与学较往复，义正词严。[①]

除此之外，吕坤还创修县志、撰写普及读物，积极参与地方文化事务。嘉靖四十五年（1566），吕坤参与创修《宁陵县志》，任执笔。受父亲吕得胜的影响，吕坤用通俗语言撰写了许多宣扬道德教化的普及读物，如《四礼翼》《续小儿语》《宗约歌》等，其内容"惟以民间之日用常行，浅近鄙俗，可以家喻户晓者析为条目，俾童而习之，白首而安之"[②]。在吕坤的影响下，虞城范志完也采取通俗的方式移风易俗，著有《谕士六箴》《劝士六言》《劝民九歌》等。

与好友吕坤一样，虞城杨东明也参与了家乡的所有公共事务，如修城浚河、筑堤捍水、置办社仓、赈济灾民、改革役法、均田清赋等。根据光绪《虞城县志》记载：

> 盖公（杨东明）之心，则济世安民，志则继往开来，学则躬

---

① 宣统《宁陵县志》卷11《艺文志·吕司寇颂德碑记》，中州古籍出版社1989年点校本，第406页。

② 吕坤：《四礼翼·序》，《四库全书存目丛书》，经部，第115册，齐鲁书社1997年版。

行实践，进则奠安宗社，退则泽被间里。①

　　诸如修城围，葺学宫、置社仓、建桥梁；筑堤捍水以奠民舍；输谷备赈以免啼饥；软抬重差而苏困顿；均田清赋而便徭役；设义庄周助婚葬；广义塾陶淑生儒。隆冬施袄，颠连得其所；灾疫施药，疾病赖以生。人有冤抑未伸者，必力为昭雪，不求其知。诸凡敬老恤孤仁爱随流。家居二十七载，不以杜门养性为高，而济人利物日无暇暑。②

　　此外，杨东明还积极修建庙宇，参与各种宗教祭祀活动。明万历年间，杨东明修建城隍庙、金龙四大王庙、观音堂及地藏王庙；天启年间，杨东明又修建檀香庵。可见，杨东明是全方位地参与地方事务，涉及赋役改革、慈善救济、文化教育、诉讼纠纷、宗教信仰等各个方面。

　　虞城范良彦也热衷于各种地方公共事务。据光绪《虞城县志》载，万历年间，范良彦建三官庙；崇祯元年（1628），范良彦条陈河工；崇祯八年（1635），范良彦"为修城，计募银千八百有奇，屡工兴役，爽昧综理。……公除例派外自蠲家资五千余金"；崇祯年间，范良彦建关帝庙，重修城隍庙，又为减轻虞城居民的差役负担奔走，"凡邑中一切烦苦徭役悉为捐除，公之力也"③。总的来说，在明万历至崇祯年间，虞城县的地方事务基本上都是由杨东明和范良彦组织管理的。

　　当然，明后期的归德士绅并非仅仅依靠个人力量，而是通过广泛团结族人、士绅、乡民等共同维护地方社会秩序。举杨东明为例，杨东明联合其兄弟杨东光和杨东晟共同参与了绝大多数的地方事务，如修城、建庙、建儒学等。据光绪《虞城县志》载，在建儒学事务上，"公（杨东明）乃约阖邑士民，通学诸子经理正殿，而戟门、棂星门及名宦、乡贤两祠，公自主之。余两庑计十四楹，工费浩繁，无敢任者，

---

　　① 光绪《虞城县志》卷6《人物志》，虞城县志编纂委员会1996年整理本，第133—134页。
　　② 光绪《虞城县志》卷6《人物志》，虞城县志编纂委员会1996年整理本，第132页。
　　③ 同上书，第141页。

余向与弟贡生东光各领其一"[①]；在捐金修城事务上，"先生（杨东明）乃捐金若干，与其弟中舍君独当一面，余三面乃均派于众"[②]；在筑堤捍水等地方事务中，杨东明"于是括本庄佃户并范氏熠炳诸家，凡得夫役三百人，各令自带畚锸，自携馊粮，且各遣能干家丁，部其众往。而余则躬亲督率之"[③]。杨东明通过捐资派银的方式，联合亲党、佃户、居民、地方望族等共同参与地方公共事务。

沈鲤也是通过广泛联合族人、士绅等参与地方事务的。如前所述，沈鲤和宋纁共同谋划改革盐政、减轻漕运等，沈鲤又和文雅社的社友一起参与地方慈善救济事务。

由于归德府的人文昌盛，士绅阶层和缙绅望族力量强大，因而，在办理地方公共事务时，归德府的士绅往往联合其家族成员和会社社友共同参与其中。上述宁陵、虞城、商丘等县的地方事务基本上都是地方士绅联合其家族成员和会社社友共同参与处理的。

总之，明后期归德府的士绅阶层，凭借优免特权占有大量田地，对内团结族人形成闾右，对外广结姻娅，在政治上相互援引，在文化上建立各类会社，又通过联合亲党、社友、士绅等全方位地参与地方事务，结成政治、婚姻、文化等多重关系网络，逐渐构建起以士绅阶层为主导的统治秩序和文化规范。这一切集中体现了明后期归德府士绅阶层地域支配的社会控制模式。

第三节　明后期的"衣冠之虐"

明后期归德府的士绅支配体制，加剧了土地兼并、徭役不均、豪奴嚣张、风气奢靡等社会问题，造成"衣冠之虐"，对地方社会产生了深刻的影响。

---

① 光绪《虞城县志》卷8《艺文志》，虞城县志编纂委员会1996年整理本，第309页。
② 同上书，第361页。
③ 同上书，第313页。

一　土地兼并

明后期归德府的寄庄、投献、影射、诡寄、占夺等问题日益严重，究其原因，都是优免冒滥的产物。

所谓"寄庄"，即在本籍以外置备土地，设庄收租，购买者称寄庄户，或仍居原籍，或寓居客籍。对于官绅来说，寄庄是获得双重优免、逃避差徭的重要手段。明初规定"寄庄人户除里甲原籍排定应役，其杂泛差役皆随田粮应当"①。嘉靖年间重申"乡宦免田，十年之内止免一年，一年之内止于本户，寄庄田亩不拘同府别府，但已经原籍优免者，不许再免"②。但是，归德府的官绅不仅在原籍优免，而且在客籍重复滥免。正如吕坤在《上巡按条陈利弊》中所云：

> 为士夫者，念国家优礼之恩，忘豺狼咥人之势，出其有余之靡费，怜悯不足之小民，岂不盛德！近有本处优免，已自溢额，邻境有地，又不应差。夫百役出于土田，若一县之地半卖邻邦，则一半之差尽累本县，小民何以支持！③

重复优免和大量寄庄的问题无疑加重了里甲民户的赋役负担。吕坤不禁感叹道："概县替吾辈包二十四年所本无之差粮，吾辈叨概县二十四年不当得之优免，概县厄乎？吾辈厄乎？"④

投充致献：由于明后期归德府官豪势要云集，投献之风也愈演愈烈。张显清认为，投献可分为三种情况。其一，庶民乃至庶民富户将自家田产无偿地奉献给官绅而自身充其佃户、雇工，用以躲避繁重的徭役。其二，庶民为了躲避赋役将人身"投靠"给官绅而充其奴仆家人。其三，奸诈干进之徒，将庶民成熟田地谎称"己业"或"无主闲田""荒地"投献给官绅。前两种又称为"自献"，最后一种称为

---

① 《续文献通考》卷21《优免则例》。
② 同上。
③ 吕坤：《去伪斋文集》卷5《上巡按条陈利弊》，齐鲁书社1997年影印本。
④ 吕坤：《去伪斋文集》卷5《答通学诸友论优免书》，齐鲁书社1997年影印本。

"妄献"。①睢州的投充致献问题非常严重，如明代郡人梁桂所云：

> 夫害孰大于投充者乎？昔日投充者，以衣食自殴身计而已。
> 今也，则以致献为饵，取偿于争夺而受者艳其饵，不虞其害，欺
> 慢凌轧，自禁听闻。②

崇祯十年（1637），归德卫指挥佥事赠游击将军殷弘基阵亡之后，其兄弟殷肇基将殷弘基之妻张氏的六顷田产"投献于沈乡绅"，以致"被势豪骗尽"③。可见，越到明代后期，"妄献"之风越发严重。

侵夺如麻：万历年间，很多乡宦士绅凭借优免特权大肆兼并与侵夺民产，侵夺范围不仅覆盖城门近郊之处，而且延伸至周围邻县地区。如沈鲤在《文雅社约》中所述：

> 居已侈而犹恢，田已多而犹广，强之鬻不出其本心，与之直不合乎公道，或逼债以倾人之产，或牵牛以蹊人之田，或纵牙爪于通衢，或逞报复于死怨，诸如此类，犹自多端。④

明代睢州梁桂也记有：

> 乡党几无善俗矣，博赊撄取，商贾几至罢市矣。侵夺如麻，兼并大起，城门之外，近郊之内，几无齐民田舍矣。⑤

此外，夏邑县"有族豪诬人于死，籍其（张嘉勋，明末清初人）产，众畏其势而附和之"⑥。崇祯六年（1633），考城县"滨河渺若黑子，

---

① 张显清：《论明代官绅优免冒滥之弊》，《中国经济史研究》1992 年第 4 期。
② 光绪《睢州志》卷 10《艺文志·吏商说》，中州古籍出版社 1990 年点校本。
③ 张晖吉：《代姊讨照呈稿》，《五济遗稿》。
④ 沈鲤：《文雅社约》卷下《七十岁龙江老人书》，齐鲁书社 1997 年影印本。
⑤ 光绪《睢州志》卷 10《艺文志·吏商说》，中州古籍出版社 1990 年点校本。
⑥ 民国《夏邑县志》卷 6《人物志·儒修》，中州古籍出版社 1990 年点校本。

南接睢商，多巨族翼虎择食，惶惶不免"①。可见，商丘、睢州等地的官绅势力非常强大，这些官绅巨族不仅兼并本地的齐民田舍，还侵夺周围邻县的田地。

诡隐影射：随着土地兼并问题的严重，优免特权的滥用，归德府所属县境的土地缺额数目较多，诡隐影射问题非常严重。据光绪《虞城县志》载：

> 自嘉靖三十五年（1556）清丈，得大地二千九百九十四顷七十五亩一分，此定额也。经五十余年，其间豪猾影射、邻境侵渔、籽粒地之蚕食，河滩地之冒开，捐额已自不少……迨至万历三十六年（1608），原额失总共达九十余顷。②

另外，张朝瑞（万历五年由进士任鹿邑令）一上任即发现鹿邑县"地多影射，缺额三千余顷"③。诡隐影射一方面造成"地土不清"、难以丈量的问题，陷入恶性循环的怪圈；另一方面致使里甲民户长期为"包赔"所累，不得不逋负逃亡，最终使官民两受其累。如宁陵吕坤所云："地土不清，则奸豪遂欺诡之谋，良弱受包赔之累……地粮诡隐，均丈数番而不清。"④又如嘉靖《夏邑县志》载："肆于豪强之兼并，巧丁里书之飞诡，伪于寄庄之影射。甚而有田无赋，有赋无田，乃至逋负、包赔。"⑤虞城县也是如此，在杨东明实施均田之前，虞城县"历年包赔为累，逃亡相续，逋员强半，追比烦嚣，盖官民两受其困矣"⑥。

---

① 民国《考城县志》卷12《崔侯复优免记》，民国三十年铅印本。

② 光绪《虞城县志》卷8《艺文志》，虞城县志编纂委员会1996年整理本，第362页。

③ 光绪《鹿邑县志》卷13《宦绩》，台北成文出版社1976年影印本。

④ 吕坤：《去伪斋文集》卷5《答通学诸友论优免书》，齐鲁书社1997年影印本。

⑤ 嘉靖《夏邑县志》卷3《田赋》，上海古籍书店1963年影印本。

⑥ 光绪《虞城县志》卷8《艺文志》，虞城县志编纂委员会1996年整理本，第362页。

二　赋役不均

田丁皆须承役是明代赋役制度的基本原则，而官绅却违背这一原则，有田有丁而无役，将徭役转嫁给了编户齐民。与此同时，平民为了逃避差役，往往把田土诡寄于优免户内，使承担杂役的田土日益减少。所有这些都加重了里甲赋役不均的问题。

明后期归德的官绅之家不仅优免田粮人丁，还优免火甲、枪夫等差役。火夫和枪夫的设置原是为了维护城乡社会治安，如吕坤所说："火夫在城市关厢巡夜，原为救火防贼；枪夫在乡间编为保甲，原为挨查救护。"① 但是，由于归德的乡宦势力过于强大，火夫和枪夫遂成为贫民小户为缙绅望族看家护院的劳役。吕坤在《上巡按条陈利弊》中写道："今富贵之家，深入高卧，既不守望乡邻……又令贫民小户编火夫枪夫以护之。……及其失事，又累地方受责问罪，甚有令地方保甲照所失以赔偿之。"② 可见，地方无事还好，一旦失事，火夫和枪夫即被牵连其中，保甲还要赔偿缙绅的损失。面对这种情况，吕坤忍不住讲道："良心犹在，子夜何安！此士大夫之深耻也。"③

明代保甲之设，专职维持社会治安。但是，地方有司一般不敢将缙绅编入保甲以行役，如吕坤在《上巡按条陈利弊》中所云：

> 除举监生员房庄原自不多，优免已有定例。照常编排外，惟是乡官之家房庄数多。虽赁佃之人岁为盗贼，地方亦不敢问。保甲之法应行查派，有司亦不敢编。故一县之中，四境之内，优免者十八，应役者十二，小民饮恨，莫敢声言，此宇宙间一大不平事也。④

保甲之役常常导致应役者倾家荡产，成为人人畏惧的徭役，明初

---

① 吕坤：《去伪斋文集》卷5《上巡按条陈利弊》，齐鲁书社1997年影印本。
② 同上。
③ 同上。
④ 同上。

行之有效的保甲之法，到万历年间已经彻底破坏了。如吕坤在《上巡按条陈利弊》中所述：

> 国初保甲之制……而今尽废矣。即如宁陵三十六地方，既设保伍三十六人，每地方又设保正保副七十二人，共一百八人。其分地方也，狭不及三里，长每至二三十里。二三十里之北失盗，而责二三十里之南救护，报者至，救者往，而盗去且数里矣。……保伍但递失盗之呈，保正保副则问失救之罪。公私之费不止数金，夏楚之加不减数十。故保正保副，上户不肯为，下户不能为，惟有百亩之家，报名到官，一派如充徒配，一年每至倾家。而保伍者，众家之厮养也，私断乡曲，暗科麦豆，有资身之策，无失事之忧。①

归德里甲民户负担的徭役尤其是杂泛差役本来就很繁重，诸如河夫、堡夫、驿马、收头、解户等役，再加上士绅转嫁而来的粮差徭役，遂造成赋役严重不均的问题。如沈鲤在《文雅社约》中所述：

> 国家额赋俱仿古什一之制，于小民非有所苦也。而犹有困苦者，或出自门族摊派不均，或扰于里胥催科为累。故不免强凌弱，众暴寡，而不得安享其利。若宦族则已无此累矣，即不蠲而已受福矣。乃犹欲一概优免，使一邑之人皆代我役，不已忍乎。②

吕坤在致仕乡居期间，曾提出反对豪强大户优免过滥的主张，遭到当地豪强地主的反对。为此，吕坤特意撰写了《答通学诸友论优免书》，其中有云：

> 下户贫民，地二三十亩，或三五亩，各项重差，无不派纳。

---

① 吕坤：《去伪斋文集》卷5《上巡按条陈利弊》，齐鲁书社1997年影印本。
② 沈鲤：《文雅社约》卷上《劝义》，齐鲁书社1997年影印本。

有揭借不出，比较逼期而投井自缢者。坤曾见闻，潸然涕泪。此皆替我辈包纳免外差粮、困穷无告之赤子也。①

赋役分派不均导致大量的里甲小民日益贫困。例如，万历年间，虞城县"差役云集，居民皆破产殒生"②。不仅如此，一些庶民地主也常为大役所累。如明代睢州梁桂所述："近因驿马、收头、解户等役，辄累多地富家，往往倾之。"③又如明代虞城田珍所云：

> 驿马、河夫、大户诸大徭役，悉佥民间富有力者充当。鞭银虽给，不足偿供费之半也。民不胜赔累，乃告帮贴。久之，帮贴者又不胜赔累。而富有力者悉贫，民贫而大差役愈难支矣。④

与具有优免特权的缙绅地主相比，庶民地主不享受优免特权。因而，由滥用优免引发的赋役不均问题必然会影响到庶民地主的利益，致使庶民地主与缙绅地主的矛盾日益尖锐。

三 豪奴嚣张

明代的徭役优免制度使大量的自耕农沦为奴仆，促进了奴仆或世仆阶层的形成。豪强地主凭借优免特权把赋役负担转嫁给自耕农，当自耕农无法避免酷虐力役的时候，他们只好抛弃田产，投靠豪强地主或缙绅地主，沦为乡绅的姻仆、健仆或僮仆。这些依附者虽然丧失了人身自由，却也取得了不愁官府、粮差两项压迫的依靠。于是乡村的农民日益减少，乡宦望族的奴仆却日益增加。

归德府乡宦巨室的家奴，一般都有数百人，多的竟达千人以上。

---

① 吕坤：《去伪斋文集》卷5《答通学诸友论优免书》，齐鲁书社1997年影印本。
② 光绪《虞城县志》卷6《人物》，虞城县志编纂委员会1996年整理本，第141页。
③ 光绪《睢州志》卷10《艺文志·财赋说》，中州古籍出版社1990年点校本。
④ 光绪《虞城县志》卷8《艺文志》，虞城县志编纂委员会1996年整理本，第364—365页。

如上文提及的范椿，"仆从成群……家僮百人，如网在纲"[1]。商丘叶氏家族也是如此，据《叶氏家乘》载：

> 崇祯十五年……叶廷桂与夫人归里。值流寇陷宋，随避寇于白下，寻于淮阴，复迁于武林。既而迁于东瓯，又迁于海滨，流离播越，囊资萧然，携有骨肉姻仆千指。[2]

在明末战乱中，叶氏家族的奴仆还有"千指"，在社会稳定时期，叶氏家族拥有的奴仆数量远远多于"千指"。正如清初商丘郑廉所述："是时，中州鼎盛，缙绅之家率以田庐仆从相雄长……各畜健仆数千人。"[3]就连那些一向以清廉正直出名的乡宦在家乡也往往是田连阡陌、奴仆成群。沈鲤在《文雅社约》中描述自家，"近年来，乃人人有冠服荣身，有良田美宅，资财足用，出门有车马仆从，从者至彼此不能相识，可谓极盛"[4]。

豪奴作为缙绅地主的代理人，常借主人的权势毒害乡民，在地方社会上形成一股反动恶势力。沈鲤曾在七十岁寿辰上说："我渔利，下人亦乘机以规利；我行恶，下人皆借势以助恶。乃遂使孤独鳏寡忍气吞声，道路里邻，旁观侧目，顾犹且扬扬得意，见谓豪强。"[5]吕坤也在《续小儿语》中写道："仆隶纵横，谁向你说，恶名你受，暗利他得。"[6]豪奴势力如此嚣张，有的奴仆甚至与主人抗礼。沈鲤对此颇为不满，言："每见宦家仆从，遇其主翁亲识，属在寒贱者，即与抗礼，且屑越之，其主翁亦恬然不以为怪。此讵非名分倒置，风俗薄恶，一大事耶，吾辈宜以相戒。"[7]由于豪奴以强大的官绅地主为靠山，对

---

① 《新中国出土墓志（河南）》下册，文物出版社1994年版，第65—66页。
② 商丘《叶氏家乘》卷7《贺李淑人七十寿文》，民国八年本。
③ 郑廉：《豫变记略》卷3，浙江古籍出版社1984年点校本，第62—63页。
④ 沈鲤：《文雅社约》卷上《七十岁龙江老人书》，齐鲁书社1997年影印本。
⑤ 同上。
⑥ 吕坤：《续小儿语》。
⑦ 沈鲤：《文雅社约》卷上《驭下》，齐鲁书社1997年影印本。

于豪奴嚣张的问题，地方官员基本上无能为力。正如郑廉所云："其官于朝者，率多显仕，豪奴悍仆，横行州里中，有司不敢绳以法。"[1]

面对奴仆过多及豪奴嚣张的社会问题，沈鲤在家乡"窃自体验"，提出了"凡驱从不宜太侈"的主张。根据沈鲤《文雅社约》记载：

> 凡吾辈乡宦，皆好省事，而仆从则务喜多事。惟多事故仆从亦一乡宦也。假令一乡宦使十人，十乡宦使百人，则一邑有百乡宦矣。呜呼，一邑中百乡宦，其气焰岂不薰塞邑里，无复有空闲处所耶。矧复有兄弟子侄，亦皆以乡宦行事，而仆从亦皆称乡宦仆从也，于乡人何堪矣。夫一人之身，而人之藉我为用者，藉我行其私也。予既已验之，久知之真，何敢不尽言与诸公相告，大凡仆从只将就足用，不必太多。[2]

四　风气奢靡

嘉靖初年，归德的社会习气较为简朴。万历年间，随着乡宦望族的崛起，归德的社会风气普遍奢侈，"仕宦居乡，百凡炫耀"[3]。乡宦巨室的奢侈生活在地方文献中处处可见：

> 宋俗素侈靡，岁时游宴不绝。[4]
>
> 时（明代）邑俗浇靡，衣冠之族尤甚。[5]
>
> 里中士大夫有富于财者，未有不结社饮酒，以一日之乐糜小民终岁之费也；未有不穷奢治具，集水陆之珍强客属厌，而客谢不能不止也；未有不盛饰山池，台馆鱼鸟花竹声容耳目之玩，而费累千金不惜也；未有不以其鼠壤，弃余委诸无用，而明以资盗，

---

① 郑廉：《豫变纪略》卷5，浙江古籍出版社1984年点校本，第112页。

② 沈鲤：《文雅社约》卷上《驭下》，齐鲁书社1997年影印本。

③ 沈鲤：《文雅社约》卷上《明微》，齐鲁书社1997年影印本。

④ 商丘《侯氏家乘》《常儒人墓志铭》，光绪三十年本。

⑤ 民国《夏邑县志》卷6《人物志·宦迹》，中州古籍出版社1990年点校本。

阴以损福也。诸如此类费何可胜计。[1]

　　士大夫又多以衣服、饮食、宫室、舆马相尚，故其俗骄奢。[2]

　　在士大夫的奢靡生活方式影响下，整个归德府都弥漫着侈靡的社会风气，"世俗繁文日益，真意日减"。当时盛行的奢靡之风涉及生活的方方面面，尤其是在饮食、服饰、娱乐、居住以及婚丧嫁娶等方面，更是彼此攀比、大摆排场。宴会上食品丰盛，器皿精美，一席之间水路珍品毕集，一宴之费常耗数月之食，服饰上竞奇竞奢，等等。根据沈鲤《文雅社约》记载：

　　（宴会）今俗乃治办累日方敢发简，而客来赴席者，亦常至日暮或彻夜乃散。[3]

　　（交际）嗣后弥文日盛，有因而废家废礼者，有较量往来薄厚寖成雠怨者，有公然为假酒明示相欺者，风俗薄恶如斯……乡俗二十年前开具礼单者尚皆以谦为主，如酒云鲁酒，帕云纰帕是也。今则不论美恶，率皆饰以佳名，故美者近夸，恶者涉欺矣。[4]

　　（冠服）吾乡当嘉靖年间，士大夫尚止戴圆帽，无戴方巾者，今俗有金线巾、有唐晋等巾、有珠玉饰巾……吾乡当嘉靖末年尚不知貂为何物……今俗乃贱而不用，而比用貂，且形制极高大极费夫。[5]

　　（器用）里中富人艰难起家者，其居家器用多不求备，亦不求华美。及后子孙萌心侈大，则反笑前人为吝为野，一服一玩无不尽饰，甚至有一扇之资可饱百人者，岂不可惜。[6]

①　沈鲤：《文雅社约》卷下《社仓议》，齐鲁书社1997年影印本。
②　郑廉：《豫变纪略》卷首，浙江古籍出版社1984年版，第7页。
③　沈鲤：《文雅社约》卷上《宴会》，齐鲁书社1997年影印本。
④　沈鲤：《文雅社约》卷上《交际》，齐鲁书社1997年影印本。
⑤　沈鲤：《文雅社约》卷上《冠服》，齐鲁书社1997年影印本。
⑥　沈鲤：《文雅社约》卷上《器用》，齐鲁书社1997年影印本。

对于嘉靖、万历以后的"衣冠之虐",很多开明士绅在家乡感同身受,对缙绅望族的种种行为颇为不满。嘉靖四十二年(1563),吕坤在家乡撰《呻吟语》,在《修身》一文中谴责乡宦的不良行为对社会风气的消极影响。吕坤指出:

> 今也乡有缙绅,增家邦陵夺劳费之忧,开土民奢靡浮薄之俗。然则乡有缙绅,乡之殃也,风教之蠹也。[1]

由此可见,明后期归德府的"衣冠之虐"非常严重,已经成为各种社会矛盾的焦点,这就是北方实学思潮及大规模地方改革诞生的社会背景。

---

① 吕坤:《呻吟语》卷2《修身》。

第六章 实学思想与地方实践 [①]
——以吕坤、沈鲤、杨东明为中心

　　明后期归德府的社会危机日益突出，迫切需要解决各种现实社会问题。因此，当各地学者都热衷于探究心学之际，归德府的士林领袖却致力于倡导实学、讲究实务。本章主要依据家谱、文集、地方志等资料，以吕坤、沈鲤、杨东明三人为例，考察明后期归德府的实学思想及其实行社会改革、维持社会秩序的地方实践，探讨其社会影响与历史局限性。

第一节　吕坤等人的实学思想

　　从历史渊源上看，实学思想是中原文化的一个重要组成部分。早

---

　　① 关于吕坤等人的实学思想与地方实践，国外的研究成果较为突出。美国方面，Joanna Hanlin在1983年出版了专著*Action in Late Ming Thought: The Re-orientation of Lu Kun and Other Scholar-Officials*（《晚明思想中的行动：吕坤和其他士大夫的转向》）（Berkeley：University of California Press），对吕坤及其所代表的明末思想中的"行动"转向作了探讨。Roger Des Forges在2003年出版的*Cultural Centrality and Political Changes in Chinese History: Northeast Henan in the Fall of the Ming*（《中国历史上的文化枢轴与政治改变：明末的河南东北部》）（Stanford：Stanford University Press）书中，论述了晚明河南东北部士大夫精英的政治参与和社会参与，提到吕坤、杨东明、沈鲤等人在家乡的社会活动。日本方面，谷口规矩雄对于吕坤的土地和乡村秩序改革，山根幸夫对于《实政录》的版本，匹田启佑对于《呻吟语》及吕坤的政治思想和活动，日高一宇对于《实政录》与乡村统治政策等方面，都有集中的研究。上述研究更多的是依据《实政录》和《呻吟语》等资料，从政治史和思想史的角度研究吕坤。本节试图依据宁陵《吕氏家志》（康熙十三年本）等民间历史文献，从区域社会史的角度研究吕坤等人的实学思想与地方实践。

在宋元时期，中原地区的实学思想就得到一定的发展，二程洛学明确提出实学概念并力倡实学，元代许衡又践行实学之风。① 明代，中原文化的实学思潮达到了辉煌和鼎盛阶段，其中以吕坤、杨东明为代表人物，他们反对心学的空谈，批判道学的迂腐，主张真实有用的实学，形成了一股强大的实学思潮，揭开了明末清初经世致用思潮的序幕。

明后期归德府实学思想的形成，与这一区域异常尖锐的社会矛盾密切相关。吕坤、杨东明等人主要活动在明嘉靖、万历年间，这一时期正是归德府的社会问题和社会矛盾日益突出的时期。吕坤等人身处明代社会的转型时期，目睹了地方社会的巨大变化，深刻感受到各种社会问题的存在。这一切使他们清醒地认识到，王学"现成良知"和"以无为本"的思想，非但不能扶危定倾，反而加剧了晚明的社会危机。为了缓和社会矛盾，以吕坤、杨东明为首的实学思想诞生了，他们反对心学的空谈，批判道学的迂腐，主张真实有用的实学，并推行社会改革，躬行地方实践。

作为北方实学的代表人物，吕坤一生为政为学尽皆标举实学、实用、实行和笃实，具有经世品格和实学精神。其一，吕坤处处赞赏和高扬实学精神。吕坤在《杨晋庵文集序》中，批评世之讲学者有两大缺点，即伪与腐，伪就是"行不顾言"，腐就是"学不适用"。他称赞杨东明讲学不伪不腐，肯定杨的学问是"实学，有用之学也"，而"其所口说，皆其所躬行"②。其二，吕坤反对空谈，讲究实务。吕坤在自撰的墓志铭中写道："非日用不谈，非实务不求，非切民生国计不讲……如欲挽回世道，除却秉公尚实，更无别法。"③ 所以，吕坤批评置身事外的空谈家，赞同身置其中的实干家，吕坤自己就以"任"者自居。其三，吕坤所谓的"实学"是言行一致、躬行实践的事功之学。吕坤把实做、实用、实见、实效作为自己的行为准则。他说："天下好事，要做必

---

① 杨翰卿：《论中原文化实学精神》，《中州学刊》2006年第3期。

② 吕坤：《去伪斋文集》卷3《答顾泾阳》，齐鲁书社1997年影印本。

③ 宣统《宁陵县志》卷11《艺文志》，中州古籍出版社1989年点校本，第409—410页。

须实做。"①吕坤认为孔子素位，非攻不谋，儒者著书立言，便谈帝王之略，入大学，便言修齐治平，为此便要在平时讲求真实有用之学，"士君子立身要实见得"②。因此，吕坤十分注重调查研究，深入实际，了解民间疾苦，并通过访察民众实情，考验官员之贤否，对许多社会问题，无情揭露，积极救治，体现出为政以实的实政精神。

吕坤、杨东明等人皆当时名儒，自然成为一方学术之领袖，是归德士大夫学术集团的中心人物。在他们的倡导下，讲求实学的人越来越多，并逐渐形成了一股社会思潮。明后期归德实学思想的流布也是一个值得关注的社会文化现象。除了上述各类会社，"设馆讲学"是吕坤、杨东明等人传播实学思想、进行学术交流的重要方式。据宣统《宁陵县志》记载：

> 先生（吕坤）居其乡二十余年，以阐扬正学为己任，四方之士从之如归。其所讲明，皆可措之设施，其于邑之人语以御灾捍患犹切。③

宁陵乔进璠、卢宗泰等人，闻吕新吾先生讲学，慨然求道，日从吕坤讲学。吕坤好讲学，"而杨晋庵东明亦尝以讲学称"，虞城杨东明和其弟杨东光设馆讲学，吸引四方士子。吕坤曾评价杨东明"启昧讲学，一念殷殷，不啻饥渴"④。虞城范良彦"在诸生时，便以天下为己任矣，晋庵杨先生相与论文磨切，极为推许"⑤。吕坤、杨东明等人通过讲学的方式，影响了当时一大批士大夫的思想和行为，求学问学

---

① 吕坤：《呻吟语》卷5《治道》。
② 吕坤：《去伪斋文集》卷4《答给谏马见素》，齐鲁书社1997年影印本。
③ 宣统《宁陵县志》卷11《艺文志》，中州古籍出版社1989年点校本，第427页。
④ 光绪《虞城县志》卷8《艺文志》，虞城县志编纂委员会1996年整理本，第275页。
⑤ 光绪《虞城县志》卷6《人物志》，虞城县志编纂委员会1996年整理本，第141页。

者非常多，"执经问字者数百人"①，并促使归德府地区形成了一个以实学为中心的学术文化网络。

在实学思想大兴的同时，沈鲤高举文化复古旗帜，批判奢侈浮靡的社会风气，通过重建礼仪，把道德教化贯彻到社会最基层。嘉靖二十四年（1545），沈鲤在《重修归德府儒学记》中表达了对嘉靖以后社会风气巧慧纷华的不满，希望回到温中敦厚的古代社会。据《重修归德府儒学记》载：

> 归德故宋乡。宋自昔以愚称天下，如所谓守株待兔、袭石为玉皆是也。谓为愚信哉！…… 挽近以来，人习巧慧，尚纷华，盖有竞而逐鹿也，不闻守株待兔也；有饰楑炫珠也，不闻燕石于袭也。昔之硁硁浑浑，温中笃厚不可见，而俗益寖窳不古也。……吾愿有复古之愚也，不愿有今之智也。宁守株无获也，无竞而得鹿也。宁握石为固也，无饰楑售欺也。宁硁硁浑浑而蒙世姗笑，无巧慧纷华而沾沾自喜也。②

由于沈鲤和吕坤的关系密切，二人既有师生情谊，又是政治盟友，还互为联姻，所以，他们的思想应该比较接近，都主张用儒学的思想改造地方社会。

以吕坤、杨东明为代表的知名乡宦，凭借其在地方社会上的广泛影响力，利用讲学等方式宣扬自己的学术主张，推动了实学思想的广泛传播，促进了实学思想的迅速发展，掀起了一场内容深刻丰富、影响广泛深远的学术思潮。明后期归德府的实政家具有超越时空的精神力量，河南官员无不对他们顶礼膜拜。直至清代，吕坤仍是河南官员信奉的楷模。例如，清乾隆三年（1738）任河南巡抚的尹会一在治民

---

① 光绪《虞城县志》卷6《人物志》，虞城县志编纂委员会1996年整理本，第132页。

② 康熙《商丘县志》卷15《艺文志》，中州古籍出版社1989年点校本，第504—505页。

方面努力仿效吕坤，清道光年间归德知府王凤生在《宋州从政录》中大量引用吕坤有关保甲、弭盗的办法。

第二节　维持地方秩序的实践

作为具有优越地位并享有特权的社会阶层，归德士绅之中既有聚敛无度、武断乡曲的豪强劣绅，也有坚守儒家伦理阵地的有志之士。出于对地方社会问题的深切关注，以吕坤、沈鲤和杨东明为代表的开明士绅提倡经世致用的实学思想，在维护地方秩序方面躬行实践。他们的地方实践涉及限制优免、役法改革、宗族建设、礼仪教化、地方军事、文化教育、慈善救济等各个方面，表现出对现实问题的极大关怀。

一　限制优免与役法改革

优免权是关涉士大夫根基的一项政策，明后期归德府的许多社会问题都源于士大夫优免过多。因此，吕坤力排众议，提议限制优免。由于归德是典型的"重役"地区，所以，限制优免主要体现在限制优免差役的特权。万历三十五年（1607），吕坤在家乡撰写《上巡按条陈利弊》一文，提出限制乡宦的优免特权。吕坤指出：

> 乡官之家，在城止免本身住宅，在乡止免大庄一处。其余房号出钱，枪夫应役，与小民一体编派。庶保甲之法可行，而贫贱之累稍清矣。①

吕坤限制优免的主张引起了许多士大夫的不满。万历三十七年（1609），吕坤又在家乡专门撰写《答通学诸友论优免书》，再次强调限制优免特权，提出优免之家，不仅正办差役不得优免，杂泛差役

---

① 吕坤：《去伪斋文集》卷 5《上巡按条陈利弊》，齐鲁书社 1997 年影印本。

也须与小民一体应当。据《答通学诸友论优免》载：

> 优免差役之法，免杂泛不免正办。十排轮转，空年谓之催科里甲，见年谓之正办里甲，养十年之财，供一岁之用，役称苦累，地须均多。曾见累朝有优免正办里甲之旨乎？坤三甲见年也……优免之家，虽系一品，除正数外，其余丁地，无论多寡，一切大小杂泛差役，俱于小民一体应当……乡官无论大小，庄房无论多寡，止免本身住宅一处，乡间大庄一处。其余火夫枪夫，尽与小民一体编派。[①]

对于明中叶以后的赋役不均问题，如前文所述，嘉靖年间地方政府曾进行过"通均地粮"的赋役改革，逐渐将丁役向田粮转移。由于归德地广人稀，控制人口比控制土地更为重要，"通均地粮"的赋役改革并没有取得较好的效果。至万历年间，明朝大学士张居正下令在全国推行"一条鞭法"，把原来的田赋、徭役和杂税合并起来，折成银两，分摊到田亩上，按田亩多少收税。"一条鞭法"的推行可以说是对"通均地粮"役法改革的延续。

推行"一条鞭法"的重要前提是均丈田地。万历三十六年（1608），虞城县田地额数总至九十余顷。面对这一问题，万历三十九年（1611），杨东明在全县均丈田地。据光绪《虞城县志》记载：

> 乡绅杨晋庵（杨东明）先生……愤然思厘其弊，乃促士民，各具状呈请，乞均丈。维时知县事者卢公也，爰申本府及抚按两院守巡各道，并蒙批允。县主乃饬具择人，率作兴事，一切禀承于先生。然均丈法未经惯习，鲜有善其事者。如邻境之难清、边界大河之难施，索地势之有高下、行之有伸缩，宅基、堤岸过度无术、籽粒屯田分豁无策，以及奸民用贿诡藏，清查无计。凡此

---

① 吕坤：《去伪斋文集》卷5《答通学诸友论优免》，齐鲁书社1997年影印本。

皆所谓均丈之难，一不慎而流弊无穷矣。先生特勤于虑，戴星往还，隆冬盛寒，风雪罔避。诸所规划方略，载在别集，兹不具赘。一时任事人员亦各感激思奋，罔敢怠遑。自万历三十九年腊月举事，抵次年五月终告竣，得地一千八百一十九区，而原额尽复。凡所称影射、蚕食诸弊，一扫而清矣。先生又虑疆界不明，岁久弊作，乃宗宁陵《清田录》，令邑中地分为十四乡①，各有定，在四隅各筑土墩，立界石，树榆柳杂木，彼疆此界，条理井然。又作《清田录》以垂永久。先生之笃念桑梓一至是哉！是役也，余蒙先生识拔，履亩追随，知颠末最真。故特着是说，欲后之有事土田者知所取法云。②

由上可知，在均丈田地方面，杨东明确实做了很多努力，并取得了较好的效果。为了将其制度化，杨东明又作《清田录》。其实，在杨东明清丈田地之前，吕坤已经在宁陵县作过《清田录》。可见，清丈田地是归德府开明士绅普遍的地方实践。在杨东明和吕坤的努力下，豪强大户隐漏之田逐渐被清出，一定程度上缓解了赋役不均的问题。

同时，杨东明又进行役法改革，"乃取前项诸大差役悉计应费若干，务足其用，令概县均摊，命曰软抬"③。杨东明希望通过"软抬"使差役均摊。"软抬"法得到了地方士绅、耆老的赞同，如光绪《虞城县志》载：

一切头役之患悉与除焉，议既定，爰咨阖县乡士大夫、耆老，

---

① 按旧志，应善南乡等八乡为旧八乡，元村乡等五乡皆旧八乡之民所分散处。县境又有文德五乡，皆系续编，亦迁民散处县境者，连元村五乡，为新十乡。今并文德五乡为一乡，共六乡，连原应善等八乡，为十四乡。曰里者，乡即里也。

② 光绪《虞城县志》卷8《艺文志》，虞城县志编纂委员会1996年整理本，第362—363页。

③ 同上书，第364—365页。

金曰便甚。乃促邑侯王公具申抚按各道，金嘉其议，报曰可。①

地方百姓"惧法久有变，请编入条鞭为永利"。但是，杨东明唯恐增加百姓的负担，遂永存"软抬"之名，曰："倘条鞭外再议加添或更金头役，是今之法适为陷阱也。不若永存软抬名，庶可杜更端之议耳。"②杨东明的"软抬"法取得了一定的成效，如光绪《虞城县志》载：

> 始自（万历）三十五年，迄（万历）三十七年三岁间，民相安，差亦无累，举向所称赔累难支之弊，若扫而除矣。③

因而，沈鲤、吕坤、彭端吾等人对"软抬"法大为赞赏。如县志所记："是法也，商丘沈少保、杨中丞、宁陵吕司寇、乔都谏、夏邑彭侍郎、陈仪郎，金以为善，命敕石以垂永久。"④

二 宗族建设：以吕坤的宗约所为例

对于晚明的社会问题，归德士绅做了很多努力和改革，并提出了治理乡村的诸多办法。其中一项重要举措就是进行宗族建设，正如吕坤在《吕氏家志》中所云："惟族无统纪，此所以乡无善俗，国无善治，而太平之化，卒不复见矣！宗法所关，诚非渺小。"⑤在这种认识前提下，越来越多的归德士绅开始进行宗族建设，修家谱、建祠堂、祭远祖成为缙绅望族的普遍行为。其中，对宗族建设投入最多精力的就是吕坤，吕坤直接参与并领导了宁陵吕氏的宗族建设工作。下面以宁陵吕坤的宗族建设为例，具体了解明后期归德府的开明士绅关于宗族建设的构

---

① 光绪《虞城县志》卷8《艺文志》，虞城县志编纂委员会1996年整理本，第364—365页。

② 同上。

③ 同上。

④ 同上。

⑤ 宁陵《吕氏家志》卷1《吕氏族刑》，康熙十三年本。

想与实践。

　　早在吕坤之前，宁陵吕氏家族中的有志之士已经开始进行宗族建设。嘉靖四十一年（1562）正旦，吕氏族众会拜于宗祠，吕坤的父亲吕得胜对吕坤与其伯兄吕邦器曰："五世同堂，皆我骨肉……每读范文正公《义田记》，吾甚愧之。夫八门福气，钟汝二人，幸福贵，无专余庆以自封。愿以吾宗相属。"①但是，这一时期的宗族建设还没有形成一种制度，也没有一直持续下去。如吕坤在《吕氏宗约序》中所言：

　　　昔先二三君子耻之，乃倡约岁二十四会宗人，修祀事，讲宗法，睦族情，行之数年，同姓戚戚矣。继而倡者捐官，事寻废。②

　　吕坤考取进士之后，模仿范仲淹创义田，开始捐金置田。万历六年（1578），吕坤以俸金及升任吏部侍郎官所得建坊金各百两，买常稔田五百亩，以"祀先人，恤同姓"，名之曰"孝睦田"，"盖仿宋范仲淹所创义田之先例也"③。除了在经济上提供支持之外，吕坤还特别重视对族人的宗法伦理教育。万历十三年（1585），吕坤在家乡撰《荒茔图》和《茔训》，专斥阴阳家迷信风水之说，务期后代严守所定儒家葬法。吕坤又在《宁陵吕氏儒葬图碑》中谓"丧事遵四礼以行，不动鼓乐、作佛事、闹丧、请客、袯除镇厌，从一切邪说俗说以坏家法，崇正道也"，对于"子孙有感风水、变葬式者，不以入茔，斥之也"④。可见，吕坤非常重视利用儒家伦理来改造地方社会。

　　在实学思想的指导下，吕坤十分注重调查研究，他经常深入乡村社会，根据实际情况进行地方实践。为了更好地推行宗族建设，吕坤经常撰写一些族人易懂的诗歌，以达到深入浅出的教化目的。万历二十七年（1599）秋，吕坤撰《宗约歌引》劝诫族人，说道："余为

---

① 吕坤：《去伪斋文集》卷8《宁陵吕氏孝睦田碑》，齐鲁书社1997年影印本。
② 吕坤：《去伪斋文集》卷8《吕氏宗约序》，齐鲁书社1997年影印本。
③ 吕坤：《去伪斋文集》卷8《宁陵吕氏孝睦田碑》，齐鲁书社1997年影印本。
④ 吕坤：《去伪斋文集》卷8《吕氏宗约序》，齐鲁书社1997年影印本。

宗约诗歌，极浅、极明、极俚、极俗。讹字从其讹字，方言仍用方言。盖尊长于卑幼无所忌嫌，非敢泛及同姓之外。"①万历二十八年（1600），吕坤又在家中亲手撰写《身家衰盛循环之图》②，试图通过更加具体、形象的方式训诫族人。

《身家衰盛循环之图》现藏商丘市博物馆，内容如下：

> 示儿语
>
> 呜呼！君子观此图，不惟知人事当修，抑又知天道可惧也，六合之内，民生不知几千万矣。以天所生之物，养天所生之人，均衣平食，无令有余不足，俾各不至饥寒而止尚□谨不敷用。而况富者田连阡陌，金满箱囊，饫甘餍浓，踏绣铺锦，歌儿舞女，醉月眠花，画栋雕梁，乘坚策肥。其狼藉暴殄之余，犹足以呕童仆而饱狗彘。乃耕夫织妇早作夜勤，祁寒暑雨，厘身枯面，枵腹攒眉，儿羸女鬻，终岁苦辛如马牛，而一家衣食如乞丐。又瞽目残肢，孤儿独老，菜色鹑衣，为沟中瘠，为道旁殣者，在在有之，诸无告人，不可胜数。彼其骄奢安逸之性，岂与我殊哉！天地之财，止有此数？宝贵荣华，既于我乎？独偏贫贱忧戚，自于彼乎？独若有余者之所弃，余乃不足者之所以弃命者也。夫天既不肯乐分与以彼之不足，又不能崇节俭，以惜已之有奈，天何亲何私何功何德而令久享此乎？明者观于目前，其盛衰可历所指矣。尔遭不幸，身不尝不足之味，而袭祖父有余之业以享受为当然，以俭素为耻事，将施予不能而慢弃，则不甚惜焉，积孽其躬而获罪于天矣。作《循环图》以悟之。

---

① 吕坤：《去伪斋文集》卷3《宗约歌引》，齐鲁书社1997年影印本。

② 《身家衰盛循环之图》原立于宁陵县城北关路西的吕坤祠内，初名"吕夫子祠"，后习称"吕坤祠"。明崇祯年间毁于战火，清初吕氏族人将吕坤祠移建在城内北街路。祠堂大门左、右两侧各竖立一通石碑，其中左边一通石碑正面镌刻《理欲生长极至图》，背面阴刻《吕氏孝睦房训辞》；右边一通石碑即为本书所述的和《循环图》。1938年日军侵占宁陵时，吕坤祠被毁，《理欲生长极至图》等碑不知去向。1975年，经商丘师院王子超先生将《循环图》碑运至商丘市博物馆珍藏至今。

万历庚子岁，抱独居士吕坤书于澄凝室。

为了使宗族建设更加制度化与规范化，吕坤又在家乡创立宗约所，"坤作宗约以备其法，以久其事"①，并制定"宗约"，选举约正约副。

此外，吕坤又制定"吕氏族刑"，主要包括"不孝之刑、不梯之刑、不睦之刑、不仁之刑、不义之刑"。在吕坤的各种宗族建设活动之中，宗约所是其重点，因而，笔者将专门对宗约所进行讨论。下面一则材料详细描述了宗约所的宗族活动，收录在宁陵《吕氏家志》（康熙十三年本）中，十分珍贵，现摘录如下：

宗约所为崇礼教，以尊祖考，以亲骨肉事，每会定于初三、十七。平明，直堂二人，先开祠院，扫除洁净，布置几席，陈设笔砚、簿籍，挪移钟鼓、牌面，各照常整齐，讫。焚香以待会众。各吃早饭，约于辰尽取齐，约正先率约参、约仪等，在约门之内。司警鸣鼓一声，约正上堂。照世此定班，揖主，讫。共商应处何事，应讲何书，四约携各所率属于约门之内取齐，查分会钱、点假，讫。

升堂……

揖毕……

司警鸣鼓五声……

司警唱犯者叩头。……

约监问：宗族中有犯皇帝圣谕、祖宗法度的么？如无，约访齐对曰：不敢。如有，便将连名访单，呈递主前。约正依次点问被访之人，跪堂听处，约正详问，讫。约正曰：约监数罪，讫。约史记过，应批处者，曰：批某处，讫。复报下会记于处簿。犯者叩四头，不揖而起。又问：有遵皇帝圣谕、祖宗法度的么？如无，齐对曰：各知勉励。如有，便将连名举帖，呈递主前，约正唤名被举之人，出位揖主，立。约正曰：约监扬善，讫。曰：约史纪善，

---

① 吕坤：《去伪斋文集》卷8《吕氏宗约序》，齐鲁书社1997年影印本。

国是大善，及累次书善，查格另行旌奖，举者叩四头于主前，谢祖宗奖劝。起，一揖，就坐。建、史、约访等各复位，小赞缴四簿于香几上，撤宗法牌，毕。北面唱宗族无过。如本日有纪善者，唱宗族化善，余并不言，毕。

约正复位。……

小赞唱有事者出讲，有事者向主前一揖，讲、讫。……

小赞唱揖主，司警出击板三声，侯会众出，同下阶，揖主，讫。……

班次开列于后：第一班小赞等至，第二班约正率各执事至，第三班东约偕率所属至，第四班南约偕率所属至，第五班西约偕率所属至，第六班北约偕率所属至。十里以外者，惟二会一至，二十里以外者，惟三会一至。其祭分付轮班应到之人代交，无假三个月不到者，卯簿除名。其有善、有过言事，被诉诸人当约即至，不在二会、三会之例。

宗约所为分执事、慎职守、以明孝睦、以荣众族事。

除望众才优兼总众务外，各自任所能，分执一事。大小执事以后，各以功过上下，加平生有善可善称，无甚显恶者，身终之日，进一二班名色题主，以为没世之荣。为此，备细开陈，凡称我宗族，各照所职效劳，修行须自堂据者。

从宁陵宗约所的职务设置上看，宗约所有约尊、约正、约摄、约参、司仪、约监、约史、约评、约访、司贮、司用、约偕、司劝、曲书、直堂、小赞、司静、司警、司朴、司分、司至、司卯等执事，他们分管不同的事务，其中约正的权力最大。显然，从这些职务的名称就可以看出乡约的一套制度在宗族建设中的推行。

一牌：一宗法之设，无非劝善惩恶，果有为差改过之人，登名善簿，会人共加优礼；如不幸被冤受诬，大家出力扶持，以明敬贤之义。

二牌：不孝之子，天理难容，王法不赦，其被父母诉会者，五班五世，行头数罪，朱笔纪恶，经三诉者，约尊奉祖位，率会众，押赴先茔数罪，讫。勒令自缢于孝柳，仍除名存案，遍示宗族，其为盗及犯法当死者罪同。

待罪之人，俱限三个月复事，其未复事者，每讲须出班待案，弟侄不为之起。三纪恶者，殿班叩头。

约访言事，许被访之人跪诉。如有在会争讦，及散会为仇者，数罪纪恶。其约访己身不正，言事不公者，大家举出，纪恶停事。

每会人钱俱不到，又不转假者，罚钱三十文。其雨雪难行者，约同改日，远不及约者免罚。

今后愿来听讲者，即向善之人，有钱无钱，俱许入会。正名命字，载之宗约，所以示奖劝。

不听约束，情愿出会者，除名听去，以后一切事体，勿得与本会相干。

尊长行事开言，一族观望，如不立行，止有玷宗法者，免数罪，许跪主自讼，甚则班毕独拜。

结党行凶，大坏宗法者，除名出会，宗约不许与之往来，违者将往来之人一并逐出。其悔过自查，愿乞入会者，责取多人保结，仍许收补。

司警唱出班，肃静而出入，不恭谨者，罚跪班，待众拜毕，放起。司警唱专心听讲，而交谈戏笑不留心者，罚跪堂，待众讲毕，放起。

约尊年高望重，非混杂和事之人，以后宗约有事，只向约正断分明。其和席所费，多不过五十文。其事体重大者，虽和讫，至会之日，禀于约尊，仍数罪纪恶，以重其罚。①

此外，吕坤又作《旌善簿——鹄史序》《纪恶簿——鸮史序》以达到劝善惩恶的目的。根据宁陵《吕氏家志》记载：

---

① 吕坤：宁陵《吕氏家志》卷1《宗约谱》，康熙十三年本。

鹄史条约：公助：贫则助之粟，婚则助之财，丧则助之赙。公救：事有诬枉到官者，阖约连名到官，为之办理。公奖：书其大善于轴，阖约书名仍送一匾，题其善行，如孝子、顺孙、义士、善人之类。公服：身终之后，同约为之公服一月，与约正、摄同。特谒：如今日有公事来，或后时司仪持为赞拜，与约正、摄同。免访：有过许自举，约访不得言事。免纪：有一大善，免记中过一次，有一中善，免记小过一次。免罚：有一大善，免中罚一次，有一中善，免小罚一次。揭书：德行已成，则揭书于善人、良民榜上。

鸮史条约：浮书：以浮帖纪过也，改过或限满揭之。着书：实书过恶于簿上也，限满或过改不除，待善恶相推，则帖而掩之。朱书：极重刑也。唯妇人出宗，及孝柳者始书之，仍有案卷详恶收，百世长存。孝柳：至重之法也。其人罪大恶极，于法当诛，于世不容，于公共弃，于情难私，概族之人，长幼尊卑，奉一祖宗为文，告于先茔，勒令自缢于祖茔西北隅柳树上，妻子领埋，家谱除名，棺不入于祖墓，祭不列于公分。待案：待立于案边听讲也。听毕，独揖，复坐，卑幼不为之起，少者一会，多者三会，轻罚。待门：待立于门外听讲也。听毕，叩四头，复坐，卑幼不为之起，少者三会，多者五会，又稍重罚也。以下皆着书：跪檐：跪于檐下听讲也。听毕，叩四头，起不复坐，待于屏门之外，候大班同散。多者三会，重者五会，卑幼三犯，责治不改者，罚此。殿班独拜：大众拜毕，自己不赞而拜，明不齿于众也，此尊长之重罚也。拜毕，待案。殿班叩头：大众拜时，不分尊长，殿于子孙，最后大众皆拜，犯者叩头，此尊长之又重罚也。叩毕，待门。堂贴：揭恶行于堂帖也。重者半年，轻者三月，同班保改，则除之。门贴：揭恶行于大门之外也。除名出会，卑幼不与相揖，得罪祖宗故也。果能痛自悔改，同会保改，则除而收之，仍跪堂三会。朴责：待卑幼之刑也。至重者三十，其杖棰俱重半斤，单衣受责，决三责不改者，呈县。公呈：公报于官也。侮傲宗法，抗拒为仇，则阖宗连名，具恶状以报于官也。尽法重处，仍乞柳号于宗约所门前，待其省改，然后禀放。①

由上可见，从对皇帝圣谕的强调到宗族内部人员职务的设立，吕坤的宗约所都体现了宗族与乡约紧密结合的特点。明代的乡约以明太祖的《圣谕六条》为最高宗旨，"圣谕屏"置于宗约所醒目之处，定期进行宣讲、教化，并分别以善、恶二簿记录本约之人的善举与恶行，以达到去恶从善、维护社会稳定的根本目的。与之相对照，吕坤的宗约所"崇礼教"、"遵圣谕"，又置善、恶二簿。尤其是乡约中的皇帝圣谕被搬到宗约所里，成为惩罚族人的基本标准。同时，宗约所还设约正等职务，约正的权力非常大，如宁陵《吕氏家志》载：

> 思昔宗约之初行也，凡宗族小事，皆听约正处分。处分不服，则公呈到县。凡宗族小过，皆听约正管教。管教不从，则公呈到县。其大罪巨猾，则公请重责，柳号于宗约所之门，是以体重而恶者，知警法立，而人皆不犯。②

吕坤设立宗约所，在宗族内部推行乡约，这一切都体现了宁陵吕氏宗族的乡约化倾向。

关于宗族乡约化的问题，常建华认为，士大夫及其代表的宗族出于维护社区社会秩序的需要，通过宗族的乡约化使宗族组织化，明代宗族组织化的实质就是宗族乡约化。宗族乡约化是宋以后中国宗族组织形成与发展的一个关键所在，对基层社会的影响重大，加强了宗族与官府的互动关系。③吕坤的宗约所个案恰恰证明了常建华的这一观点。出于维护地方社会秩序的需要，归德府的开明士绅尝试制定族规，将宗族组织化、规范化。嘉靖时期，明朝大力推行乡约，归德地区也是

---

① 吕坤：宁陵《吕氏家志》卷1《宗约谱》，康熙十三年本。
② 同上。
③ 常建华：《明代徽州的宗族乡约化》，《中国史研究》2003 年第 3 期。

如此，汤斌在描述明后期家乡的盛况时讲道：

> 昔之盛时，有司常令里民择宽敞祠宇，讲乡约，读律令，礼法以匡迪之，神明以感动之，故荒村野叟皆有士君子之风。①

在提倡乡约的社会背景下，一些宗族的士绅与首领在宗族内部贯彻乡约，设立约正，制定族规，宗族逐渐被组织化、乡约化。

不仅如此，作为政治家和思想家，吕坤还十分注重把宗族建设与国家的正统思想和道德规范结合起来。吕坤进行宗族建设的构想和实践充分体现了儒家的道德规范，如孝睦田明确孝睦之义，丧葬之事遵行四礼和儒葬，"吕氏族刑"劝化孝、悌、睦、仁、义，宗约所尊崇礼教，《旌善簿》和《纪恶簿》重视对族人的教化。这一切都表明吕坤进行宗族建设的目的，即推广儒家的礼教思想和规范道德，用儒家的道德规范来改造地方社会。

三 会社的道德教化：以沈鲤的《文雅社约》为例

在实学思想的指导下，归德的开明士绅特别关注地方社会秩序的建设，非常热衷于各种地方公共事务。在参与地方公共事务的过程中，归德士绅创办的形式多样的会社组织往往演变为地方公共事务的管理中心。在各类会社之中，商丘文雅社的资料——《文雅社约》，收藏在《四库全书存目丛书》之中，保存得最为完整。《文雅社约》是沈鲤试图改良家乡不良社会风习的产物，为我们提供了一个窥见明后期归德府开明士绅利用会社组织进行道德礼仪教化的切实文本。下面以《文雅社约》为中心，说明归德士绅是如何通过会社组织进行道德教化、移风易俗的。

由前文可知，明嘉靖至万历年间，归德府的社会风气发生了重大转变，"世俗繁文日益，真意日减"，"风俗恶薄"，奢侈浮靡成为时尚，

---

① 汤斌：《汤斌集》上册《三圣庙碑记》，中州古籍出版社2003年版，第149页。

整个社会在追求奢华攀比中已经完全失去了明前期那种古朴的民风。为了解决"风俗恶薄"的问题，沈鲤与其弟沈鳞及同乡三位君子在万历年间结社于商丘东南一里处文雅台，并制定《文雅社约》，"期挽世风，稍还古昔"，"救奢崇朴"，对家乡各类乡俗进行道德教化。《文雅社约》涉及的范围很广，包括书札、宴会、称呼、揖让、交际、冠服、闲家、驭下、田宅、器用、劝义、明微、冠婚、丧祭、身俭、心俭、劝施迁谈、义学约、女训约言、垂涕衷言、社仓议、族田约、乡射约、笃亲会约、墓享仪、沈氏祠堂生忌单、孝女传等多个方面。上述罗列如此之多，表明了沈鲤对地方社会全方位的关注，下面略举其中一部分具体说明沈鲤对移风易俗与礼仪教化所做的努力。

（书札）拜客用表纸单帖，卑幼加顿首二字，余省。……婚姻大礼及庆贺高年者，用寻常红简，不用大红毛边。其余请帖、礼帖及通问书札，止用两幅白简裹外，俱不用红签。如礼物件数开载不尽，分上下二层叙事，不尽则量加幅数，适用而止。谢礼仍用单帖，不必求称，如连名送礼亦止回一帖，傅览有称，谓不同者另加一帖。……请帖写某日请教活酬爱获叙阔并启知六七字，速帖用单，只写一速字，俱不用文章语。……请拜等帖止用书夹投送，封袋可省，有启事者用封袋不用护封。

（宴会）折简请客者用果五楪，馔腥素十五楪，汤饭三道，一桌两坐。若主人嫌于独席，则附坐客席之下，惟官席远客间设独坐，果毂各加五楪，饭加二餐，其看花大席饼锭五牲之类，俱不用赴席。除闲访留坐者，自不拘时候早晚，大席宜午后上坐薄暮而散，邀帖后止速二次。如遇该行酒之时，客有未到者，即虚坐行酒，不必久候，盖早至早散，不惟我无伐德，抑亦体悉下人。

（称呼）有官者称官如太守如相公内翰例，其乡俗往来止径写字号及某姓某亲行几伯叔兄弟，或某老先生，俱不过六七字，俱不必有别称。……除尊长亲属各自有应得称呼外，其平交止称字称号，尊辈称老先生，长者称某兄某丈。……世俗上称下为公、为先生，今之为师亦称其弟子曰公曰先生，夫公虽尊，尤泛可以常称先生，则父兄称矣，学士长者称矣，师以是称弟子，弟子将何以称其师？

（揖让）迎客者，客至，一躬，及阶及门，举手相让。送客至大门之外，一揖，客及车马，主人入门，各一揖，客乘车马，主人出门，举手相顾，俱不必差人拜上。盖送客及车马于礼所无，而每客送及车马，尤为琐屑，宜革。四拜所以尊父母师长，拜而叩头，臣子见君上之礼也，岂可以概加人？今后相见行礼，止两拜，有当称谢者，则起身再揖，勿伏地连叩。

（交际）婚姻及大礼从宜用币，其寻常贺奠自一钱以至五钱皆为厚礼，不可更加，其一切假酒假段俱宜停止。……追节之礼可省，即有之亦不必报，盖自有报时也，礼贵平施，似为近道。

（冠服）盖服色贵雅素，无贵淫靡，制度取适中，勿徇时样则。所谓服尧之服者，其是耶，慎无以儒者而受变于俗也。……未冠勿遽称别号，未娶勿遽衣文锦，老少异粮童子不衣裘帛，夫不衣裘帛者，非止谓年幼不宜，使知老少之分，知惜福，知养正于蒙也。仆从衣履不可与主人相疑，所以正名分而尊其主也，达礼者审之。

（田宅）田宅不宜太广，凡置买田宅者有三不亏，有七不买。三不亏：宁亏富不亏穷，宁亏明不亏暗，宁亏人于无事之时，不亏人于急难；七不买：不买老年之父孀居之母有不才子，不能管教，或少孤子蠢愚子不识好歹，而听信奸人拨置，所鬻之直十不偿一者……

（器用）燕器除纯金例不得用，其诸凡银器等物则宜诲盗之资也。

（冠婚）三加除照常行礼外，其私家拜祖先父母，公堂拜师友，俱宜以次举行。而朋辈有特相知厚者，仍私拜冠者于家，或稍致祝愿规讽之语，冠者亦及门答拜，其未入乡校者略仿此行之……婚礼除送嫁妆奁，各量力薄厚酌为中制，不得过奢，其铺设次第宜以荆钗布素陈之……田野细民有弟娶孀嫂，兄娶弟妻者，名曰就婚，本出自胡元遗俗而相沿日久，恬不为怪，士大夫家为其主人，及与相知者宜谕止之。

（丧祭）五服自小功以下，俗多不行，有行之者，则必其门内之亲也。不然亦情所极昵如甥舅相为服之类也，外此而中表兄弟亡之矣，三从之，姊妹兄弟有不同居者，亡之矣。夫父党之服由父而推，母党之服由母推也。薄其党非薄吾父母耶。弗思耳。承重之服，惟长门长子孙为，然假如祖父俱不在，嫡孙当为其曾祖承重，曾祖祖父俱不在，嫡曾孙当为其高祖承重。长门无嫡孙，则次孙承重。长门无子孙，则此门承重。长门有人则别门子孙无与也。而乡俗未深考或有众子之长子亦为祖父母服三年，而曰：代吾父为之者，盖傅误久矣。

（族葬）族葬可以序昭穆，合族食，厚风俗，其法甚善。而近年乃多论风水规福利，父子兄弟各自为兆，骨肉水释矣。夫此法行之于江南或有未便，北方独奈何不行。倘茔域有穷则五世一迁，如小宗可也。诸继诸妾，礼当附葬者，自当以先后为序，今俗有子者便欲躐前人乱次序，意虽尊亲，礼实未妥。至于诸继诸妾亦有不当附葬者，子孙从遗命可也。乡俗于乏嗣而葬者，虽寿终不得入祖茔正穴，若以为不吉可忌者。此世俗谬传，于典记无考也……族葬本以睦族也，而示民厚也。①

由上可见，沈鲤对社会生活的方方面面都做了具体明确的规定，其主要目的就是试图用礼仪规范与道德教化来改造社会风气。除此之外，沈鲤还鼓励义行善举，希望通过义行善举实现政教之兴。沈鲤指出：

如社仓之法行，则里中之善恶贤愚，孰可用，孰不可用，皆得周知之。是政教之助又在此矣……社仓既立，则里闬共为有无，

---

① 沈鲤：《文雅社约》卷上、卷下，齐鲁书社 1997 年影印本。

> 必蔼然有同室之义，一体之情。盖不但缓急相同，即百姓亲睦，
> 民德归厚，亦且由此。①

　　在实学思潮的影响下，沈鲤认为地方士绅应该以身作则，在"化
导乡俗"方面起表率作用。对于乡俗，"理论不能止，法制不能禁，
其犹士大夫之责"②。所以，沈鲤鼓励士大夫多行义事、教化乡俗，认
为士君子"居乡善俗"，"处心行事须要以利人为主"③。沈鲤本人就
身体力行，仿范仲淹赡族义田，"约族众中有极贫不能举火者，各与
置膏田数亩，使尽力耕作，以资糊口，亦士君子睦族一事也"④。沈鲤
还约文雅社诸公将圣谕六条各书一牌，"尊奉于门屏冠冕处所，使家
众子弟朝夕出入仰瞻"⑤。此外，上文还提到了沈鲤联合士绅在社区进
行慈善救济的利人行为，在此不再赘言。总之，沈鲤希望通过士大夫
的身体力行，"一以劝善、一以厚俗"，从而达到道德教化、移风易
俗的目的。

　　像文雅社这种提倡道德教化的文人会社还有很多，上文提到的各
种会社，如虞城杨东明主办的同善会、广仁会、敬老会及宁陵吕坤主
办的老实会、孝义会，都具有道德教化的目的。归德府的开明士绅希
望通过这些会社，从事各类善举义行，从而达到移风易俗、道德教化
的目的。所以，这些文人会社同时又是慈善救济组织，如同善会"各
捐金若干，遇一切贫困可恤、善事宜举者，胥取给焉"⑥；又如孝义会
"助不能葬娶行，制布絮、煮粥施啼饥号寒者，恤贫周急，岁以为常"⑦。

---

① 沈鲤：《社仓条议》，引自俞森《荒政丛书》卷10《社仓考》。
② 沈鲤：《文雅社约》卷上《劝义》，齐鲁书社1997年影印本。
③ 同上。
④ 同上
⑤ 同上。
⑥ 杨东明：《山居功课》卷1《同善会序》，转引自［日］夫马进《中国善会善
堂史研究》，伍跃、杨文信、张学锋译，商务印书馆2005年版，第116—117页。
⑦ 宣统《宁陵县志》卷11《艺文志·吕司寇颂德碑记》，中州古籍出版社1989
年点校本，第406页。

可见，各类文人会社逐渐成为归德士绅参与地方事务、进行道德教化的重要工具。在士绅力量强大的归德地区，以士绅阶层为主导的各类会社已经不仅仅是地方社会的文化中心，它们还往往演变为地方公共事务的管理中心。

第三节　地方实践的影响与局限

以吕坤为代表的开明士绅，希望用儒家道德伦理来化风善俗，对社区生活进行全面而广泛的干预。他们对各种社会问题提出了很多改革方案，如限制优免、赋役改革、设宗约所、建立会社等。那么，这些改革的效果究竟如何？

吕坤等人运用政治影响力和社会权威，共同承担起维持地方秩序的领导角色，其改革确实取得了一定效果。以吕坤为例，经过吕坤的地方改革，宁陵县乡宦豪强的不法行为有所收敛。如《吕司寇颂德碑记》所记："一时衣冠豪霸，皆严惮先生（吕坤），欲为鱼肉乡里事不可得间。"[1] 清初著名理学家汤斌，与吕坤同为归德府人，他目睹了吕坤对家乡的影响。如汤斌言：

> 余居近先生之里，见其邑之城郭井野、里甲赋役之法，与夫冠昏丧祭、宴飨丰约之仪，皆先生手定，数十年无敢改易者。儿童妇女，至今犹称吕夫子也。[2]

吕坤创办的宗约所在家乡推行了二十多年，其效果也较为明显，确实起到了劝化族人、维护地方治安的效果。如吕坤在吕氏《宗约谱》中所云：

---

① 宣统《宁陵县志》卷11《艺文志·吕司寇颂德碑记》，中州古籍出版社1989年点校本，第406页。

② 汤斌：《汤斌集》卷上，中州古籍出版社2003年版。

> 本约（吕坤）愚昧不德，但略知谨守礼法，蒙众谬举，立为宗长，已行二十余年。入会登名卯簿者，果无大过大恶……思昔宗约之初行也，凡宗族小事，皆听约正处分，处分不服，则公呈到县；凡宗族小过，皆听约正管教，管教不从，则公呈到县。其大罪巨猾，则公请重责，枷号于宗约所之门，是以体重而恶者，知警法立，而人皆不犯。①

可见，开明士绅的改革在一定程度上缓解了社会矛盾，所以，即使明后期归德的自然灾害频繁，社会问题严重，士绅阶层仍能基本控制社区秩序。

吕坤等人维护社会秩序的各种改革，一直为地方士绅所赞扬。据《去伪斋文集》载："（吕坤）通籍以来，无念不社稷苍生。"②杨东明家居时，凡有民间利弊，无不身任，尝觉"穷则独善其身"③之言有所未尽。他们这种关心民瘼的行为直接影响了家乡的一批开明士绅。夏邑彭端吾（万历辛丑进士）编纂的"银台公家训"就有不少内容与沈鲤的主张十分相似，如反对豪华奢靡，反对占有过多田地，反对白夺人田或与人相竞图买，反对奴仆过多等问题。彭端吾还在"银台公家训"中写道：

> 欲做第一流人，当读第一等书，高远者便不得骤学。且看吾乡沈阁老文端公（沈鲤）、宋冢宰庄敏公（宋纁）、吕司寇宁陵（吕坤）、杨方伯（杨应奇），这是耳目经见的，何不就此景行。④

可见，沈鲤、吕坤等知名乡宦在整个归德府地区的影响都很大。

---

① 吕坤：宁陵《吕氏家志》卷1《宗约谱》，康熙十三年本。
② 吕坤：《去伪斋文集》卷首《序》，齐鲁书社1997年影印本。
③ 光绪《虞城县志》卷8《艺文志·杨晋庵论性说》，虞城县志编纂委员会1996年整理本，第366页。
④ 夏邑《彭氏大族谱》《银台公家训》，1996年本。

在田野考察的过程中，笔者亦强烈感受到吕坤等人对当地社会的深远影响。吕坤被当地百姓亲切地称为"吕夫子"，沈鲤也被当地百姓尊称为"沈阁老"。直到今天，商丘地区还流传着许多有关吕坤、沈鲤帮助家乡百姓的传说故事。

但是，从整个归德府来看，像吕坤、沈鲤这样的开明士绅毕竟只是少数，商丘"八大家"中能够真正进行社会改革的没有几家。如商丘宋氏和侯氏都是典型的文学世家，尤其是侯氏家族在仕途发展不顺利时，便致力于文学创作。侯执蒲因惹怒魏忠贤，遂弃官归里，家居十八年而卒。侯执躬也遂乞归养，杜门不出。侯恪中进士后不肯出仕，肆力诗赋创作。可见，实学并非当时流行于归德府的唯一文化思潮。在明万历至崇祯年间，归德府至少流行实学和文学两种文化思潮，前者的代表人物是吕坤、杨东明，后者的代表家族是商丘侯氏家族。可见，这一时期的归德士绅并没有形成真正意义上的群体自觉意识。

不仅如此，归德士绅的地方实践未能突破个人、宗族和地域，这在很大程度上制约了地方实践的效果。吕坤撰《宗约歌》，其劝诫对象仅仅局限在吕氏宗族内部，如吕坤所言："余为宗约诗歌，极浅、极明、极俚、极俗。讹字从其讹字，方言仍用方言。盖尊长于卑幼无所忌嫌，非敢泛及同姓之外。"[①]归德的文人结社也带有浓厚的血缘和地缘特点，如前所述，这些文人会社一般由当地一、两个家族占据主导地位。所以，虽然归德府的名公巨卿与江南的东林党派在政治上有密切联系，但是，归德士绅终究没有掀起一场像东林党派那样规模大、范围广、思想深刻、群体自觉的历史反思与社会批判运动。

从依靠的社会力量来看，上述诸多改革，如限制优免、役法改革、设宗约所、礼仪教化、慈善救济等，依靠的主要力量是士绅阶层。而明后期的社会问题大多是由于官绅滥免造成的，"衣冠之虐"的问题不太可能仅仅依靠士绅的力量加以解决。所以，吕坤等人的改革存在无法克服的局限。同时，恶劣的生态环境也是制约改革进一步深入的

---

① 吕坤：《去伪斋文集》卷3《宗约歌引》，齐鲁书社1997年影印本。

重要因素。河患频仍的生态环境，使归德的人口流徙较为频繁，从而影响宗族组织的稳定发展。而且，频繁的水患又使归德的土地占有关系极其复杂，除了官绅豪右兼并土地之外，还存在厂卫占田，邻境占田及堤压河占等各种现象。这一切都使均丈田地存在很大困难，进而阻碍役法改革的深入贯彻。

在诸多因素的制约下，归德士绅的地方改革遇到了困难。其一，吕坤限制优免的主张根本得不到任何响应，反而招致众多士绅的埋怨与诽谤。优免权关涉士绅的切身利益，对于优免问题的改革在事实上存在很大困难。日本学者谷口规矩夫在《明末华北农村的危机和一个乡绅——以吕坤为中心》一文中指出，导致明末华北危机的优免问题是乡绅所不能解决的。① 本书赞同这种说法，吕坤的种种改革"所幸一一推行"，但对于优免一事，宁陵县学诸生"致书于坤而怨谤之"，"万口一辞委罪于坤"②。鉴于此，吕坤不得不在万历三十七年（1609）撰《答通学诸友论优免书》作为回答。可见，优免过滥的问题并没有得到很好解决。优免过滥是归德府社会危机的根源，这一问题得不到有效解决，归德府的社会危机就不可能真正根除。

其二，频繁的黄河水患和土地兼并问题，使归德府的土地占有关系极其复杂，经常出现"均丈数番而不清"③ 的问题，役法改革自然难以贯彻实施。万历三十五年（1607）春，吕坤与宁陵县举监生员及七乡里老联名呈状河南巡抚，请申明条鞭旧法，提出"一条鞭法"导致了"收头之累""十排之累""大户之累""斗级之累""驿马之累""支销之累""里甲马之累"等各种问题。④ "一条鞭法"之后，"丁银"仍然是人口税，按地摊丁的标准没有在归德建立起来，"丁"和"户"的性质也没有发生根本变化。人口税的长期存在，再加上民间宗族组

---

① 转引自常建华《日本八十年代以来的明清地域社会研究述评》，《中国社会经济史研究》1998年第2期。

② 吕坤：《去伪斋文集》卷5《答通学诸友论优免书》，齐鲁书社1997年影印本。

③ 同上。

④ 吕坤：《去伪斋文集》卷5《上巡按请申明条鞭旧法》，齐鲁书社1997年影印本。

织的薄弱，影响了明代归德社会结构的变化，有明一代，归德始终没有形成稳定的赋役共同体。

其三，在河患频仍的生态背景下，吕坤创办的宗约所难以长期维持下去。如宁陵《吕氏家志》所载："惟因去春岁饥，各谋衣食，约束少宽，人心怠玩。"① 所以，吕坤去世之后，宁陵吕氏的宗族建设很快出现了问题。据宁陵《吕氏家志》记：

> 吾家自司寇公振兴以来，修族谱，明家法，置孝睦田，尊祖收宗，仁孝之意厚矣。及司寇没，而寝以陵夷，迄于今而人愈众，情愈疏，乖漓涣散，无复有骨肉一体之意。②

其四，沈鲤试图通过会社以达到化乡导俗的目的也没有真正实现。对于这一点虽然没有直接的资料加以证明，但是从沈鲤对沈氏家族的影响可见一斑。沈鲤担心其子孙将来会变成豪强，致使家声坠落，遂在七十岁寿辰时告诫子孙不要贪得无厌。其实，沈鲤怀此想法已数年，"久欲相告"，但"窃意诸儿妄忖度，必谓吾爱护功名，恐贻连累，故为此激切议谕，使自矜持"③。可见，沈鲤的子孙未必会切实按照他的要求行事，沈鲤也认为自己的劝诫"苦口""逆耳"④。如沈鲤的女婿德新，乃归德府所辖睢州诸生，"不知立业之艰难，喜追随里中诸贵介公子，以舆马仆从相雄"，对于妻子"敦尚古朴"的行为，德新却"诮其太鄙而以谩"其妻。⑤ 侯方域也在文集中写道：

> 沈氏自相国鲤以来为宋之巨族，无论千余指，惟相国最贫，其余皆以财力雄霸闾里间。相国在时，尝诃詈之，而无以禁也。⑥

---

① 宁陵《吕氏家志》卷1《吕氏族刑》，康熙十三年本。
② 宁陵《吕氏家志·续刻家志书后》，1986年本。
③ 沈鲤：《文雅社约》卷下《七十岁龙江老人书》，齐鲁书社1997年影印本。
④ 同上。
⑤ 沈鲤：《文雅社约》卷下《孝女传》，齐鲁书社1997年影印本。
⑥ 侯方域：《壮悔堂文集》卷10《沈季宣墓志铭》，北京出版社1998年影印本。

可见，沈鲤在世时，他的一套移风易俗的措施并没有被沈氏家族真正贯彻，沈鲤去世之后，沈氏家族则完全背离了沈鲤的意愿。

其五，不仅地方士绅的一些改革受到阻碍，就连他们参与地方事务有时也会遭到非议。如万历二十八年（1600），吕坤倡议展修宁陵城垣，其暮冬，忽有没头帖子谓坤之倡议，乃因"抚晋所得，不啻钜亿，所以展城，为防盗耳"，其事乃"遂一己之私意，害一县之人民，碍他人之祖坟，助自家之风水"云云。吕坤遂于万历二十九年（1601）撰刻《展城或问》以答之，并分送亲友。根据宣统《宁陵县志》记载：

> 至万历年间，值吕司寇家居，慨然起修城之议，排众论之纷扰，抒一己之苦心，调停经费等项，宁人无一钱之费，而永免修城之害。①

为了更好地完成修城、守城等地方事务，吕坤还专门撰写《修城书》《救命书》等苦口劝说。正如清初理学家孙奇逢（1584—1675）所说："子归家居，遇邑疾苦，辄身任之不少奇，即多口弗恤也。"②

总之，明后期归德府开明士绅推行的限制优免、役法改革、宗族建设、会社教化等改革，在维护地方秩序方面确实取得了一定效果。然而，这些改革并未导致归德府的社会重组过程，也未能真正解决"衣冠之虐"导致的社会问题。

---

① 宣统《宁陵县志》卷2《地理志》，中州古籍出版社1989年点校本，第53—54页。
② 转引自马涛《吕坤评传》，南京大学出版社2000年版，第17—18页。

第七章　明末战乱中的社会变动
——以《豫变纪略》为中心

明清易代之际的社会变动，不仅表现为佃农和奴仆的反抗斗争，也表现为缙绅望族之间的相互仇杀、统治阶层内部的认同分化和社会精英与地方盗贼之间的复杂关系。日本学者吉尾宽认为，明末流寇叛乱与士绅地域支配的关系并不清楚，必须结合崇祯年间流寇叛乱过程进行直接而具体的考察。①本章试图以《豫变纪略》②为中心，结合家谱、方志等资料，对明末战乱中归德府的社会关系进行考察，分析缙绅望族与士绅支配体制的演变趋势。

第一节　明末河南的"四大凶"

明末河南"四大凶"指的是四大乡宦，即睢州褚太初、宁陵苗思顺、虞城范良彦和南阳曹某。由于河南四大乡宦横行乡里，"在河南乃腹心之隐祸也"。在河南"四大凶"之中，仅归德府就占其三，这不仅

---

① 卜永坚：《探讨明末"流寇叛乱"的新视点——评吉尾宽〈明末的流贼反乱与地域社会〉》，《史林》2002年第3期。

② 《豫变纪略》的作者郑廉，字介夫，号石廊，又号柳下野人，商丘人。《豫变纪略》反映的内容较为全面，美国学者戴福士曾说："它不只是全面记述明清变革之际河南省的编年史，还是重点揭示其家乡地区各阶层状况及其政治动向的有价值的资料汇编。"郑廉在《豫变纪略》中关于家乡商丘的记载非常翔实，正如郑廉在《自序》中所言："纪略宜详，何略尔乎？详则详之，不能皆详，故从略也。……野人，宋人也。宋（商丘）详，豫则不得不略也"。这正是本书利用这一史料研究明末归德社会权力结构变迁的主要原因。

说明当地缙绅望族势力强大，也说明当地士绅阶层的精神素质愈趋愈下。特别是随着沈鲤、吕坤等开明士绅的过世，归德士绅"虽坐堂皇，虽袭冠带，而所日夜营营者，不过门户、功名两事耳，百姓与我何关乎？"①侯方域（1618—1654）在为沈季宣撰写墓志铭时指出："沈氏既富，而其人或习为骄奢，或更龌龊狡猾，以谋为滋殖，虽千余指，无复有读书能识字者。"②

由前文可知，明后期归德府的土地大多集中在缙绅地主手中。明末河南"四大凶"占有的土地尤其之多，如商丘郑廉（1628—1710）所云：

> 是时，中州鼎盛，缙绅之家率以田庐仆从相雄长，田之多者千余顷，即少亦不下五七百顷。就四家论，曹褚为上，苗范次之。③

土地的高度集中意味着更多的农民走向破产，大批小农不得不弃家流徙、卖田完税，沦为佃户、雇工、奴仆或无业游民。明末宁陵乡宦苗思顺曾作"大水谣十首"反映这一现象，他在《半舫斋遗草》写道：

> 红蓼花繁绿草长，移家去土渐流亡。柴门到处悬硃示，都是势家新买庄。抛却柴车驾小船，数椽茅屋半无烟。卖田正欲完官税，又入富家作子钱。横池日夜弄干戈，复毁秋田种芰荷。除却王庄并势产，寻常百姓已无多。④

可见，由于乡宦豪强势力过于强大，归德小农占有的田地大幅度减少，缙绅望族与一般小农的矛盾越来越突出。

不仅如此，缙绅地主与缙绅望族的强大是以牺牲庶民地主的利益为代价的。为了占有更多的土地，乡宦望族往往侵夺庶民地主的土地

---

① 郑廉：《豫变纪略》卷3，浙江古籍出版社1984年标点本，第61页
② 侯方域：《壮悔堂文集》卷10《沈季宣墓志铭》，北京出版社1998年影印本。
③ 郑廉：《豫变纪略》卷3，浙江古籍出版社1984年点校本，第61页。
④ 苗思顺：《半舫斋遗草·大水谣十首》，民国三年宁陵苗氏石印本。

和财产。根据《民权县志》记载：

> 崇祯年间，豪贵横恣，民家小资畜及美田宅，多公然白夺之。孙公瑾者，固考弱族也，颇富田产。睢州世家窃窥之，一日命强仆数十人，当市中直□之去，至则立之阶下。势豪巍然坐，置鞭其前，旁列大汉数十人，皆凶凶然逼立投状，索资数十贯未即已前此夺不遂，坐主以死者往往皆是。①

可见，明末睢州的缙绅望族竟然公开抢夺庶民地主的财产，这无疑加剧了缙绅地主与庶民地主之间的矛盾。

乡宦望族占夺庶民地主田地的现象在整个河南省都较为普遍。以下这份明末河南一位士大夫的上书反映了庶民地主对缙绅地主的极端不满。根据康熙《河南通志》记载：

> 或又曰：弗以累贫不能自存者，素封是诛。不识素封者初无神输鬼运之众山，徭赋繁急，家无一年之余，计地输砖而外，乘城者非束刍也，加至数十人；捐助者非点金也，多至数十百两。动曰某某富，诛求无艺，有是理哉！诚由斯道，势不驱富悉贫，贫悉盗不已。登丘夜呼，竟成齐谶，骊山狐鸣，卒夭秦祚，兽穷斯攫，人穷斯乱，此往事之明验也。②

上述"素封"即庶民地主，由于明末缙绅地主优免过滥，规避劳役的社会风气盛行，承役田地逐渐减少，中小地主的劳役负担过重。可见，强大的乡宦豪强势力，在很大程度上扩大了贫困群体，激化了阶级关系，加剧社会矛盾，庶民地主与缙绅地主之间的矛盾日益尖锐。

明末归德府的乡宦豪强不仅占有大量土地，还肆无忌惮，多行不

---

① 民国《民权县志》卷12《金石志·清拔贡同白王公暨配赵孺人墓志铭》，民国三十三年铅印本。

② 康熙《河南通志》卷40，康熙三十四年刻本。

法之事。据《豫变纪略》载:

> （河南四大乡宦）各畜健仆数千人，横行州府，嬉戏之间恒
> 杀人。其平居夺人田宅，掠人妇女，不可胜数，小民不敢一言，
> 有司明知亦不敢一问也。盖四宦外结响马，家养刺客，人或有言
> 祸辄发于肘腋。中州官吏皆惴惴莫必其性命，惧其祸之将发，如
> 二岂在膏肓，即秦越人亦望之而返走矣。①

由上可见，明末归德府的乡宦势力几乎无所不至，甚至凌驾于官
府权力之上。地方政权根本无法约束乡宦巨室的势力，乡宦豪强与地
方官员之间的关系也隐藏着危机。

更有甚者，为了争夺地方资源，乡宦与乡宦之间冲突不断，他们
经常不惜兵刃相见，有的还酿成大案。如睢州乡宦褚太初曾率家童数
千人，火焚朱家庄，烧死居民无数，这种不法行为充分说明明末归德
的乡宦势力达到了顶点。据《豫变纪略》载:

> 睢州褚宦以词林家居，畜健仆，养食客，众乘其势，所为多
> 不法，州人既远近侧目矣。而高御史为诸生时，尝游学睢州二三年，
> 衔之既为御史，遂甘心于褚，乃密与兵备副使谋，知徐吏目尝为
> 褚所辱。而刘举人泽淳，褚之谋主也，共劫之，使为内间。刘不
> 得已乃密疏其事，以报御史要，不过寻常不法如夺田宅掠妇女而已。
> 不意是时适有火焚朱家庄一事。朱家庄，睢之大邑井也，居民百
> 余家，与褚之田地相邻，褚欲得之，朱氏闻，大惧，乃谋于其亲
> 兵科给事中张唯一。张与褚素婚姻，而寇雠也，平居尝率徒相攻杀，
> 一闻其事，则直欲得之，而日与褚氏相攻不已。每斗则各率徒数
> 千百人，立营寨，持刀枪炮响，兵交所杀伤者则焚之，亦不讼于官，
> 官虽明知之，亦不敢问也。数斗无胜负，乃相议以火焚之，两家

---

① 郑廉:《豫变纪略》卷3，浙江古籍出版社1984年点校本，第62页。

皆弃不有焉，张勒兵于村之西，褚勒兵于村之东，炮鸣举火烈焰张天，村民皆不得出，其或逸出则杀之，而投于火，火熄，各撤兵而去，两家无一人复至此村者，村遂弃为闲田焦土矣。[①]

随着乡宦巨室势力嚣张，乡宦望族与自耕小农、庶民地主、地方官员的矛盾日趋尖锐，再加上旱灾蝗灾日益严重，饥荒瘟疫不断蔓延，明末整个归德府地区的社会危机非常严重。

表7—1　　　　　　　　　崇祯年间归德府自然灾害一览表

时间	地点	灾害情形	资料来源
崇祯三年	永城虞城	大雹伤稼，大者如拳，屋瓦碎，鸟雀死遍野	《永城县志》卷15《灾异志》、《虞城县志》卷9《杂记·灾祥》
崇祯五年	永城虞城商丘鹿邑	夏，永城大雨水。大雨伤禾，虞城平地水深一二尺。商丘淫雨，自夏至秋，平地行舟。鹿邑秋淫雨伤稼	《永城县志》卷15《灾异志》、《虞城县志》卷9《杂记·灾祥》、《商丘县志》卷3《灾祥》、光绪《鹿邑县志》卷6下《民赋考二》
崇祯七年	鹿邑	秋七月蝗	光绪《鹿邑县志》卷6下《民赋考二》
崇祯九年	睢州永城鹿邑	睢州、永城大雨水。鹿邑五月大雨，平地水深五尺，麦为腐	《永城县志》卷15《灾异志》、《睢州志》卷12《灾异》、光绪《鹿邑县志》卷6下《民赋考二》
崇祯十一年	睢州永城虞城考城	睢州旱蝗。永城蝗。虞城火灾，三四次，延烧二百余家。考城蝗，蝗食禾尽，生蝻，平地尺许	《睢州志》卷12《灾异》、《永城县志》卷15《灾异志》、《虞城县志》卷9《杂记·灾祥》、民国《考城县志》卷3《事纪》
崇祯十二年	睢州宁陵永城鹿邑	睢州大蝗且旱。宁陵蝗。永城大旱，蝗。鹿邑六月蝗，秋蝻生	《睢州志》卷12《灾异》、《宁陵县志》卷终《杂志·灾祥》、《永城县志》卷15《灾异志》、光绪《鹿邑县志》卷6下《民赋考二》

---

① 郑廉：《豫变纪略》卷3，浙江古籍出版社1984年点校本，第62—63页。

续表

时间	地点	灾害情形	资料来源
崇祯十三年	睢州宁陵夏邑虞城永城商丘鹿邑	睢州夏大旱,野无青草,蝗,八月阴霜杀晚禾,是岁大饥,斗米数金,人相啖食,死者什七,亘古未有。宁陵大饥,人相食,盗贼蜂起,昼不敢行,死者遍野。夏邑、虞城:夏旱,秋蝗,八月阴霜杀禾,大饥。虞城瘟疫大行,死者枕藉,野麦不种自生。永城赤风飞沙,黑雾塞天。商丘大饥,人相食	《睢州志》卷12《灾异》、《宁陵县志》卷终《杂志·灾祥》、《夏邑志》卷9《灾异》、《虞城县志》卷9《杂记·灾祥》、《永城县志》卷15《灾异志》、《商丘县志》卷3《灾祥》
崇祯十四年	睢州永城宁陵虞城商丘	睢州大疫。永城饥,人相食,斗粟钱四千余文,盗贼蜂起,杀人以食,至有自食其子及盗发新冢食之者。宁陵大疫,有阖家死者,村落一空。虞城春夏大疫,死者枕藉,有合家数口不遗一人者。商丘大饥,死者相望	《睢州志》卷12《灾异》、《永城县志》卷15《灾异志》、《宁陵县志》卷终《杂志·灾祥》、《虞城县志》卷9《杂记·灾祥》、《商丘县志》卷3《灾祥》
崇祯十五年	睢州鹿邑	睢州河决,新旧两城皆陷。鹿邑秋九月,闯贼决河灌汴,鹿邑平地水深逾丈,人民没溺殆尽	《睢州志》卷12《灾异》、光绪《鹿邑县志》卷6下《民赋考二》
崇祯十六年	归德虞城永城	归德府黄河绝流。夏旱,冬地震。虞城黄河绝流。夏旱。火灾,时人民回邑,旋结庐为屋,天旱,屡遭火焚,烧强半。永城大风飞沙,地震	《归德府志》卷34《灾祥略》、《虞城县志》卷90《杂记·灾祥》、《永城县志》卷15《灾异志》

由表7—1可知,崇祯年间归德府的水旱灾害接连不断,正如郑廉所言:"自崇祯改元,竟无乐岁,旱蝗相继,灾异频仍。"[1]

明末归德府的乡宦嚣张与灾害频仍,不但造成广大贫苦农民与自耕农的深重灾难,也使纳税的庶民地主陷入了空前的困境。明末归德的贫富分化尤其明显,社会矛盾非常尖锐,缙绅地主与地方官员、下

---

① 郑廉:《豫变纪略》卷3,浙江古籍出版社1984年点校本,第60页。

层士绅、庶民地主、广大贫民及奴仆的关系都十分紧张。在此背景下，社会局势逐渐向两个方向演变：一是乡宦豪强越来越肆无忌惮，地方政权几乎不能约束乡宦巨族的势力；二是很多里甲民户逐渐脱离国家控制，沦为"贼寇"。明末归德府的各类社会矛盾不断激化，最终演变为"流土交讧"的动荡局面。

第二节　明末战乱与统治危机

在明末战乱中，归德府地区的奴仆、贫民、饥民、庶民地主与下层士绅纷纷沦为"贼寇"，主要攻击那些广占田地的缙绅望族，士绅阶层的地域支配体制受到了严重冲击。

一　明末战乱中的社会秩序

明中叶以后，归德的社会矛盾较为突出，社会动乱一直没有停止过。大约自正德年间以来，归德就有零散的社会动乱。至嘉靖年间，社会动乱渐具规模。如嘉靖三十二年（1553），柘城师尚诏等三百余人，作乱于柘城县北之远襄城，旋即攻破归德府，放其狱囚，夺其帑藏，屡败官军，又攻克柘城、鹿邑、睢州等地，河南、山东、南直隶三省为之震动。师尚诏事件对当地的影响很大，此事不止一次经士大夫提起。吕坤后来追忆道："师尚诏初起远襄城时，家中显然屯聚者曾有百人乎？一出归德，便有三千余人，离鹿邑、柘城，则万余人矣。"[1]万历年间，随着自然灾害的严重，民众结聚为盗的现象非常严重。杨东明在《饥民图说疏》中记道：

> 难支岁月，乃相约以捐生。无耐饥寒，遂结聚而为盗。昼则揭竿城市，横抢货财；夜则举火郊原，强掠子女。据此汹汹靡宁

---

[1]　吕坤：《去伪斋文集》卷7《展城或问》，齐鲁书社1997年影印本。

之势，已有岌岌起变之形。①

可见，在明末战乱之前，归德府的地方动乱已经如火如荼。

归德为齐楚交冲，江淮屏蔽，自然成为农民军李自成夺取中原的必经之路，"梁宋值寇盗之衢，宋备其虐"②。李自成曾两次攻打归德府，第一次是在明崇祯八年（1635），李自成等人在荥阳聚会，决定兵分五路，进攻官军，李自成等担任东攻任务。三月，他和张献忠率兵数万攻打归德府。第二次是在崇祯十五年（1642），李自成、张献忠在入陕西途中，攻破归德府城。明末李自成起义军的入侵使原本动乱不断的归德府更加混乱。

首先，明末起义军的入侵为归德小农的反抗提供了机会，大量饥民、难民纷纷加入"流贼"。如汤斌所云："中州大乱，李自成拥众数十万，纵横开（封）、归（德）间，兼频年荒旱，饥民相率从贼。"③一些地方士绅对饥民沦为盗贼充满同情，认为他们是不得已而为之。如商丘贾开宗（1594—1661）所云：

> 无奈兵革焉而农事废，饥馑焉而农事废，催科烦促焉而农事废，豪强凭凌而农事废。与其坐而待毙，不如聚而为乱，其中有所大不得已也。④

不管怎样，饥民相率从贼的行为使"流贼"的势力逐渐壮大。

其次，"土贼"的大量出现成为明末动乱的一个重要特征。与外界"流寇"不同，本地盗贼被称为"土贼"或"土寇"。尤其是在崇祯十二年（1639），当"流贼"由于军事失利与招安之风一度沉寂之

---

① 光绪《虞城县志》卷8《艺文志·饥民图说疏》，虞城县志编纂委员会1996年整理本，第252页。

② 赵震元：《松青堂文选》下卷《迎兵宪》，民国十年铅印本。

③ 汤斌：《汤斌集》下册，中州古籍出版社2003年版，第1982页。

④ 贾开宗：《溯园文集》卷4《弭寇盗》，道光八年刊本。

际，"土贼"异常活跃起来。如郑廉所记："是时大旱蝗……土寇大起如蝟毛，黄河南岸上下千里中营头不下百余。"①归德的"土寇""土贼"非常多，几乎无处不在。据《豫变纪略》记载："梁、宋之间……皆拥众以为雄，凭栏结寨，彼此割据相攻杀。"②

永城县的"土寇"，"或破楼，或攻寨，尝有余威；为蚕食，为鲸吞，总无净土"③。夏邑县"西北境外，土寇黄老山者，聚众数万"④。尤其是在灾荒年月，归德府的"土寇"问题更加突出，如永城乡宦练国事所云："天不悔祸，民乃作好，始因寇以致荒，继因荒而益寇。"⑤随着"土寇"力量的强大，明末动乱逐渐演化为"流土交讧"的动荡局面。

这些所谓的"土贼""土寇"往往结寨建堡，雄踞四野，势力强大，形成雄霸一方的割据势力。根据民国《夏邑县志》记载：

> （夏邑）西北境外，土寇黄老山者，聚众数万，所至焚杀孤人之子，寡人之妻。遂四境尽付草莽，百里绝人迹焉。甫引去，而境内之大盗起。初，城北以水盗十八人攘臂一呼，亡命之徒起而相应者逾万。蹂躏东北一带，城门昼夜闭者五阅月，凡一薪一水皆从城头缒进……辛巳（1641）四月，瘟疫大作……城内外尸横山积，鸢犬食人，触目皆是。未几，来麦受成，盗贼犹雄踞四野，立铸皆忧，当事急议招抚。抢攘而来，厚赍以去，而焚劫复如故。牲畜一空，命如丝悬。……而邑中之人心又变，宵小之辈连类歃血，党羽公然肆行，凌侮善类，残害名教。一计得遂，群奸作气，遂使人出门有碍，举步畏途……壬午（1642）……境内土寇日纵横邑中，四野田亩，必先纳款于贼，始敢耕种。周原数百里尽为若辈分地而据……富室之无丝毛罪过，诬之为盗，以子虚乌有之事，

---

① 郑廉：《豫变纪略》卷3，浙江古籍出版社1984年标点本，第57页。
② 同上。
③ 光绪《永城县志》卷35《词章志·奇荒赋》，光绪二十九年刻本。
④ 民国《夏邑县志》卷9《杂志·风土纪略》，中州古籍出版社1990年点校本。
⑤ 光绪《永城县志》卷35《词章志·奇荒赋》，光绪二十九年刻本。

一遭嫁祸，百口难辩；破一家之产，不能救一身之命。风波株连，人人自危。①

由上可见，这些"土贼""土寇"的势力非常之大，不太可能是一般小农，尤其是这些寨堡的领导者一般都是具有一定经济实力的庶民地主，即土豪势力。不少土豪还拥有私家部曲，肆意杀戮。如光绪《鹿邑县志》载："（崇祯十五年）土豪筑寨以居，竞为不法，至于驰逐平民，私自部曲，恣意杀戮，而安平寨土贼王之屏、王之股等为尤横。"②在入保自卫的庶民地主当中，就有很多庶民地主演变为土豪割据势力，"归德新修外城，民之富者皆入保"③。如商丘郑廉（1628—1710）所记：

百姓率千百为群，团结相保聚。其不逞者，遂窃弄。西则有李际遇、王彦宾、郭黄脸、张长腿等；东则有房文雨、徐显环、戚念梧、程肖瑀等，凭栅数砦者不可胜数。然恐时平而有司或绳之以法也，乃自托于有力者以为窟穴。有力者亦竞相招纳，引为羽翼以自雄。④

由此可见，这些"土寇"逐渐成为割据一方的军阀实力派，在地方社会的权力结构中占据重要地位。明末归德府的"土豪""土寇"势力增强，正是缙绅地主与庶民地主矛盾激化的反映。

外来"流贼"与本地"土寇"并起是明末战乱最明显的一个特征。更为重要的是，"流贼"和"土贼"联合呼应，"土渠之诱外寇"使明末地方动乱的声势大张。据光绪《睢州志》载："河南睢州有大盗潜匿，势将纠合颍州新息诸盗，流毒中原。"⑤崇祯末年任兵部尚书的

---

① 民国《夏邑县志》卷9《杂志·风土纪略》，中州古籍出版社1990年点校本。
② 光绪《鹿邑县志》卷13《宦绩》，台北成文出版社1976年影印本。
③ 郑廉：《豫变纪略》卷3，浙江古籍出版社1984年点校本，第57—58页。
④ 郑廉：《豫变纪略》卷6，浙江古籍出版社1984年点校本，第151—152页。
⑤ 光绪《睢州志》卷9《艺文志·知州杨公去思碑记》，中州古籍出版社1990年版点校本。

河南人张缙彦讲道："臣乡河南比年以来，无岁不荒，无处不寇，然未有全省决裂，流土交讧，如今日之甚者也。"①可见，河南大部分地区都陷入盗贼的海洋之中。

正当"流土交讧"愈演愈烈之际，奴仆也加入到社会动乱之中，冲破社会秩序，演变为"奴变""开门纳贼"②的现象在归德府屡见不鲜。下面这则资料说明了崇祯十四年（1641）归德府的"奴变"现象。根据《豫变纪略》记载：

> 睢州城北田生者为所获，问其业，诡以鬻书贾对。贼固不信也，笑而颔之，命曰坐，加礼焉。既而田生之仆告贼曰："渠宦家子弟多珠宝衣服骡马，拷之可悉得。"贼不应。仆讽之再三，贼笑而顾田生，田生大惧，无人色，口讷讷不成语。贼笑谓仆曰："若何由知之。"仆曰："我为其家奴最久，故知之悉。"贼大怒曰："若欲我杀而主也，我虽贼，不容汝。"遂命其卒磔仆于庭下。③

面对这种"奴变"现象，郑廉不禁感慨道："嗟乎，贼固不容叛臣哉！"④

在归德府的周边地区，明末也发生了奴变运动。根据康熙《郑州志》记载：

> 哨聚萑苻，各霸一方。环我郑而互相雄长者数十家。或称副将，或称游击，或称参将，或称都司，或称守备。五营四哨，旌旗号令，一仿总镇行事。其人大抵皆奴隶棍徒，绝无礼体，不耕不织，惟事劫杀……间有贵家大族，计无复之，有事以金帛者，不得免；有从其要盟者，不得免；有奴坐于上，主歌于下，百般奉承欲得

---

① 张缙彦：《中原寇祸疏》，《菉居封事》。
② 睢州《汤氏族谱》卷3《经筵讲官工部尚书先考府君行略》，1986年本。
③ 郑廉：《豫变纪略》卷4，浙江古籍出版社1984年点校本，第72页。
④ 同上。

其欢心者，亦卒不得免。①

面对"流土交讧"与奴变纷起，一直以来受乡宦巨族压抑的中下层士绅也做出了反对乡宦巨族的反应。与充分享有特权的乡宦巨族相比，中下层士绅只占有小规模的土地，而且升官几乎无望，前景一片暗淡，有时还会遭到乡宦巨族的压迫。因而，在明末战乱中，"诸生与难者最众，其铮铮然骂贼而死者，不多见也"。很多生员加入"盗贼"的队伍之中，有的甚至因游戏而死。如名家子弟杨右文在归德城陷期间，与群贼游戏赌博，并以人头作赌注，后因赌输被斩头。②对于此事，郑廉感慨道："呜呼！彼胡不轰轰烈烈力战而断头于通衢哉！"③这样的事例在中下层士绅之间并不罕见，生员阶层中就有很多参加了农民军。永城乡宦练国事将这一现象称为"诸生之谋大逆"④。

关于下层士绅"谋大逆"的现象，日本学者山根幸夫在《明末农民起义与绅士阶层的反应》一文中指出，这暗示在其背后存在着社会上、经济上处于优越地位的上层绅士与升官之途被封闭而发迹无望的下层绅士即生员之间的心理上的倾轧。仕途被封闭了的生员，前程渺茫，他们必要对上层绅士特别是乡绅进行反抗。⑤尤其是在乡宦巨族势力强大的归德府，下层士绅的处境更加悲惨，"诸生之谋大逆"的现象应该非常普遍。

"诸生之谋大逆"现象，一方面说明中下层士绅卷入明末战乱之中，甚至领导民众叛乱，成为动摇社会秩序的一支不可忽视的力量；另一方面说明中下层士绅日趋活跃，伺机采取各种办法以改变生存现状。在归德府，中下层士绅有时通过"哭庙"的社会性行为对抗地方官员，有时又周旋于各种势力之间，向社会各阶层显示自己的力量。

---

① 康熙《郑州志》卷11《流土记》，中州古籍出版社2002年点校本
② 郑廉：《豫变纪略》卷5，浙江古籍出版社1984年点校本，第118页。
③ 同上。
④ 光绪《永城县志》卷33《词章志·邑侯傅公守城碑记》，光绪二十九年刻本。
⑤ ［日］山根幸夫：《明末农民起义与绅士阶层的反应》，冯佐哲译，吕永和校，《晋阳学刊》1986年第2期。

　　"哭庙"是明末流行于"诸生"之间的一种社会性行为，其目的主要在于吸引社会大众的注意，抗议社会的不公。[①] 由于归德的缙绅豪右势力很大，胥吏往往与地方豪右纠结在一起，这些以豪右为窟穴的胥吏便不把中下层士绅放在眼里，有时竟然殴打诸生，中下层士绅遂通过"哭庙"以示抗议。下则资料是有关归德中下层士绅的"哭庙"行为，根据《豫变纪略》记载：

　　　　胥吏倚豪右为窟穴，其势与缙绅之童仆等，而独与青衿不相下。有胥吏与青衿殴，太守大怒，左袒其胥吏，一日而褫六青衿，阖郡之士遂大哗，数十百人哭于庙，群奉先师之主号咷而置诸府署，声彻数里，推官王世琇婉解之，太守不得已，大创其胥吏，乃得释。青衿自是亦横矣。[②]

　　在明末动乱中，诸生还周旋于各种势力之间，向社会各阶层显示自己的力量。如睢州许总兵（许定国）与宁陵刘典史发生矛盾，"睢宁遂为敌国"。睢州和宁陵的两位诸生便以纵横自许，试图说服许定国，使睢州宁陵和好，不再称兵，却因许定国无意和好，而最终遇祸。另外，归德郡东南的房文瑈部下与李振海相仇杀，知府田芳欲得其众以自强，乃使诸生薛凤举、刘芳永、张孝申往谕房、李歃血约为兄弟。后房文瑈一方面留薛、张饮酒两三日；另一方面派部下袭李振海家。李振海营救不及，遂"大怒薛、张卖己也，遂北追薛、张八十里，至谷熟，又转而东三十余里，大杀掠，鸡犬无所遗，村落一空，虽闯、曹之残虐不如也"。[③]

　　其实，无论是"诸生之谋大逆"，还是诸生"哭庙"，或"以纵横自许"，都清楚地反映出明末归德府的中下层士绅对原有统治体制

---

　　① 陈国栋：《哭庙与焚儒服——明末清初生员层的社会性动作》，载邢义田、林丽月《社会变迁》，中国大百科全书出版社 2005 年版，第 351 页。

　　② 郑廉：《豫变纪略》卷 5，浙江古籍出版社 1984 年点校本，第 112 页。

　　③ 同上书，第 123 页。

的强烈不满，在明末战乱中，这些中下层士绅会伺机采取各种办法力图改变这种局面。

随着明末乡宦势力的恶性膨胀，乡宦与国家之间的冲突也逐渐升级。崇祯十三年（1640），河南巡按御史高明衡上疏河南四大乡宦"居乡极恶，宜急翦除，以消隐祸"①。在明政府的打击下，睢州褚太初、宁陵苗思顺、虞城范良彦三大乡宦或被论斩，或被杀害，或出狱而死。根据《豫变纪略》记载：

> 曹先死，仍戮尸枭首于市；苗赴逮，中途为仇家所毙不论；独逮褚、范至京，下狱论斩，范以毫釐放归。……褚论斩，范出狱而死，士论快之。而犹有张兵科与褚同焚朱家庄者，独得漏网，则何与？无乃其恶未贯盈，另作一案？则士大夫之行，何可不慎？而田庐满地，仆从如云，势可炙手，猛一回头，究竟于我何有乎！只供论世者之雌黄其口，亦复可悲矣！②

国家与乡宦之间的矛盾冲突，不仅表现为国家对乡宦的打击，还表现为地方官员与乡宦巨族在明末动乱中的对立。在明末战乱中，如何维护地方秩序成为统治阶层争论的主题，统治阶层内部的分化与对抗在明末战乱中愈加明显。在共同捍卫地方社会秩序的时候，地方官员在明末战乱中责任重大，难免会与强大的士绅阶层与缙绅望族起冲突，"所谓官矜相仇者也"③。根据《豫变纪略》记载：

> 适商丘令梁以樟至，旦夕坐城上，为战守具，又绳以军法。士大夫弗能堪，遂有隙。时乡宦宋权守南门，偶离次，以樟谓其失伍也，欲寘诸法。权曲谢，不能释，乃大怒，阴结诸生薛凤举、侯方域等盟于孝廉吴伯裔家，谋以三月望日谒庙时大閱。既而以

---

① 郑廉：《豫变纪略》卷3，浙江古籍出版社1984年点校本，第61页。
② 同上。
③ 商丘《侯氏家乘》，《商丘伯若孩公本传》，光绪三十年本。

樟偶疾，不谒庙，不得发。于是，官衿俨如敌国矣。会陈州警至，以樟诣府计事。诸生百余人，遂围诸府署。推官数谕之，不能释。日且暮，以樟之党侯性、司马亮等数十骑摄甲彀弓，自县驰于府，矢如雨下，诸生中伤者累累也。而何广者，矢著其额，遂毙。众大奔，围乃解，以樟扃舆返署，夜开城北门，遣性等走开封，申报院司。是所谓官衿相仇者也。明日，议恤何生之家，而以樟造宋权之庐谢罪焉，乃释。[①]

上述材料反映了商丘乡宦宋权与知县梁以樟的冲突。《豫变纪略》中还有很多关于"官衿相仇"的记载，如商丘乡宦侯恂与总兵许定国的冲突。许定国，"故晋师也，目不知书，以勇积功为总兵官，性骄倨，不能御下，故其军数噪"，与乡宦侯恂有冲突，拳殴其中军副将，出言不逊。侯恂之子侯方域劝恂立斩之，以明军法，"恂不能用，故定国益骄"。上述宋权和侯恂都是商丘县的知名乡宦，他们所在家族都是商丘八大家的成员。在维护地方秩序的过程中，他们不可能完全受制于地方官员，"官衿相仇"在某种程度上体现了地方社会权力与国家政治权力之间的矛盾。

总之，由于明末归德的乡宦豪强势力过于强大，导致乡宦与贫民饥民、乡宦与庶民地主、乡宦与奴仆、乡宦与中下层士绅、乡宦与官方等各种社会冲突日益尖锐。社会各阶层纷纷加入明末战乱之中，反抗以士绅与缙绅望族为主导的地域支配体制，由此展开了一场情节极其复杂的社会动乱。此外，由于豪族平日欺凌嚣张，与社会各阶层结下不少仇怨，在明末战乱中，一些仇家便伺机报复。如民国《夏邑县志》所载：

有族豪诬人于死，籍其产。众畏其势而附和之，遂攻于庭。勋（张家勋）力持不可。值明季土寇为患，中有与其堂祖衅隙

---

① 郑廉：《豫变纪略》卷5，浙江古籍出版社1984年点校本，第112—113页。

者，率众攻楼，复积薪焚之。①

这一切都使原本动荡不安的社会局面更加错综复杂，以致地方社会处于"失控"状态，地方社会的秩序走到了崩溃的边缘。所以，明末动乱不仅体现了明末的阶级压迫与阶级对抗，更重要的是体现了乡宦巨族与社会各阶层的矛盾，以及士绅阶层与缙绅望族支配体制的动摇。

二 对永城武将刘超叛乱的个案分析

对于外来"流贼"，地方社会的统治阶层较易达成共识，而对于本地的"土贼"与"土寇"，统治阶层往往不能达成共识。正如上文提到的那样，很多文人对饥民成盗的现象充满了同情。更为重要的是，很多"土寇"已经成为割据一方的军阀实力派，与其将其消灭，不如将其招抚，从而壮大自己的力量。所以，在以兵力取胜的明末战乱中，很多缙绅望族依靠"土豪土寇"势力来壮大自己的武装力量。与此同时，为了逃避地方官员的逮捕，"土豪土寇"也主动向地方有力者依附。根据《豫变纪略》记载：

> 然恐时平而有司或绳之以法也，乃自托于有力者以为窟穴。有力者亦竞相招纳，引为羽翼以自雄，所在皆然，而永城特甚。②

这样一来，明末归德的"土豪土寇"就与乡宦巨族错综复杂地交织在一起了。关于这一现象，吕坤也有提及，他在《知州杨公去思碑记》中写道：

> 杨思敬者，州之罢闲吏也。虎据北郊，阴纳豪侠，魏博、

---

① 民国《夏邑县志》卷6《人物志·儒修》，中州古籍出版社1990年点校本。
② 郑廉：《豫变纪略》卷6，浙江古籍出版社1984年点校本，第151—152页。

河朔间探丸屠狗之徒，皆为死友。即民间所指名各聚称雄长者数十百人，无论小丑。是时河工大举役者十数万人，贼杂徒作中，待啸而举，梁宋之民汹汹无宁日……杨思敬以乡间豪右纠众斗争，遂致怨家喧腾，几成骑虎之势……（杨思敬）只以无赖招纳有年，潜蓄异谋，而远近奸人假其名号吓恐人者，盖亦有之，以致声势燎原。①

另据民国《夏邑县志》记载：

巨恶邪人列冠裳者且与之（指土寇）相通为利薮，接引贸易，恬不为怪。……城市大猾令一子入贼营，便趾高气扬，凌烁乡曲。先是，邑中大姓有目不识丁之青衿，接纳亡命，强占庄田，至是益无忌惮，观者莫敢侧目。②

由于吸纳了大量的"土贼""土寇"，归德府缙绅望族的兵力主要是由家奴和"土寇"共同构成。如商丘侯洵"部下偏裨多其家奴，所将数千人，皆梁宋间土砦魁桀鹰眼未化者，其所为不法事甚众，洵无以禁也"③。"土寇"的大量加入，给商丘侯氏家族造成了不少负面影响，如郑廉所说："其后归德人有过黄河者，单县之民皆以为侯兵而杀之，至今归德人视黄河犹有戒心。"④因而，在对待盗贼的态度等诸多问题上，统治阶层内部逐渐出现了认同危机。对地方士绅而言，利用盗贼在某些情况下是必要的，但若利用过度或不当，有可能危及统治阶层的整体利益。为了将上述不同的社会关系放在一个特定的案例中加以考察，下面以永城刘超叛乱为例，具体考察"土寇"、官方、

---

① 光绪《睢州志》卷9《艺文志·知州杨公去思碑记》，中州古籍出版社1990年版点校本。
② 民国《夏邑县志》卷9《杂志·风土纪略》，中州古籍出版社1990年点校本。
③ 郑廉：《豫变纪略》卷6，浙江古籍出版社1984年点校本，第143页。
④ 同上。

士绅之间错综复杂的关系。

刘超，先世为晋人，其父贾于永城，因家焉，为永城浑河镇人。刘超少时习儒，自负其才，但因永城人不许令就文试，故俯而从武，往往与同里不合。在永城地方权力结构中，王、练、丁均为永城县的缙绅望族，在地方社会具有相当的影响力。刘超中河南武举第一后，也在永城地方权力结构中占有一席之地。刘超的社交网络非常广泛，他好交游，喜欢接纳东南及中州名士，与归德府其他县的名士也有不少交往，如虞城范志完就与刘超关系密切。

天启二年（1622），永城王三善为黔抚，刘超与曹县人刘泽清以偏裨从。崇祯中，永城练国事、丁魁楚、丁启睿皆以督抚讨贼，刘超以故将在总理五省军前效用。崇祯八年（1635），由于"流贼"攻击豫东地区，东逼永城，永城县的形势十分紧张。当时"承平既久，人不习兵，仓卒为守御计"，为了维护永城县的安全，当地士绅决定由知兵老将刘超来领导保卫家园。于是，刘超承担起捍卫县城的责任，其家也从永城浑河镇移入城中，"身任其事，日与荐绅先生游"[1]。

由于"流贼"与"土寇"并起，为了对付"流贼"，刘超便"招募土寇，率所领六千人杀贼"，吸纳了永城县的土寇力量，"其党又皆永城盗群"[2]。不仅如此，刘超又吸纳了周围地区的"盗贼"，"西收汝颖群盗而并将之"，以致"近永之盗，皆隶超部下"[3]，"其党羽皆他邑贼"[4]。可见，刘超的武装力量有相当一部分是由活动在永城、萧县、宿州一带强有力的"土寇"组成的。由于刘超与"土寇"的联系过于密切，一旦"土寇"在当地肆无忌惮，便会引起永城士绅的不满。刘超与其弟刘越陈兵出入，经常与群盗在一起，引起永城民众的不满。御史魏景琦会言事罢归，并不认可刘超利用"土寇"保卫永城的做法，反而认为刘超的做法是通贼行为。当时的永城知县傅振铎与魏景琦的

---

① 郑廉：《豫变纪略》卷6，浙江古籍出版社1984年点校本，第152页。

② 同上书，第153页。

③ 同上。

④ 光绪《永城县志》卷21《人物志·孝友》，光绪二十九年刻本。

看法一致，同样不认同刘超结纳"土寇"的行为，遂夺刘超守城之任，刘超与魏景琦由此结下了冤仇。

崇祯十五年（1642），刘超的好友范志完（时为蓟辽总督）疏荐刘超起保定总兵。但是，兵科给事中方士亮"论超观望逗留，不堪任使，诏使归援汝汴"。方士亮是永城乔明楷兄乔明梅的同门好友，后有人告诉刘超此举乃举人乔明楷所为，这就使得刘超对同乡举人乔明楷产生怨恨。十一月一日，刘超"擐甲操兵至景琦家，手刃之。琦、祖、父、子、孙五世，一时遇害。复杀乔明楷与总练生员王奇珍"①。

刘超杀害当地士绅的行为遭到了永城知名乡宦练国事的反对，"国事谕之曰：庶民仇怨杀人，罪及身耳！将军国之大帅，奈何冒反迹为族灭计？"由于练国事在永城县威望很高，刘超便听取了练国事的训斥，"乃稍禁屠掠"。就在这个时候，新授河南巡抚王汉奉密旨自怀庆提兵至永城镇压叛乱，练国事和丁魁楚等人"夜开北门纳其军"，刘超"死士猝发"，王汉遂遇害。这一突如其来的事件使刘超骑虎难下，刘超遂与其婿王全黔，谋拘练国事、丁魁楚等人，"逼令草公奏为己请宽罪"。练国事对刘超彻底失望，没有答应刘超的请求。刘超见没有出路，"日与贼将张献策肆为屠掠，无复敛戢"②。

刘超的叛乱行为引起了朝廷的注意，朝廷遂调集凤阳总督马士英等人镇压叛乱。在永城士绅练国事、丁魁楚、丁启睿、张星、庄则敬的帮助下，马士英最终逮捕了刘超，刘超与其弟刘越凌迟处死，其妻妾子女给功臣为奴，家产入官，父母、祖孙、兄弟俱流两千里，刘超同党张君晦者亦论斩，刘超叛乱就此结束。

通过刘超的例子可以看出，"土贼"的力量已经渗入归德府的地方权力结构之中。面对日益扩大的"土贼"势力，士绅与士绅及士绅与官员之间充满了矛盾，在对待"土贼"的态度上并没有达成一致。这种认同危机导致士绅与士绅之间及士绅与官员之间的矛盾冲突不断

---

① 光绪《永城县志》卷21《人物志·孝友》，光绪二十九年刻本。

② 同上。

升级，加剧了统治阶层的内部分化，最终导致士绅与缙绅望族支配体制的结构性危机。

在明末战乱中，社会各阶层面临新的选择机会，土寨土豪可以变为"土寇"，也可以保持中立自卫；士绅既要打击"盗贼"，又须招纳"土寇"以壮大自己势力；士绅之间需要团结防卫，但又因争夺资源不惜兵刃相见；士绅与官方需要团结治盗，但又不甘心服从对方。总之，社会各阶层互相利用又互相攻击，社会矛盾与社会关系错综复杂。通过归德的个案可以看出，明末地方动乱并非单纯以农民为主体的社会斗争，也非贫民与地主的简单对抗，而是地方有力者在面临危机时如何扩大势力、争夺权力资源的斗争，或是地方有力者吸纳"土寇""土豪"等地方势力对中央集权的一种反抗。由此反映了明清之际的重要时代特征：地方统治阶层之间的疏离和冲突，以及随之而来的统治阶层内部文化凝聚力和有效政治团结的丧失。

第三节　望族的衰落与士绅的归隐

崇祯十五年（1642）三月二十八日，李自成率领农民军攻破归德府城。明末清初的归德文人对这一年印象深刻，清初文人田兰芳在文集中写道："崇祯壬午（1642）之乱，大河以南千里无坚城，而吾郡罹祸为尤惨，衣冠兵民同日而烬，无分玉石焉。"[①]睢州在壬午前后更有天壤之别，如清初文人赵振元所云："念前此五十年……（睢州）甲于诸郡一时，文人炳蔚，领袖当代。年来城破，春深草长兽肥，即膏腴良田弃而不有者数数。"[②]壬午之变给归德的缙绅望族和士绅阶层都带来了重创。

壬午之后，归德的社会冲突与斗争并没有随之退潮。崇祯十七年

---

① 田兰芳：《逸德轩遗稿》卷 2《雷文学传》，康熙二十五年刊本。
② 赵震元：《松青堂文选》，《屯田冯将军季观荣奖叙》，民国十年铅印本。

（1644），随着大顺政权的成立，伪官成为归德社会的主要支配者。"伪官"是当权者对农民政权官吏的称呼，豫东一带有不少伪官是由奴仆担任的。如伪将魏某，原是夏邑彭氏仆童，在壬午闯陷归德时被掠去，后在顺天成为伪授制将军，管刑名。又如伪官刘馨，陈州府扶沟县①人，原为司寇刘泽深的家奴，后盗取宦囊，贿赂西平县盗贼刘洪起，授伪札，管扶沟事。②

不过，从整体上来看，担任归德府伪官的人多为往日的中下层士绅。如郑廉所言："（归德）府署一州八县并管河通判，一时伪官贾士美等十人来上任，合郡士民，莫不流涕。诸伪官皆前日士人也。"③日本学者山根幸夫认为，生员之所以敢于做"伪官"，是因为对于升官毫无可能，应试及第后上升为举人、进士也全无可能的他们来说，这是唯一能够满足其上升志向的机会。在平时受上层绅士压抑的生员来看，要想消除其积郁的不满，只有当上农民军权的伪官才有可能。④

在伪官执掌地方权力时期，归德府的衣冠之族又一次遭到重创。大顺政权在崇祯十六年（1643）之前提出的纲领，主要有两条：一为打倒缙绅权贵集团以"救民水火"，二为三年免征赋税。大顺政权定鼎长安后的"追赃比饷"政策就是这两条纲领的实践。⑤归德府的情况即是如此，据《豫变纪略》载，崇祯十七年（1644）四月，大顺政权派往豫东六县的县令到任，"下车即追比助饷，凡有身家，莫不破碎，衣冠之族，骚然不得安生，甚则具五刑而死者比比也"⑥。又如《扶沟县志》载："（伪官刘馨）厚集奸尻广布腹心，拷笞大族，鱼肉平民，

---

① 扶沟县属陈州府，与归德府毗连，位于豫东地区。

② 光绪《扶沟县志》卷15《灾祥志》，台北成文出版社1976年影印本。

③ 郑廉：《豫变纪略》卷7，浙江古籍出版社1984年点校本，第179页。

④ ［日］山根幸夫：《明末农民起义与绅士阶层的反应》，冯佐哲译，吕永和校，《晋阳学刊》1986年第2期。

⑤ 秦晖：《甲申前后北方平民地主阶层的政治动向》，《陕西师范大学学报》（哲学社会科学版），1986年第3期。

⑥ 同上。

为张笃祜所逐。"① 另据《虞城县志》载："李成栋叛兵入（虞）城，时闯贼破京，有送河南伪官信，人心惶惶。叛兵夜扎梯进城，男妇掳者死者无数。劫夺搜掘竟日，曩有携渡河者至今一空，绅士衣不蔽体。"② 伪官就任后，往日趾高气扬的乡宦士绅不得不听从伪官指挥，下面这则资料最能反映这一现象。根据《豫变纪略》记载：

> 魏某，即夏邑彭氏仆童也。壬午（1642）闯陷归德时掠去，至是，伪授制将军，管刑名，坐都察院堂比助饷，凡诸经其衙门者，无论贵贱，生与死特视其偶然之喜怒耳。而节钺勋旧，尤其所从重处者，如襄城伯李国桢、督师候洵等，皆囚首伏阶下，听其指挥，日三十万则三十万，曰二十万则二十万，惟命是从，不敢少违，违则夹桚箍烙，立登鬼箓。李直毙于杖下，而候得生全者，魏早识候，而先谕以全生之术也。所在伪官，大略如此，是岂兴朝政哉！依然流贼而已矣。③

秦晖在《甲申前后北方平民地主阶层的政治动向》一文中指出，"追赃比饷"政策有一个从专门打击缙绅逐渐发展到打击一切富人的过程。归德府的情况也是如此，在"追赃比饷"政策下，"凡有身家，莫不破碎"。可见，农民政权的矛头指向已经从缙绅望族扩大到整个地主阶层。以庶民地主为主的土寇势力也随之发生了分化，他们有的投靠大顺政权，有的投靠明政府，不再仅反对乡宦巨族。崇祯十七年（1644）五月，大顺军兵败山海关，这些庶民地主立即与缙绅地主勾结，在中原地区发生了大规模叛乱。五月十六日，明官僚桑开第等在归德发动叛乱，归德的大顺守令皆被俘。大顺军陈德从豫北赶来镇压，为投靠明政府的"土寇"刘洪起击败。至此，大顺政权在豫东的统治全部瓦解。

---

① 光绪《扶沟县志》卷15《灾祥志》，台北成文出版社1976年影印本。

② 光绪《虞城县志》卷9《杂记·灾祥》，虞城县志编纂委员会1996年整理本，第482页。

③ 郑廉：《豫变纪略》卷7，浙江古籍出版社1984年点校本，第179页。

　　壬午之变使归德的衣冠大族和文人名士遭到重创，壬午之后的伪官当道又使他们骚然不得安生。经历了长期的明末战乱，归德府的很多缙绅望族呈现衰败的趋势，其中最明显的就是商丘八大家。清初商丘文人刘榛在论述商丘沈氏与刘氏的异同点时写道："顾鼎改以来，中落不振，两家同焉。"①明清鼎革之际，沈氏族人的园子已三易其主，由沈氏到郑氏又到宋氏。②同为商丘八大家的侯氏家族也日趋衰落，"侯氏旧为书香家，乡邦所共知也，近已式微"③。商丘叶氏家族也无法回到明代的繁盛景象，叶廷桂的玄孙叶丕蒲曾曰："吾家自司马公（叶廷桂）特起，金吾公善继，诸祖公守之，伯叔父承之，于今已百余年矣。"④从"特起""善继""守之""承之"等字眼即可看出清代的缙绅望族顶多是在明代的基础上维持其产业，很难再拓展其家业。在商丘八大家中，大部分家族逐渐走向了衰落。

　　除了商丘八大家，其他很多缙绅望族也逐渐衰落了。在各类地方文献中，关于缙绅望族衰落的记载俯拾即是。现略举数例：睢州赵氏"世为睢州望族"，"门第通显"，明末，"睢城遭寇变，继以河徙，居地付洪波，家计萧疏，担石弗盈"⑤。崇祯十六年（1643）之后，睢州赵氏"避乱初归"，由于没有房屋，只好"侨寓乡邻"⑥。田兰芳在《逸德轩遗稿》中曾追忆其家庭在明末战乱中的变故，"余家遭乱，既□其资田庐复为黄流所没，奴婢逃散，四堵如洗"⑦。柘城王氏在"易代以后，家道渐弛"⑧，"鼎革以来，式微"，清初柘城王氏"吾族人众而贫，久困饥荒。读书明礼者少，鄙吝悍顽者多"⑨。

①　商丘《沈氏家谱》卷1《沈氏族谱序》，民国二十三年本。
②　侯方域：《壮悔堂文集》卷6《郑氏东园记》，北京出版社1998年影印本。
③　商丘《侯氏家乘》卷3《苇村公传》，光绪三十年本。
④　商丘《叶氏家乘》卷3《上雨亭公书》，民国八年本。
⑤　《新中国出土墓志（河南）》下册，文物出版社1994年版，第52—53页。
⑥　同上。
⑦　田兰芳：《逸德轩遗稿》卷3《仄室行略》，康熙二十五年刊本。
⑧　柘城《门楼王氏族谱》，《贤达》，1984年本。
⑨　柘城《门楼王氏族谱》，《柘城王氏族谱序》，1984年本。

缙绅望族衰落的表现之一：土地产业多被隐占。明末战乱之后，缙绅望族的产业多为他人所侵，田地隐占的现象非常普遍。如商丘《叶氏家乘》载："兵燹后，吾郡缙绅多避难江湖间，旧业每为豪所窃占。"[①]又如清初文人田兰芳云："壬午州城陷，巨室大族以流离，故资产多侵于役人。"[②]以商丘八大家之一的刘氏家族为例，明清鼎革之际，刘氏家族的大量屯田长期被他人侵占。根据清初商丘文人刘榛《虚直堂文集》记载：

> 方是时，吾伯父仲兄既死于疫，复死于乱。而藐兹遗孤仅吾五、六人，大者舞象勺，小者负襁褓耳。故彬死，其后得以类我者冒承之，逸居而享非分之利四十年，无遑有过而问者。[③]

刘榛家族即商丘八大家之一的军户家族，其军屯田被占长达四十年之久。

缙绅望族衰落的表现之二：家族人口大量流亡。根据商丘《侯氏家乘》记载："壬午之变，侯氏一门，男子殉难者二十余人，而闺阃之秀不与焉。"[④]睢州汤斌在文集中写道："至壬午，寇陷睢城，家园遂为战场。府君冒险躬舆大母过河朔，往来曹卫、大名之间，颠沛流离……当是时，先母赵恭人已殉寇难……先叔父卒于归德……大母弃世……继有先伯母丧……先伯父病故……先叔子流落曹南。"[⑤]另据康熙《商丘县志》记载，崇祯十五年（1642），李自成陷归德后，尚书周士朴与妻曹氏、妾张氏，子举人周业熙，儿媳沈氏，同日自缢而死。在明末战乱中，柘城王氏族人逃迁者不可胜计。如柘城《王氏族谱》载："族人受害不可胜数，群盗即平，复以黄河泛涨几载，洪水恕息，

---

① 商丘《叶氏家乘》卷 3《荥泽司训公墓志铭》，民国八年本。
② 田兰芳：《逸德轩遗稿》卷 3《陈孺人墓志铭》，康熙二十五年刊本。
③ 刘榛：《虚直堂文集》卷 8《刘氏祭田碑记》，康熙刻本。
④ 商丘《侯氏家乘》，《节烈传二》，光绪三十年本。
⑤ 汤斌：《汤斌集》，中州古籍出版社 2003 年版，第 308 页。

继以荏苒暇逢十有余年，族人不能自保逃于他州县者又不可胜数。"①

缙绅望族衰落的表现之三：家族秩序遭到破坏。在明末战乱中，缙绅望族的人口逃亡流徙，根本无暇顾及家族活动，遂使家谱流失、祭祀废弛、祭田荒没，团结家族组织的各种家族活动一一废弛。在明末战乱中，家谱遗失是较为常见的现象。崇祯十五年（1642），李自成攻陷归德，商丘贾氏家族"三百年来一切祖传古锦翰墨"俱化为灰烬，乱后仅寻得《贾氏谱录》一册尚无恙。②像贾氏家族这样重获家谱的只是幸运的少数，大多数家族的家谱在战乱中遗失。据虞城《刘氏家乘》载：

> 迨明季，水旱交加，盗贼蜂起，中原蹂躏，块土悉为戎马之场，且河岸一带洪水涨决，田禾尽付波流，数年颠沛跋涉，族人不获一刻之安。更遭壬午之变，其离流失所苦不堪言，此天地间一大变局，亦吾族人一大厄运也。当伊时，救死犹恐不赡，奚暇治礼仪哉？因而，家乘失矣。③

又如虞城范氏家族在"明季兵灾，板牒俱失，后之子孙几不知有谱也"④。在生死攸关的战乱之中，祀田会事也大多废弛。例如，柘城王氏家族，"祖茔旧有祀田百亩，明季盗贼群起，族人离散，遂至荒没……无资□妥先灵"⑤。据崇祯十三年（1640）柘城《王氏祀田碑记》载，"祭祀会事废于崇祯之七年"⑥。侯方域在为宁陵《胡氏家乘》作序时云：

---

① 柘城《门楼王氏族谱》，《王氏族谱序》，1984 年本。
② 转引自于志嘉《明清时代军户的家族关系——卫所军户与原籍军户之间》，《中央研究院历史语言研究所集刊》第 74 本第 1 分，2003 年 3 月。
③ 《三祝堂刘氏家乘》卷 1《又南支谱序》，民国五年本。
④ 虞城《范氏族谱》卷 1《范氏续谱旧序》，民国八年本。
⑤ 柘城《门楼王氏族谱》，《府增广公传》，1984 年本。
⑥ 柘城《门楼王氏族谱》，《王氏祀田碑记》，1984 年本。

迄今战争靡已有十世，未填名者不下千数百丁，加以兵燹数惊，不勤会聚，家计日蹙，少攻铅椠，时有偶尔相遇。转为之询其里居，究其姓氏，几何不以一本之亲。埒于行路，而情谊涣散，同宗则莫识同宗，共祖则不知共祖。可慨也！①

团结家族组织的家族活动——废弛，家族关系骤然变得疏远。如清初雪苑名流徐作肃所云："道路无独行之客，虽东西村亦不敢往来……是时，贼来率无不易衣饰匿姓名，亲知相遇皆佯为不识，以冀幸免。"②另据康熙三十六年的墓志铭记："今世师弟子交手，为□泛泛然，视同路人，且有互相嫌怨者。"③再如虞城刘氏家族，明季兵燹后，家乘遗失，"昭穆莫辨，亲情以疏，或将同支为远派，或以宗盟当路人"④。不少家族还在明末清初发生诉讼，面临家族破裂的危机。如商丘贾氏家族，康熙二十三年（1684），归德贾复废游京归来，见宗人多相见而不相识，矢志叙订。不料展卷伊始，即发现谱中"先人诰敕、名公题咏，与长门、二门之世系，前后共少数页"，询之始知在顺治时曾有某门与某门构讼，为乱其宗脉而故意毁坏。⑤

在各种打击之下，明清之际的家族组织远不如明后期团结，族人之间的矛盾日益尖锐，欺辱贫弱者、抢夺族人财产的现象非常普遍。清初文人徐作肃目睹了家族秩序的转变，如其所述：

昔之及见于吾里也，其祖父兄必爱其子，其子弟必亲其祖父兄。不惟是咸谊等□之少长之名称，且有不少借者矣，子弟之见其父兄之友，且有如对其父兄者矣。今则一门之内，争讼者有也，弱则欺之有也，利则夺之有也，有急而反力以挤之有也，初偶行于一家而

① 侯方域：《壮悔堂文集》，《宁陵胡氏家乘》，北京出版社1998年影印本。
② 徐作肃：《偶更堂集》，《孝廉公家传》，上海古籍出版社1982年点校本。
③ 《新中国出土墓志（河南）》下册，文物出版社1994年版，第58—60页。
④ 《三祝堂刘氏家乘》，《初修谱序》，民国五年本。
⑤ 转引自于志嘉《明清时代军户的家族关系——卫所军户与原籍军户之间》，《中央研究院历史语言研究所集刊》第74本第1分，2003年3月。

今且渐而继焉。①

总之，明清鼎革之际，归德府的士绅阶层与缙绅望族逐渐走向了衰败。正如清初商丘文人贾开宗所云：

> 梁园少年游，繁华照闾里，兵戈三十载，淹忽余与尔。②
> 昔日繁华族，亲串无孑遗。转眄流寇崇祯中，蹂躏十室九室空。时约大族赛元夕，此喧彼寂迥不同。迁延厄运壬午春，城破人众多苦辛。空堂繁星为灯炬，城窟犹看鬼火燐。于今鼎革见尧日，中土流亡渐安集。上元依旧放彩灯，当年繁华十无一。③

由前文可知，雪苑社诞生于"人情以放荡为快，世风以侈靡相高"的社会背景。鉴于此，许多文人名士鼓荡起人性解放的潮流，张扬个性、享受人生是晚明文人心态的基本特征。商丘雪苑社的文人名士大多狂傲立世、张扬个性，往往以"狂士"标榜自己，试图以这种方式宣泄对社会风气的不满情绪。在雪苑社全盛时，雪苑社友诗酒唱酬，狂傲立世，"雄踞中州坛坫，南北畏其锋"④。追求特立独行的狂者风度，成为雪苑名流的一种风尚。

雪苑名流中最狂傲不羁的莫过于贾开宗了，贾开宗与张渭、李目被称为"归德三狂士"。贾开宗自幼天资聪颖，博览史籍，负才傲纵不羁，不事生业，当时提学使陈滕凤欲荐他为廪生，享受廪禄，被他拒绝。后来，东平侯刘泽清镇守淮阴，起奏他为翰林院孔目掌书记，贾开宗察其有异，遂不就职，以白衣从军。贾开宗傲纵不羁，狂诞之举很多，"不以儒自命"，除弟子籍，"效阮籍，大醉六十日"⑤。

---

① 徐作肃：《偶更堂集》，《侯氏族谱题词》，上海古籍出版社1982年点校本。
② 贾开宗：《溯园文集》，《寄李馥公太史》，道光八年刊本。
③ 贾开宗：《溯园文集》，《上元篇》，道光八年刊本。
④ 徐作肃：《偶更堂集》，《本传》，上海古籍出版社1982年点校本。
⑤ 徐作肃：《偶更堂集》，《贾静子墓志铭》，上海古籍出版社1982年点校本。

贾开宗接受李贽的反道学思想，尽情毁弃八股文，蔑视礼法纲常。贾开宗特立独行的行为集中体现了明末雪苑名流狂傲立世的风格。

明末乱世之后，许多缙绅望族不可避免地衰落了，文人名士也惨遭杀害。雪苑社友徐作霖、吴伯裔、吴伯胤、刘伯愚被杀，侯方域随家人北渡黄河，避乱曹南，后移居南京。贾开宗无不伤感地说："忽遭丧乱，流寇沦陷中州，子女凡五三死于寇……社友相继死去，追忆昔游，恍惚如梦。"① 侯方域也在文集中写道："壬午岁，中州即大被寇难屠戮，梁园名士几尽，制科事亦不行，自是以后，风流凋丧，南北声问阻绝不通者数年。"② 社会权力结构的瓦解与明清易代的政变使许多出身缙绅望族的子弟不堪回首，缙绅望族大量衰落的事实反映在思想上就是清初归隐思想的盛行。

与明末的狂傲立世相比，清初许多士子转向归隐。如归德狂士贾开宗归隐田间，"村里有薄田，避人学躬耕"，"昔日繁华族，亲串无孑遗。将无太满盈，或招天道亏。勉之妻与孥，田家得吾师"③。归德的另一名狂士张渭（永城彭城侯张麒的九世孙），在明末战乱中合家遭难，张渭遂躲至浙江天台山隐居，后返乡归隐，其主要著作《颜子释》的主旨都归佛理，主张通过静坐默想领会佛理，"借儒讲佛"④。此外，还有不少士绅选择了归隐田间的生活。如徐作肃"自兵火以来，躬耕于宋之南"。刘三蔚"尝隐居南村，疏篱竹径，焚香吟咏"⑤。赵彦公"名闻海内，有欲荐之于朝者，而彦公杜门高卧，缙绅大夫惠顾者无所报谢，以此落落而归"⑥。彭尧谕在甲申之后，"惟日与家季父为田园之乐，商农圃诸事……艺花种竹。寄意诗酒"⑦。再如张昉，顺治乙酉（1645）三月，"豫王下河南，明年即举会试，先生弃不就。

---

① 贾开宗：《溯园文集》卷1《序》，道光八年刊本。
② 徐作肃：《偶更堂集》，《雪苑六子社序》，上海古籍出版社1982年点校本。
③ 贾开宗：《溯园文集》，《贾静子先生诗集》，道光八年刊本。
④ 李广瑞：《宋州古今学人》，新华出版社1989年版，第168页。
⑤ 汤斌：《汤斌集》上卷《〈刘三蔚诗〉序》，中州古籍出版社2003年版，第101页。
⑥ 汤斌：《汤斌集》上卷《〈松青堂集〉序》，中州古籍出版社2003年版，第125页。
⑦ 夏邑《彭氏大族谱》，《别驾君宣公行实》，1996年本，第148页。

所居负河田，皆斥卤且仅赢百亩，终岁衣食多不充，败屋数椽常侵风雨中。……四十年不入城市，虽故人概不相通"①。

清初归隐思想最明显的表现是"平台五隐社"的成立。"平台五隐社"是清初商丘著名的文人诗社，主要由商丘叶廷桂的侄子联合同郡名士组成。据商丘《叶氏家乘》载，叶廷桂的兄弟叶廷植有二子，子一叶元澍，子二叶元溥，二子"并有盛名，每遇试，兄弟俱前列，一时人有'叶氏二难'之称"②。叶元澍兄弟俩与"与郡之名贤田子作泽，李子上林，陈子明威辈结社平台，交相砥砺"③，这就是当地著名的"平台五隐社"。

经过战乱的重创，文人的思想受到冲击，诗风也发生了重大转变。贾开宗曾云："数年以来，兵戈流离，忽而死别，忽而生离，殊可感也。"④曾经狂傲不羁的贾开宗，亲身经历了生死存亡之后，开始追随杜甫的现实主义诗风。如其所说："吾少时读杜甫诗，私怪其慷慨悲愤，何其激邪，及读三百篇变雅诸什，始知遭时之乱，触目伤心，不能自己于言也。"⑤睢州赵震元寇变后返乡，"其诗悲壮萧凉"⑥。曾经狂傲立世的侯方域认为，明末家运、国运的衰败与诗风密切相关，于是"侯子十年前尝出为整丽之作，而近乃大毁其向文"⑦。侯方域的文学风格由"狂"到"悔"的转变，恰恰反映了明清之际归德社会结构的重大变迁。

---

① 田兰芳：《逸德轩遗稿》，《宋五先生传》，康熙二十五年刊本。

② 商丘《叶氏家乘》卷3《荥泽司训公墓志铭》，民国八年本。

③ 同上。

④ 贾开宗：《溯园文集》卷1《序·郭子诗序》，道光八年刊本。

⑤ 贾开宗：《溯园文集》卷1《序·贾子诗序》，道光八年刊本。

⑥ 汤斌：《汤斌集》，中州古籍出版社2003年版，第280页。

⑦ 徐作肃：《偶更堂集》，《壮悔堂文集序》，上海古籍出版社1982年点校本。

第八章　清初地方社会的重建与转向

在清初地方社会的重建过程中,归德府的缙绅望族试图卷土重来,继续维持士绅阶层的地域支配体制。然而,顺治康熙年间,河南省的租税苛刻,供应繁杂,民间社会并没有真正恢复明代的活力,再加上雍正年间实行的社会改革,剥夺了士绅阶层的各种特权,遂使归德府的缙绅望族日趋衰败。本章着重论述清前期归德府缙绅望族的没落与士绅支配体制的解体过程。

第一节　清初地方社会的重建

在清初地方社会的重建过程中,不少士绅和望族通过重新占有土地、传播理学思想、进行宗族建设等途径,试图恢复明代的地域支配地位。

一　缙绅望族的土地占有

明末战乱之后,缙绅望族的产业多为他人所侵,田地隐占的现象非常普遍。如商丘《叶氏家乘》载:"兵燹后,吾郡缙绅多避难江湖间,旧业每为豪所窃占。"[①] 又如田兰芳《逸德轩遗稿》载:"壬午州城陷,巨室大族以流离,故资产多侵于役人。"[②] 清初,不少士绅和望族重返

---

① 商丘《叶氏家乘》卷3《荥泽司训公墓志铭》,民国八年本。
② 田兰芳:《逸德轩遗稿》卷3《陈孺人墓志铭》,康熙二十五年刊本。

家乡，试图恢复明代的地域支配地位。下面以商丘朱氏家族为例，描述明清之际归德望族重获土地的种种努力。根据商丘《朱氏家乘》记载：

> 庚辰（1640），闯贼屯兵夏（邑）、永（城），分众四掠，震动归群。先生（朱煦，和裕公）率合族数十人将茔碑掩埋五里之外，坟墓去土三尺，复率合族人等避兵河朔，于魏家而寄居。为居无何，乃买宗侄斌庄西，买李姓空宅地十五亩，宽长各六十弓，井半眼，西与李庄相毗连。先生喜曰：可以容□矣。于是建房数十间，以为栖身之所。复建一所于门左，携子弟读书其中。
>
> （朱煦）好才乐士，如陈子子厚，蒋子梅轩，魏子子野，张子映辰，袁子桐齐，郭子汉三，田子松岭，皆被容，接□若子弟，因是与参政、元儒、蓝先兄弟登堂互拜，歃血定盟，若一同胞然。盟曰：朱、陈、蒋、魏、张、袁、郭、田兄弟十人结为金兰，许若同胞，世世皆然，关张重出，管鲍生为。子子孙孙，毋得相残，如背此盟，神明电□。因于魏楼，两公置义田二十九亩三分，每逢朔望，掩骨于此，以免暴露。即此可以见诸公之仁矣。
>
> 甲申（1644）春，郭子丁内外艰来求赙，二君出百金以赠。明年为顺治乙酉（1645），郭子云止，其妻李氏复来求赙，二君出五十金助葬。为秋，李氏携其三子言于二君曰：两助丧葬，君之惠也，未止人刻铭于心，今将外出，庄前有地四十五亩，出券付君以答助丧之恩也。二君视之，乃郭魏公买李氏之田九十亩，此其半为君也，二君固辞。氏曰：此先子之志，氏弗敢忘。二君乃允复出银二十两翼赠闵。数载，戊子（1648）参政君举于乡，明年己丑（1649）选授太平府通判。元儒君亦令青城，皆清忠廉谨，有古循吏风。甲午（1654），参政君丁内艰，扶梓归权厝于祖茔之侧眼，阕补衢州府通判，临行以纹银二百两付蓝生君，而□之曰：圣母行祠，子其代为建立，以答神休。又于步道东买魏子野三分公地三十九亩，以养僧道且子也，家贫亲老瓶罄垒耻负米不能俸檄不为身世之际恫乎。吾兄弟现有膏腴之田百余顷，元儒现有膏

田四千亩，力皆足以养之矣。庄西茔地二十亩，乃与郭林相毗连，郭氏先茔十八亩无人耕种，□皆荒芜，切毋侵占分毫，以伤同盟之义。庄前有地四十五亩，并宅基地十五亩，皆作叔父养身之用。蓝生谢曰，宅第之赐，所以养二老也，敢不拜嘉矣，亲没后完璧归赵。参政君伯仲以忠原待人大率类此。[①]

通过商丘朱氏家族的例子可以看出，在明清鼎革之际，朱氏家族通过移居他地、买田置业、联合诸姓及教育子孙等多种策略，尤其是通过兼并一些没落家族的财产，重新获得大量土地。

朱氏家族是由明初的军事权贵发展起来的缙绅望族，由前文可知，还有很多缙绅望族是由卫所军户发展起来的，所以，我们还需考察清初军户家族的土地占有情况。入清以来，国家规定裁撤卫所，大量军户变为民户，屯田也并入各州县管理。在这种背景下，很多军户通过各种方式重新获得屯田。下面以刘氏家族为例加以说明，根据刘榛《虚直堂文集》记载：

吾家戍集也，故明之处，削平海内，论血战之功，大者封，小者赏，山砺河带享分土，而及苗裔，即凡执殳荷戈之士，亦无不有百亩之敷锡者。故是时去桐柏之籍，隶商丘之伍。有为吾之始祖者，受田于阏伯台右，盖三百载之先畴矣。是田也，属于卫古屯法也，无事则耕而食，有事则行役焉。顾数传而后家多为士，耻列行间，尝委其田于贫无业者。族兄彬实身其劳，食其利者也。清兴，罢故卫为民。方是时，吾伯父仲兄既死于疫，复死于乱，而藐兹遗孤仅吾五六人，大者舞象勺，小者负襁褓耳。故彬死，其后得以类我者冒承之，逸居而享非分之利四十年，无遄有过而问者。先是兄子劝倡敬享之约，未几断，予续之，然终不能保其

---

① 商丘《朱氏家乘》卷首《皇清诰赠奉政大夫陕西延安府同知崇祯己巳（1629）息科贡生和裕先生墓志铭》，1985年本。

常也。乃进族人而谋曰：彼久假者，非吾祖宗沐雨栉风出万死一生之业乎？吾后人家殷户厚，无非始基于此，而旁落焉，伤矣。夫欲若熬氏之鬼永无馁而之叹者其惟此为烝尝之具哉。众皆曰然，因索故物而复之，正疆界，立庐舍，于是始为刘氏祭田云。嗟夫，往者谢，来者代，时迁物换，三百载之变故多矣，存亡兴废之嬗，有不止于尺土之莫存者，而我疆我理犁然如故，可不谓祖宗之灵□式凭乎，子子孙孙庶几择贤而司之，岁时伏腊，世羞馈祀，慎无公割私据，干在天不孝之诛也。则刘氏之泽长矣。①

由上可知，明清鼎革之际，很多军户在祸乱中丧生，大量军屯遂成为无主田地，商丘刘氏家族的军屯田被占时间长达四十年之久。在罢卫为民的情况下，刘氏家族的成员联合起来，展开了追回被占屯田的努力，并把追回的屯田变为祭田祭祀祖宗，成为清代军户家族发展的基础。朱氏、刘氏两个家族的个案应该不是例外，反映了清初缙绅望族为了重新占有土地所做的种种努力。

二　士绅阶层的理学思想

清前期归德府的科举事业仍然较为发达。据《商丘地区志》载，自顺治三年（1646）至乾隆三十六年（1771），共举办科举50科，全区中进士者170人，占全省中进士人数917人的18.5%，科科有人得中，最多时1科中12人。②又据民国《夏邑县志》载："自明至清中叶，文风甚盛。观选举表，乡试有同科七八人者，会试亦三四人不等。"③另据乾隆《归德府志》载："讫于本朝，科第人文号称极盛。归德一郡，尤为中州诗书之薮，礼让之园，儒林文苑，磊落相望，宁第题名蕊榜照耀寰区已哉！"④可见，经历了明末动乱的短暂低落之后，清前期归

---

① 刘榛：《虚直堂文集》卷8《刘氏祭田碑记》，清康熙刻本。
② 《商丘地区志》下卷，生活·读书·新知三联书店1996年版，第1338页。
③ 民国《夏邑县志》卷1《地理志·士习》，中州古籍出版社1990年点校本。
④ 乾隆《归德府志》卷6《选举表一》，中州古籍出版社1994年标点本，第209页。

德府的科举事业再度蓬勃发展起来。

表8—1　　　　　　　　　　清代归德府进士一览

地区＼年代	顺治	康熙	雍正	乾隆	嘉庆	道光	咸丰	同治	光绪	宣统	合计
商丘	6	15	3	9	7	6	3	3	2	0	54
宁陵	7	3	1	1	1	2	0	0	2	0	17
鹿邑	3	4	0	6	0	0	0	0	0	0	13
夏邑	5	4	5	18	2	2	1	1	1	0	39
永城	9	13	1	5	1	1	0	1	1	0	32
虞城	3	7	2	1	0	0	0	0	0	0	13
睢州	17	25	5	11	1	1	1	2	1	0	64
柘城	2	11	0	2	0	0	0	0	0	0	15
考城	2	1	0	0	0	0	0	0	2	0	7
合计	57	77	16	50	12	12	5	7	9	0	254

资料来源：乾隆《归德府志》，1980年商丘地区文化局与商丘地区文物管理委员会翻印本。

随着科举事业的发展，归德府成为中州理学思想的重要学术阵地。睢州汤斌是中州理学思想的重要代表人物，如光绪《睢州志》载："中州理学至文正（汤斌）集其成。"[①]汤斌的门人窦克勤（柘城人）及好友（田兰芳）也是著名的理学家。田兰芳还有商丘刘榛、郑廉号称"宋郡三茂才"。这一时期睢州的理学思想达到一个高峰，清人王忻来到睢州，读前人汤斌、田兰芳等人的著作后，不禁感慨道："中州扶舆清淑之气，其钟于睢为独隆。"[②]

在这些理学大家的影响下，信奉理学思想的地方士绅逐渐增多。雪苑社的一些社友逐渐认识到理学思想的重要性，正如雪苑名流徐作

---

① 光绪《睢州志》卷6《人物志·正学增》，中州古籍出版社1990年版点校本。

② 光绪《睢州志》卷10《艺文志·浮香阁诗集序》，中州古籍出版社1990年版点校本。

肃所说："雪苑人文之盛，岂无致专于濂洛之学，以阐发乎心性之微者乎，当不徒文章之藻丽也。"①在理学高涨的社会背景下，徐邻唐放弃文学而改从理学研究，并讲学授徒。夏邑彭舜龄（顺治六年进士）一生熟读《礼》，精于理学，"至今里中明经修行之士得力于舜龄居多"②。可见，清前期的理学思想逐渐成为一种被社会普遍认可的主流思潮。

为了更好地宣讲理学思想，清初的理学家通过书院讲读的方式传播理学思想。清初书院由于受明人讲学的牵累，并不为学人和朝廷所鼓励。但是，河南的一些书院则以阐扬正学为己任，在辅治教化、移风易俗的名义下，实际上陆续得到恢复和重建。如汤斌所云："中州讲学者有仪封张伯行、柘城窦克勤、上蔡张沐等，皆与（汤）斌、（耿）介同时。"③其中，理学名臣汤斌、窦克勤辈均热衷倡建书院，施行教化。汤斌在出仕前即与同志立志学会，效仿冯从吾关中书院会约，订立志学会约，建绘川书院，宣称："所讲以身心性命纲常伦理为主，其书以四书、五经、孝经、小学、濂、洛、关、闽、金溪、河东、姚江诸大儒语录及通鉴纲目、大学衍义等书为主。"④睢州洛学书院遂成为汤斌专门讲学之所。此外，睢州田兰芳和柘城窦克勤也通过讲学方式传播理学思想，田兰芳"以名诸生教授梁宋间，学者宗之"，柘城窦氏家族创办朱阳书院，"三世讲学"⑤。可见，清前期归德府成为传播中州理学的重要学术阵地。

清前期归德士绅广泛传播理学思想，除了强化理学的正统地位之外，更重要的是显示自身的社会政治地位，试图恢复士绅和望族的支配体制，重振中州的文明礼义。随着理学思想的高涨，归德府出现了

---

① 徐作肃：《偶更堂集》，《四书正序》，上海古籍出版社 1982 年点校本。

② 民国《夏邑县志》卷 6《人物志》，中州古籍出版社 1990 年点校本。

③ 汤斌：《汤斌集》下册，中州古籍出版 2003 年版，第 1876 页。

④ 汤斌：《汤文正公全集》，《志学会约》，《近代中国史料丛刊》第 92 辑，文海出版社有限公司 1973 年版。

⑤ 乾隆《归德府志》卷 12《建置略中·胡介祉朱阳书院记》，中州古籍出版社 1994 年标点本，第 429 页。

一些以传播理学为己任的理学世家和教育世家，其中最著名的就是柘城窦氏家族。

清初，睢州汤斌、嵩阳耿介、苏门孙夏峰等理学大师皆以道为己任，讲学于世，窦大任就在汴水之东的柘城讲学，和他们相呼应，一时负笈从游者数百人，并命长子窦克勤到耿介、汤斌那里去游学。窦克勤曾三主朱阳书院，与耿介为忘年交，六年五过嵩阳书院。康熙二十七年（1688），窦克勤中进士，后因祖母去世而服丧回籍，开始兴建朱阳书院。服丧期主书院不久，即补原官，书院交仲弟窦振起主之。康熙三十三年（1694），窦克勤授翰林院检讨，遂请假归，再主朱阳书院，此时"生徒云集，日讲学课艺，无再出之意"。后在父亲的督促下，窦克勤才入仕途，不久又以疾告休，第三次主朱阳书院，"矢意不出矣！殚力书院为经久之计，四方慕书院者竞相馈遗，规恢益广"①。嗣后，窦氏家族中的窦克让（廪贡生）和窦容邃也主持过朱阳书院，其中窦容邃归里后，在朱阳书院讲席四十年。窦氏家族"三世讲学"，以家庭传承为特征，以私家书院为办学形式，传播和普及宋明理学，重振中州之文明礼义。朱阳书院从康熙中期至乾隆初年，先后兴盛六十余年，对当时的中原影响很大，正如汤斌所说："中州自夏峰、嵩阳外，朱阳学者称盛。"②

三 宗族建设与社会规范

明末动乱之后，清初归德府的宗族与社区迫切需要重建，理学思想的高涨为宗族建设提供了思想准备。理学家田兰芳、李当阳、窦克勤等，积极参与清初归德府宗族重建工作，为许多家谱作序，体现出对宗族建设的关心。如睢州田兰芳对李当阳家法给予高度评价，据光绪《睢州志》中的《李当阳传》载：

　　亲戚来谒，虽村竖野老无不尽其欢洽，叩家有无，而备为之

---

① 光绪《柘城县志》卷4《人物志二》，清光绪二十二年刊本。
② 汤斌：《汤斌集》下册，中州古籍出版2003年版，第1912页。

虑生业。事叔父如父事。诸兄极爱敬之诚。门内严肃，子弟终日束带，虽成人循循然诵读者有程，不敢翔步扬言，以先长者。蒲博丝竹之物不设诸庭。幸舍无宴会，无饮食流湎，男女杂沓。一时推当阳家法焉。①

康熙三十五年（1696），柘城王氏第十代族人素石先生（王三槐的孙子）纂修族谱。柘城窦克勤为其作序云：

> 程子曰：管摄天人心，收宗族厚风俗，使人不忘本，须是明谱系，收宗族，立宗子。法噫谱系与世族宗法并重，彼天道之流行，万物之资始，人类之蕃衍，彝伦之攸叙，具可按图而得。其众所关岂直一家私乘已哉，诚使人人明本支，百世之义，尊祖敬宗，类族辨物，正名定分，笃恩洽情，此大顺大化，灾害不生，祸乱不作之道也。②

可见，以理学思想为指导的归德士绅，试图用正统儒家理念和理学思想，重建宗族秩序与社会规范。

通过前文刘氏家族的例子可以看出，宗族建设对于清初军户家族的延续具有非常重要的作用。其实，宗族建设是清前期归德望族的一种普遍行为，或者说是他们试图维持社会地位的一种非常重要的策略。如商丘朱氏家族几乎没有间断地进行家族建设。朱式金（1644—1703）"承父命，偕弟家居，独理家政，诸凡婚姻嫁娶、应酬往来，靡不井井有条"③。另外，朱式金又率合族置祭田。④朱式金的儿子朱思贤，仿效其祖父与父亲，绘世系总图，编纂家谱。⑤朱思贤的儿子朱

---

① 光绪《睢州志》卷10《艺文志·李当阳传》，中州古籍出版社1990年版点校本。
② 窦克勤：《王氏族谱序》，柘城《门楼王氏族谱》卷6，1984年本。
③ 《贡九公传》，商丘《朱氏家乘》卷11，1985年本。
④ 侯明：《朱氏祭田记》，商丘《朱氏家乘》卷11，1985年本。
⑤ 《企服公传》，商丘《朱氏家乘》卷11，1985年本。

国标（1722—1787）也积极捐资祭祀，且"躬居族长，族人畏服"[①]。清初，柘城王氏家族也积极进行家族建设，据柘城《王氏族谱》记载：

> （王由，王三槐的孙子，庠生）究心理学，多有著作，笃于孝友，每遇祭扫，念及追远，纠合族人，于康熙九年（1670）分为数会，至十月朔各携祖考神主配享，于始祖测祭毕享其祭，余效恩贡公（三捷）睦族之旧制。[②]

在这些家族之中，商丘宋氏的宗族建设最为成功，下面以商丘宋氏家族为例，说明宗族建设对维持望族地位的重要作用。

商丘宋氏家族是商丘八大家中延续时间最长、势力最强大的家族，宋氏家族的长期繁盛与其进行的宗族建设密不可分。入清以来，商丘宋氏的宗族建设一直没有中断过，从家谱的修订与完善到祭祀的恢复与正常。修家谱是重建家族的重要手段，正如宋荦在《商丘侯氏家乘》中所讲："自世不古处，箕竹德色，阋墙操戈，皆由尊爱敬之道微，而风俗之偷，遂日甚不有宗族之望，立谱牒以垂劝惩。"[③]宋权曾试图把父亲宋沾创修的家谱"辑为二卷，未竟"。之后，宋荦继承父志，重修家乘，订为十四卷。此次修谱，宋荦首先把宸章、诰命、诰敕、谕祭等放在卷首，其次按照祖父宋沾福山公的体例编修谱系，"断自处士公为始祖，纪其可知者也，分支别派，水木思深矣"[④]。

宋氏家族还特别重视家族教育，家族教育是影响家族盛衰的重要因素。对于商丘沈氏和宋氏两个家族走向截然不同的命运，清初刑部尚书王士祯曾借用沈鲤的话解释道："吾乡宋粟庵太宰纁家法可敬，彼方当贵盛，吾家不及也。顷粟庵生日，吾预其家宴，座中子弟数十人，不闻

---

① 《容万公传》，商丘《朱氏家乘》卷11，1985年本。
② 柘城《门楼王氏族谱》卷7《贤达》，1984年本。
③ 商丘《侯氏家乘》，《商丘侯氏家乘》，光绪三十年本。
④ 商丘《宋氏族谱》，《凡例》，民国五年本。

饮啖声。"① 与之相比，沈氏家族的子弟在沈鲤的寿辰宴会上"饮啖不顾长者，家法如此，是以知其衰也耳"。王士祯后来总结道："后沈再传，遂不振，而宋庄敏公从孙文康公权位宰相，文康长子中丞荦今为江苏巡抚。"② 可见，在王士祯看来，家族教育是影响家族盛衰的重要因素。

商丘宋氏家族的宗族建设对于维持其望族地位具有非常重要的作用，因而，许多家族为了恢复其望族地位，积极效仿宋氏家族。如商丘侯氏家族在顺治元年（1644）修家谱，不仅让商丘宋荦为之作序，而且完全依照宋氏家谱的谱例编修家谱，"五世一图依君家文康公谱例也"③。再如商丘蒋氏家族，"凡六例多本宋谱"，其中，"旧谱书名书字书配书子于表图内，未及生卒茔兆，今从同邑宋公牧仲先生，仿欧阳修公式每五世画一图，以名字生卒等项，循次书其后，各为一条"④。可见，宋氏家族确实影响了清初许多家族的重建工作。

清初的士绅阶层重返家园后，通过各种手段重新占有大量土地，并在传播理学和宗族建设方面发挥重要作用，努力恢复明代的地域支配地位。但是，随着国家力量的增强，地方官员在公共事务中的作用明显上升，士绅阶层参与地方事务的范围远不及明代广泛而深入，士绅支配体制也难以得到恢复。

首先，在慈善救济事务上，地方官员积极介入。例如，康熙三十一年（1692），虞城县知县建常平仓，其后，知县相继增建；康熙三十二年（1693），商丘县知县周宗义增建预备新仓廒房九间，康熙三十三年（1694），又建常平新仓廒房二十九间；雍正二年（1724），鹿邑县知县始立社仓，凡二十处，皆借民房，贮劝捐谷。⑤ 由于国家力量的强大，清前期归德府的仓储得以长期维持。如乾隆《归德府志》所载："仓储

---

① 王士祯：《池北偶谈》，中华书局 1982 年版。
② 同上。
③ 商丘《侯氏家乘》，《商丘侯氏家乘序》，光绪三十年本。
④ 商丘《蒋氏族谱》卷 1《谱例》，光绪五年本。
⑤ 乾隆《归德府志》卷 13《建置略下·仓库》，中州古籍出版社 1994 年标点本，第 441—442 页。

之设，公私兼济，凡在有司，咸能留意。"① 除了仓储之外，清代地方政府还广建广济院、育婴堂、养济院等慈善救济组织。据有关学者研究，河南是清政府蠲免最多的省份之一。② 正因为国家较多地介入慈善救济事务，归德民众逐渐养成了依靠国家赈济的习惯。如乾隆《归德府志》载："小民年年望赈，风俗亦渐习刁疲矣……永城之民颇有藉名求赈之恶习。"③ 可见，清前期国家在地方救济事业中发挥着重要作用。

其次，在水利事务上，官方力量逐渐增强。例如，康熙二十四年（1685），睢州太守马士英筑堤御灾；康熙二十九年（1690），虞城知县李仲极重浚虞城惠民沟，此沟乃明万历年间杨东明和知县王纳言开浚；同年，李仲极又在县东二里建永济桥；康熙三十四年（1695），虞城通判郑维正在黄固坝旧堤南筑月堤一千余丈。④ 康熙年间，永城知县周正纪认为，永城境内的河患问题"始于沟渠之不通，亦由桥梁之多废"，于是，周正纪"疏泄利导……既力行之，且刊石示鉴矣"⑤。康熙二十四年（1685），永城知县李华春又建广济桥、广利桥等。⑥

与地方官员积极参与地方事务相比，归德士绅较少参与地方事务，这与其秉承的官方哲学密切相关。与吕坤过分地"爱民""养民"相比，汤斌过分强调"忠君"，其"爱民"思想的火焰暗淡了许多。汤斌被称为"天下文官祖，三代帝王师"⑦，其理学思想与清初统治者的理学思想密切相关。清初统治者大力提倡理学，尤其是康熙选择把程朱理学作为清朝的官方哲学和统治思想，汤斌的理学思想仰承帝王意志、树立官方哲学的成分居多，能够以讲明正学而受到朝廷褒奖，致身显

---

① 乾隆《归德府志》卷13《建置略下·仓库》，中州古籍出版社1994年标点本，第444页。

② 李向军：《清代救灾的制度建设与社会效果》，《历史研究》1995年第5期。

③ 乾隆《归德府志》卷15《水利略二·总境水势》，中州古籍出版社1994年标点本，第465页。

④ 光绪《虞城县志》卷2《桥梁》，虞城县志编纂委员会1996年整理本，第35页。

⑤ 光绪《永城县志》卷5《建置志·桥梁》，清光绪二十九年刻本。

⑥ 同上。

⑦ 汤斌：《汤斌集》上册，中州古籍出版2003年版，第14页。

贵，因此深得康熙信任，被尊为"理学名臣"。以汤斌为代表的理学思想是典型的官方哲学，过分"忠君"的倾向必然会制约归德士绅的地方实践，汤斌等人不太可能像吕坤那样进行很多创造性的社会改革。与明后期相比，清前期归德士绅参与地方事务的范围较窄。如睢州田兰芳"足不出闾里之间"，睢州知州马士英在康熙三十一（1692）年为其文集作序时所云："余治睢既四年，始得以礼见先生……谓余之长此也，不肯曰与余近。"① 明后期初露光彩的实学思潮，由于缺乏成长的土壤，未能得到进一步的发育，以汤斌为首的官方哲学偏离了以吕坤为代表的实学思想。

在清初地方社会重建的过程中，能够复兴的家族只是其中一部分，同时又有一些新的望族崛起，地方权势经历着新旧交替的过程。如表8—2所示：

表 8—2　　　　清顺治至乾隆年间归德府各州县进士的宗族分布情况

州县	数量	家族分布情况
睢州	40	袁（7）、王（7）、褚（5）、杨（4）、刘（3）、李（2）、赵（2）、杜（1）、马（1）、汤（1）、崔（1）、张（1）、唐（1）、季（1）、卢（1）、吴（1）、蒋（1）
商丘县	22	宋（5）、张（3）、李（3）、侯（2）、叶（1）、袁（1）、葛（1）、陆（1）、马（1）、贾（1）、陈（1）、郭（1）、纪（1）
永城县	21	李（5）、丁（3）胡（2）、刘（2）、傅（1）、武（1）、龚（1）、蒋（1）、吕（1）、王（1）、乔（1）、赵（1）、陈（1）
夏邑县	19	李（5）、彭（3）、张（3）、崔（1）、郭（1）、王（1）、牛（1）、刘（1）、曹（1）、程（1）、孟（1）
柘城县	14	王（3）、李（3）、窦（2）、高（2）、周（2）、袁（1）、张（1）
虞城县	14	刘（2）、耿（2）、葛（2）、孙（1）、张（1）、胡（1）、范（1）、阎（1）、邹（1）、孔（1）、蔡（1）
宁陵县	11	吕（4）、张（1）、吴（1）、殷（1）、胡（1）、李（1）、高（1）、乔（1）
鹿邑县	7	梁（1）、杨（1）、狄（1）、张（1）、薛（1）、丁（1）、黄（1）

---

① 田兰芳：《逸德轩遗稿》，《序》，康熙二十五年刊本。

续表

州县	数量	家族分布情况
考城县	3	周（1）、王（1）、陈（1）
总计	151	

资料来源：乾隆《归德府志》，1980 年商丘地区文化局与商丘地区文物管理委员会翻印本。

由表 8—2 可知，清顺治至乾隆时期，归德府的进士分布相对于明代而言较为分散，不再仅局限在几个缙绅望族之中，即使个别家族的科举业较为发达，它们已不全是明代的那些缙绅望族了。

由表 8—3、表 8—4 可知，在清初地方社会重建的过程中，即使有一些延续下来的望族和新崛起的望族，但已不再是明代望族的整体延续，也不可能像明代那样占据地域支配地位，而是处于一种新旧交替的转变过程。

表 8—3 　　　　清前期归德望族（明代延续）的进士举人一览

地方望族	清前期归德望族的进士举人	资料出处
商丘宋氏	5 名进士，15 名举人，最高官至吏部尚书，"自明我庄敏公（宋纁）起家于前，福山公（宋沾）、文康公（宋权）、少师公（宋荦）济美于后，丰功骏烈，炳耀寰区，甲第联镳，后先辉映"	商丘《宋氏家乘》卷首《续修家乘序》
睢州汤氏	汤斌，顺治九年进士，官至江苏巡抚、礼部尚书、工部尚书等，被称为"天下文官祖，三代帝王师"	睢州《叶氏家乘》卷1
夏邑彭氏	3 名进士，1 名举人，最高官至江西藩司、湖北巡抚等，贤卿名宦辈出	民国《夏邑县志》卷6《人物志》
永城王氏	1 名进士，1 名举人，其中王连瑛官礼科给事中，王连瑛和其弟王连琨有文名，"时称王氏二难"，王连瑛的两个孙子，一为青州同知，一为内阁中书	光绪《永城县志》卷23《人物志·文苑》、卷20《人物志·仕迹》
永城李氏	4 名进士，2 名举人，高官至吏部员外郎、温州府知府等，其中，李汝霖和李汝懋兄弟在康熙丙子年同举于乡闱，号称"李氏二难"，李玉章和李洗心兄弟在乾隆丙子（1756）同举于乡，县令表其门间曰"双凤齐鸣"	光绪《永城县志》卷20《人物志·仕迹》

续表

地方望族	清前期归德望族的进士举人	资料出处
虞城刘氏	1名进士、1名举人，3名武举，"人文蔚起，而家声于是乎丕振。……吾族至今日功名亦云盛矣……科第连绵，簪缨累世，一时富甲宋北，环丁镇四塞，大率皆八门业也，可不谓多富乎"	《三祝堂刘氏家乘》卷1《跋》、《刘氏东迁序》、《三祝堂说》

表8—4　　　　清前期归德望族（清代崛起）的进士举人一览

地方望族	清前期归德望族的进士举人	资料出处
柘城窦氏	2名进士，3名举人，1名武举，官至选翰林院庶吉士、内阁中书、工部主事、兵部主事。此外，窦容恂的五个儿子窦绖、窦绹等皆贤达，时谓"燕山五桂"，"邑中称德门者必首窦氏"	光绪《柘城县志》卷4《人物志》
商丘陈氏	兄弟双御史，祖孙四代四翰林	康熙《商丘县志》卷9《贤达》、卷10《卓行》
虞城耿氏	3名进士，3名举人	光绪《虞城县志》卷6《人物志》
考城马氏	3名武进士，5名武举人	《葵邱姓氏古今》第一期，1997年版
夏邑程氏	"科第不绝"，"履仕版举甲乙科与明经选代有其人，以文学见称博士弟子指不可胜屈"	民国《夏邑县志》卷6《人物志·宦迹》、郭善邻《春山先生文集》卷1《程氏族谱序》

第二节　雍正年间的社会改革

雍正年间，河南巡抚田文镜采取了"摊丁入亩""抑制绅权"的社会改革，进一步剥夺了缙绅望族的各种特权，彻底摧毁了士绅阶层的地域支配体制。

一　"摊丁入亩"

由前文可知，由于河患频仍和土地兼并问题，归德府的赋役不均问题非常突出。明代的军事权贵和士绅阶层，就是通过转嫁粮役这一手段，占据地域支配地位的。因而，在军事权贵和士绅的支配体制之下，无论是"通均地粮"还是"一条鞭法"的赋役改革都不彻底，赋役不均的问题在归德府长期存在。直至清顺治年间，归德府的赋役不均问题依然十分严重。据载：

> 顺治庚子（1660）、辛丑（1661）间，一时奸胥挪移影射，巧者脱漏，拙者摊赔，故有悬地挤地之目，悬者虚税，挤者短亩，人户已有不均之叹。继复霪霖害稼，加以河决瓠子，而夫柳并兴，则役而赋矣。云帆滞转，而临德兼运，斯又赋而役焉。①

雍正年间，河南巡抚田文镜采取"摊丁入亩"赋役改革，试图解决赋役不均的问题。根据田文镜《抚豫宣化录》记载：

> 该臣看得：豫省丁银不随地派，民间苦乐实属不均。臣前在布政使任时已经通查详议，因各州县纷纷议详不一，屡经驳查。及蒙圣恩简畀巡抚之后，节次严催。兹布政使费金吾详称：丁粮同属朝廷正供，派之于人与摊之于地均属可行。然与其派在人而多贫民之累，孰若摊在地而使赋役之平？况盛世人丁，永不加赋之数，按地均输，更易为力。查各属人丁多寡不等，今就一邑之丁粮均摊于本邑地粮之内。无论绅衿富户，不分等则，一例输将……如此则地多之家力能输纳，而无地之民得免光丁之累矣……再：查太康、汝阳、正阳、新蔡、信阳、罗山、许州、郾城、光山、光州、息县、商城等十二州县，虽系按地收丁，然丁粮仍分则等，终难避重就轻、躲闪偏枯之弊。今应与各属一体按粮均摊。以昭划一，以垂永久。统于雍正五年为始，摊入地粮之内收纳。②

---

① 乾隆《归德府志》卷18《赋税略上·征赋》，中州古籍出版社1994年标点本，第519—520页。

② 田文镜：《抚豫宣化录》卷2《题豫省丁随地派》，《四库全书存目丛书》史部69册，齐鲁书社1997年影印本。

田文镜认为，丁银按人征收造成民间苦乐不均，不若将每县原来的人丁税的总额平均在全县的地亩中，通过随地派丁银来达到平均赋役的目的。不管纳粮户是否为绅襟富户，一律按地亩增纳丁银，"就一邑丁粮均摊于本邑地粮之内。无论绅衿富户，不分等则，一例输将"。这样一来，就限制了官绅地主依恃特权转嫁粮役的行为，打击了士绅阶层与缙绅望族的势力。

雍正四年（1726）十二月，清世宗批准了田文镜"摊丁入亩"的主张，命从次年开始执行。"摊丁入亩"的改革在河南各地随之展开，归德府地区也不例外。根据乾隆《归德府志》记载：

> 按雍正四年定例，就一邑之丁粮均派于本邑地粮之内，无论民卫、绅衿、富户、不分等则，一例输将。按每地粮银一两摊派丁银二分四厘二毫四忽二微七纤九沙一尘六埃六渺四漠。遇有按年升科，将摊征丁银一例随年另行均派，他县仿此。①
> 驿站杂征各随其地，细加考核，条贯井然。②

另据光绪《柘城县志》记载：

> 题为详请题明豫省丁粮，按地输纳，以均赋役事：奉旨以各邑丁粮，均派于各邑地粮之内，无论绅衿富户，不分等则一例输将，以昭划一，以垂永久。统于雍正五年为始，摊入地粮内征收，钦遵在案。③

由上可知，"摊丁入亩"在归德府得到了很好的贯彻，使无地少地的下层农民负担有所减轻，在一定程度上扭转了赋税不均的状况，打击了士绅阶层与缙绅望族的势力。

---

① 乾隆《归德府志》卷18《赋税略上》，中州古籍出版社1994年标点本，第517页。
② 同上书，第510页。
③ 光绪《柘城县志》卷2《赋役志》，清光绪二十二年刊本。

此外，雍正三年（1725）正月，田文镜又规定在征收钱粮过程中，将征收的粮银加固封条，委专员"公同面拆，立刻发匠倾熔，正耗两项尽数解司，不得存留丝毫"①。同年九月，他又针对不少地方大户代为包揽小户完纳钱粮事时"空填流水，出给串票"，甚至出现一些地方官擅自挪用，不入流水，不给串票，"以致拆封者无凭验，其征多解少，盘查者无从究其已完作歉，相沿日久，渐至亏空"等违法行为，特别规定，今后输纳钱粮一律由民户自封投柜，"眼同柜书登填流水，即给串票。将银听粮户自行穿线入柜，不许交给衿监、银匠、柜书、原差代纳"②。由于目前没有发现归德府"自封投柜"的资料，因而无法获知这一政策在归德府的具体实践，但是，"自封投柜"无疑不利于士绅阶层与缙绅望族的发展。

二　"抑制绅权"

早在顺治年间，清政府就开始抑制绅权。顺治二年（1645）下令，禁止"各地方势豪人等，受人投献产业人口及诈骗财物"③。顺治十四年（1657）规定，"自一品官至生员吏承，止免本身丁徭，其余丁粮仍然充饷"④。这样，就限制了士绅阶层优免丁壮差役的特权。

雍正年间，随着"摊丁入亩"的深入，"抑制绅权"被提上日程。由于"摊丁入亩"的矛头直接指向士绅阶层，自然会引起缙绅地主的强烈不满。所以，为了进一步推动"摊丁入亩"的赋役改革，田文镜采取了一系列"抑制绅权"的措施，"凡以科目为吏者，悉加弹劾"⑤，主要包括以下几点：

其一，士民一体当差。黄河堤防须用民工，使有田人出夫，绅襟

① 田文镜：《抚豫宣化录》卷3下《饬令小民自封投柜》，《四库全书存目丛书》史部69册，齐鲁书社1997年影印本。

② 同上。

③ 《清世祖实录》卷17。

④ 《清朝文献通考》卷25。

⑤ 《论豫省近世民生之疾苦》，民国《河南》1907年第1期，第78页。

也不例外，所以田文镜说它"正与绅襟里民一例当差之例符合"①。后来田文镜规定，在大堤一二里内有田土的地主，照佃户多少认夫几名，俟防汛工程需要，随传随到。雍正四年（1726），他把这项办法正式报告清世宗。

其二，严禁缙绅包揽钱粮和词讼。田文镜于雍正三年（1725）发出严禁包揽钱粮的通令，设若生监故违，即行斥革功名，枷号示众，若官吏明比为奸，定行题参。②对于缙绅的驾词兴讼，干预官方，田文镜严加惩处。雍正四年（1726）、雍正五年（1727），田文镜相继打击了河南士绅和景惠、监生郑当时、进士王辙等一系列不法行为。

其三，严惩罢考生监。河南士绅不满意对他们特权的限制，时刻伺机反抗。雍正二年（1724）五月，封邱生员王逊、武生范瑚等人反对绅民一体当差，拦截知县唐绥祖，不许他实行按田出夫的办法，声称"征收钱粮应分别儒户、宦户，如何将我等与民一例完粮，一例当差"，强烈要求维护他们的特权。不久，河南学政张廷璐按考到开封府，封邱生员举行罢考，范瑚还把少数应试生童的试卷抢去。事情发生后，田文镜抢在石文焯之先报告清世宗，世宗把处理方针批示给他，又特派沈近思、阿尔松阿赴豫审理，终将王逊等斩决。之后，田文镜又采取了一系列加强生监管理的措施。

田文镜"抑制绅权"的社会改革，得到了归德府地方官员的支持。如光绪《永城县志》卷一中的《圣制志》，详细摘录了雍正四年（1726）的《世宗宪皇帝上谕训饬士子碑》等。又如民国《考城县志》载：

> 清沿明旧例，邑中皆有走马以里民充之，遇事官不论绅民，悉拘以应役。③

---

① 《朱批谕旨》，《河南总督田文镜奏折》，世界书局 1986 年版。

② 田文镜：《抚豫宣化录》卷 4《告示·严禁包揽钱粮以杜亏空事》，《四库全书存目丛书》史部 69 册，齐鲁书社 1997 年影印本。

③ 民国《考城县志》卷 13《人物列传》，民国三十年铅印本。

这些都体现了归德府地方官员对绅权的抑制。另外，从归德府地方官员受到田文镜的重视程度，亦可看出田文镜的社会改革在归德府得到了较好的贯彻。如归德府知府祝兆鹏，"才猷敏练"，自雍正二年（1724）九月任职以来，"办事勤慎，更能表率属员，共守官箴"，雍正四年（1726）因丁忧去任，田文镜上疏世宗，力保其留任守制。[①]又如田文镜称赞虞城县知县唐绥祖"催科得法，听讼公平，士爱民怀，政声卓越"，故竭力向中央政府保举此人。[②]可见，归德府的地方官员完全是按照田文镜的政策行事，才会受到田文镜的器重。在田文镜抑制绅权的改革下，"富者日即于贫，强者日流于弱"[③]，归德府的士绅阶层和缙绅望族也不可避免地走向衰落了。

明代归德府的士绅阶层与缙绅望族，主要依靠以下几个方面实现地域支配：一是兼并土地、逃避劳役；二是依靠各种社会特权；三是控制地方事务。雍正年间的社会改革主要是针对这些问题，"摊丁入亩"和"抑制绅权"就是为了防止缙绅望族逃避徭役及剥夺士绅阶层的各种特权。所以，随着士绅阶层和缙绅望族的特权丧失，他们不可能再继续维持地域支配地位了。

---

① 田文镜：《抚豫宣化录》卷4《告示·严禁取用各行户什物以苏商困事》，《四库全书存目丛书》史部69册，齐鲁书社1997年影印本。

② 田文镜：《抚豫宣化录》卷1《临河地方紧要请定州县调补之例以收得人之效事》，《四库全书存目丛书》史部69册，齐鲁书社1997年影印本。

③ 《论豫省近世民生之疾苦》，民国《河南》1907年第1期，第78页。

第九章　清中叶以后的社会动乱与危机

清中叶以后，归德府的人口快速增长，人地关系的矛盾非常突出，伴随着频繁的自然灾害，社会陷入了普遍贫穷的境地。不少自明代一直延续的缙绅望族与士绅阶层逐渐衰败，而豪强劣绅则乘机大肆吞并贫民土地，非身份性地主大量崛起，庶民地主逐渐成为新的社会精英。但是，由于庶民地主没有特权，无法形成地域支配体制，再加上民间自治体制没有建立起来，整个归德的社会秩序日趋解体，为近代持续不断的社会动乱提供了一个广阔的社会基础。

第一节　人口、生态与经济的变化

一　人口

清乾嘉之前，归德的人口尚未激增，人均耕地面积较大，社会竞争力不强，在自然灾害不严重的年月里，归德乡民的生活还能维持。清乾嘉以后，随着人口的大幅度增长，粮食不足的危机日益加深，人口相对过剩成为一大社会问题。

清代是中国传统社会历史上人口增长最为迅速并且达到最高峰的一个朝代。河南省则不仅是清代人口增长速度较快的省份之一，而且还是人口数量较多的省份之一。以永城县为例，乾隆年间，原额丁38790人，光绪年间，户87747，男、妇共381759丁口。[1] 伴随着人口

---

[1]　光绪《永城县志》卷8《度支志·户口》，清光绪二十九年刻本。

的大幅度增加，耕地面积却没有增加，不仅如此，有些地方的田地反而因水患频发而不断减少。在河患岁无虚日的背景下，考城"甚至一村一落百数十顷尽入河者，旧日大家今为贫民，旧称多丁今尽流亡。近年两次开挑减水新河，平白挖毁民田何啻数百余顷，只此三河，实兰、仪、考三县之痛疾，视它县田亩完全，人民安业，苦乐相悬，倍徙无算"①。与归德府接壤的扶沟县"自光绪丁亥河决后，沃壤半被沙压，沙地仅可植豆。而连年干溢，几岁百田，其不致流离失所，展转为沟中之瘠，亦几希矣"②。

清中叶以后，伴随着人口激增，优质耕地的面积不增反而减少，归德府的人地关系矛盾自然非常突出，这也是当时河南的普遍情况。根据马雪芹的对清代河南人地关系的研究，乾嘉以来河南面临着巨大的人口压力。他认为从顺治末年到乾隆中期，河南人均耕地数从17.6亩下降至4.3亩，以后又降至3亩左右，终清一代再无回升。③

二　生态

清中叶以后，在吏治腐败、国库日空、水利失修等背景下，归德的自然灾害愈加频繁，清政府的抗灾能力大大减弱。乾隆五十二年左右，"十月，发银十万赈济，上自外廉内贫的布政司江兰，下至知县张珠以及户房刘效天并书役人等，明谋吞扣，每民户口不问多寡，止给一户之粮。每赈领钱一百六十文，八个月止放四次"④。民间的社仓也有名无实，完全丧失了民间救济的功能，"社仓等弊，有名无实"⑤。修沟渠是预防水患的重要手段，"归德就地为田，非若江浙之田有水可灌，故不雨即旱，雨数即涝，必沟渠以洩之"⑥。但是，在乾隆至道光七十

---

① 民国《考城县志》卷14《杂记》，民国三十年铅印本。
② 光绪《扶沟县志》卷10《风土志·物产》，台北成文出版社1976年影印本。
③ 马雪芹：《清代河南农业生产中的人地关系》，《陕西师范大学学报》（哲学社会科学版）1996年4期。
④ 光绪《永城县志·灾异志·注释十一》，清光绪二十九年（1903）刻本。
⑤ 王凤生：《宋州从政录》，《官箴书集成》黄山书社1997年版，第389页。
⑥ 同上。

余年的时间内,归德的沟渠一直处于失修状态,可谓"有水害,无水利"。道光五年归德知府王凤生(1776—1834)"莅任以来,查看各属田地,向无水利以资灌溉,禾苗收获全仗雨赐。且滨临黄河,若值伏秋盛涨,冲决堤防,便成泽国。历经受患,逃亡四散", "查归德一府不特滨临黄河,易遭水患,且地处洼下,上承开封等属之水,下达江南宿州萧县、亳州等处。旧有之河若淤塞不通,设遇夏秋淫雨,水无所归,必致汜滥为患"①。"一雨三旬不得休,驱车入市如乘舟"②的现象经常发生。在这种背景下,自然灾害比以往更加频繁,成为归德府乡民面临的最严重问题。现举例说明:

> (考城)逮乾隆戊戌(1778)河决南岸,又四年黄河南徙,所有田园,尽属荒芜。合家嗷嗷,生计窘促,乃躬亲负贩,饔飧仅给。③

(睢州)乾隆四十三、四十四年,王祖恢补官京师之时,描述其家乡睢州的情形:

> 睢人当水旱后,生计日戚,田畴半芜……方河流漫溢,民苦输将。百亩之入不足以给正供,又困于堤料之役,辁车纷如,供张日增,四司六局之设无虚日,求之莫遂,则多设为名目,以牵混之,蚩蚩之身,常不得一夕安于中田之舍。④

---

① 王凤生:《宋州从政录·序》,《官箴书集成》,黄山书社1997年版,第389页。
② 道光十四年(1834)《梁园集》, "大梁苦雨行",作者道光九年(1829)、道光十年(1830)客宋州。
③ 民国《民权县志》卷12《清例授武略骑尉楚在山公墓表》,民国三十三年铅印本。由于考城屡遭河患,乾隆四十八年(1783),考城县知县雷逊、河督阿桂,以考旧城屡遭河患,会衔奏请移县治堌阳集,以河南岸七里拨报可,民国十七年始设民权县治,睢县北七里并杞县北五社均归民权隶属。
④ 光绪《睢州志》卷9《艺文志》,中州古籍出版社1990年版点校本。

睢州"自嘉庆二十四、五年，叠遭水灾，闾阎穷困"①。

永城：嘉庆元年（1796）秋，汝宁通判赵师鼏奉委至永城县勘验水灾，赵师鼏作诗"白头叟"，哀永民之罹灾也。

⋯⋯⋯⋯⋯

道彼苍苍天，降灾良非偶。兰麦甫登场，阴雨随其后。霖霡时淋漓，断续三月久。沉灶产青蛙，浮云幻苍狗。霉变麦生芽，偃卧粱栖亩。大木塞道途，余殃及杞柳。巴沟兼浍河，泛滥连冈阜。舟由地中行，兔置倏鱼笱。忽闻东家悲，良田成渊薮。复闻西邻哗，狂风坏户牖。南村多流离，涕泣呼良友。北舍暗酸辛，商量鬻新妇。虽携钱十千，莫获粮一斗。寻常小康家，觅食难糊口。饭糗只二三，苦饥常八九。方祝秋稼登，相与偿逋负。何期八月间，连绵卯至酉。靡复有孑遗，搜掘罄菘韭。顿遭饥馑凶，弗遑栽培厚。我心更凄怆，老屋空株守⋯⋯②

三　经济

清中叶以来，连年不断的自然灾害导致粮贵地贱，归德府的经济日趋衰落。物价关涉民众的生计问题，从乾隆至宣统，在自然灾害频繁和社会动荡不安的局势下，清后期归德府的粮价暴涨而地价大跌，民不聊生。乾隆四年，虞城岁荒，五年春，"民乏食，米价涌贵，市鬻者日高其价以邀利，民力益困"③。乾隆二十三年（1758），归德府连续两年大水灾，小麦最高价比1738年上涨1.9倍，高粱上涨1.6倍。"乾隆五十一年春，麦每斤钱七十文，杂粮每斤五十文，麻饼钱每斤二十八文，野草树皮每斤钱六文。秋，蝗虫蔽日，禾尽伤。"④同时地

---

① 王凤生：《宋州从政录》，《刳各州县节省徭役檄》，《官箴书集成》，黄山书社1997年版。

② 光绪《永城县志》词章志"白头叟"。

③ 光绪《虞城县志》卷6《人物义行》，虞城县志编纂委员会1996年整理本，第163页。

④ 光绪《永城县志·灾异志·注释十一》，清光绪二十九年刻本。

价大跌，乾隆四十九年、五十年，永城灾荒，"永邑房地价值百金者，三两五两就卖"①。嘉庆十八年，睢州大饥，"粮贵地贱"②。

频繁而严重的自然灾害，一方面加剧了由于人口激增已相当严重的人地矛盾，另一方面导致粮价持续暴涨而地价大幅下跌，严重威胁当地民众的生存，整个社会经济逐渐走向衰败。道光年间，田地大半荒芜，民众缺乏基本的生存资料，弱者坐以待毙，强者沦为盗匪。归德社会陷入了全面贫穷的境地，整个社会经济逐渐走向衰落。商丘司道口属王集乡，位于夏邑县城东北20里，在明末，这里是当时夏邑县东北一大码头，是皖北、豫东各种物资集散地，有歌谣曰："司马口，赛银窝，东门紧靠运粮河。"但是清中叶以后，由于河道淤塞，水路不通，商船绝迹，商业慢慢萧条了。

面对连年的自然灾害和日趋衰落的经济形势，民众已经养成"当一天和尚，撞一天钟"的懒惰心态，贫者与富者均无积蓄。清道光年间，河南归德知府王凤生对归德民众的印象如下：

> 民间积习，鲜务盖藏，纵遇丰年，怠惰者恣意花销，固不复思前虑后，即勤俭者收有余谷，悉粜以易钱置产，不图耕九余三。故偶逢荒岁，贫者不免为饿莩，富者亦一无积蓄。③

面对灾荒，饥民数量猛增，抢夺粮食和贩卖人口成为司空见惯的现象。灾荒时无以为食的饥民最易发生夺粮事件，光绪年间抗捐夺粮的问题愈来愈严重，光绪三年，宁陵县"盗贼蜂起，数十万聚，夜行抢劫"④。社会普遍贫穷使贩卖人口成为常事，夏邑县民间有歌谣："咸丰登基坐了殿，夏邑不淹就是旱，三岁的孩子大街卖，只能换地主半瓢面。"光绪四年（1878）一些人贩子乘机大肆贩卖妇女，从晋

---

① 光绪《永城县志·灾异志·注释十一》，清光绪二十九年刻本。
② 光绪《睢州志》卷7《人物志·独行》。
③ 王凤生：《宋州从政录》，《官箴书集成》，黄山书社1997年版，第389页。
④ 吕敬直：宣统《宁陵县志》卷终《杂记·兵革》，1911年刊本，第2页。

豫荒区向东向南分别经归德（今商丘）、周家口、至徐州、安徽等地的大路上，"贩子驱逐妇女南下者，百十成群"，或一二百人或五百人不等，有时竟以千计。①同一年，潘少安随行日记中记载亲见卖人：3月13日，贩卖者绍兴人至睢州贩卖四女，3月21日贩卖者在睢州贩卖二十女。②光绪年间，河南的自然灾害严重，时有《河南奇荒铁泪图》，许多江南士绅来河南助赈，在他们看来，真是"河南苦中苦，苏州天上天"③。

清中叶以来，归德府的人地关系紧张，再加上频繁的自然灾害，不可避免导致社会普遍陷入贫困化，广大乡民遇到严重的生存问题。与此同时，随着科举事业的衰落，名公巨卿的锐减，归德府原有的缙绅望族和士绅阶层的地域支配体制逐渐瓦解，地方社会陷入失范失序的状态。一遇到灾荒年月，地方社会秩序时刻处于崩溃的边缘。

第二节　从缙绅望族到非身份性地主

一　科举事业的衰落

清中叶以后，随着生态、社会、经济条件的恶化，归德社会普遍贫困化，科举事业也随之衰落。频繁的黄河水患与自然灾害使许多士子不得不放弃学业，因黄水为患，学业遂辍的现象经常发生，"濒遭凶荒，抱经之徒往往改迁其志而他利是趋。"④不管是农耕人家还是富贵大家的子弟都得不到很好的教育。

> 户口日繁，力田者仅饘饘自给，虽有聪颖子弟，亦多不免失学。村塾之师聚童稚数十人于老屋中，仪节不立。……其无教者遂游

① 《凌君李三君五月十五日济源来函》，《申报》1878 年 7 月 6 日，第 2 页。
② 《豫行日记》，《申报》1878 年 6 月 27 日，第 3 页。
③ 《申报》12 册，第 578 页，光绪四年五月二十五日。
④ 光绪《睢州志》卷 9《艺文志·代祝州牧王公荣寿叙》，王祖恢，郡人。

惰治荡沦入匪。……富家居室为子弟择师尚不吝修脯之费，近则日约岁馈缗钱数十千便为极丰，饥寒之躬难云，一教模范不立，其失固不尽在师矣。……乾隆以来……士庶流离，户辍弦诵。[①]

清中叶以后，归德府的科举人数急剧减少，科举事业一落千丈。根据《商丘地区志》记载，自乾隆三十七年（1772）至光绪三十一年（1905）这130多年间，清廷共举办科举62科，而商丘全区中进士者只有56人，占全省中进上人数787人的7%，其中有25科还是空白的。[②]如民国《夏邑县志》所载："道、咸以降，渐见衰歇。清末季，停科举，改学堂；民国以来，邑苦匪扰，学堂不能普及，文教日益颓窳，国粹沦胥，论者有今昔之感焉。"[③]通过表9—1也可看出，清中叶以后，归德府的文教事业日衰，进士人数大幅度减少，更遑论出现大量的名公巨卿。

表9—1　　　　　　　　　清代归德府进士情况

年代 地区	顺治	康熙	雍正	乾隆	嘉庆	道光	咸丰	同治	光绪	宣统	合计
商丘	6	15	3	9	7	6	3	3	2	0	54
宁陵	7	3	1	1	1	2	0	0	2	0	17
鹿邑	3	4	0	6	0	0	0	0	0	0	13
夏邑	5	4	5	18	2	2	1	1	1	0	39
永城	9	13	1	5	1	1	0	1	1	0	32
虞城	3	7	2	1	0	0	0	0	0	0	13
睢州	17	25	5	11	1	1	1	2	1	0	64
考城	2	1	0	2	0	0	0	0	2	0	7
柘城	2	11	0	2	0	0	0	0	0	0	15
合计	57	77	16	50	12	12	5	7	9	0	254

资料来源：乾隆《归德府志》，1980年商丘地区文化局与商丘地区文物管理委员会翻印本。

① 光绪《鹿邑县志》卷9《风俗·物产》，台北成文出版社1976年影印本。
② 《商丘地区志》下卷，生活·读书·新知三联书店1996年版，第1338页。
③ 民国《夏邑县志》卷1《地理志·士习》，中州古籍出版社1990年点校本。

对于清后期归德府地区科举衰落的历史事实，地方社会有自己的一套解释模式，至今商丘地区仍广泛流传着"南蛮爱破有福人"或"南蛮子推风水"的历史记忆。如发生在商丘侯家庙的故事，"南蛮"为了不让此地出能人，就把庙前的金牛角拔了。"南蛮子推风水"的历史记忆大多采用的是"南蛮子"破风水导致归德官员越来越少的叙事框架，这一叙事框架正是清后期科举衰落历史事实的反映。随着科举事业的衰落，"旧日大家今为贫民，旧称多丁今尽流亡"①的现象愈加普遍。不仅几乎没有任何名公巨卿，而且士绅的整体素质下降，正如道光年间归德知府王凤生看到的那样，"该县绅耆公正廉明者少，假公济私者多"②。

清后期，归德府的开明士绅逐渐减少，其在政治、文化上的优势不复存在，其内在的精神文化品质亦随之消失殆尽。随着名公巨卿和高级士绅的减少，理学思想的式微，团结乡绅望族的领袖人物越来越少，望族对基层社会的凝聚力也逐渐减弱。

二　缙绅望族的没落

清中叶以后，归德府地区科举事业的衰落在某种程度上反映了高级士绅越来越少的事实，由科举成功而占据地域支配权的乡宦望族不可避免地衰败了。"旧日大家今为贫民"③的现象并不在少数，曾经在地方社会占据一定支配地位的地方望族大多走向了没落。

例如，虞城范氏家族"奈义田稞租银两不足以办"，至清嘉庆年间，家族日益衰败，家族内部教化缺失，据《范氏族谱》记载：

> 迄于今，丁户虽多，求其拥厚资、历显途者，寥寥不可见。
> 岂果今人不如，无亦父兄之教不先，子弟之率弗谨，因循迁流以

---

① 民国《考城县志》卷14《杂记》，民国三十年铅印本。
② 王凤生：《宋州从政录·公举约正条规》，《官箴书集成》，黄山书社1997年版，第373页。
③ 民国《考城县志》卷14《杂记》，民国三十年铅印本。

至此。……荒弃先业，匿近人饮酒博弈，漂荡家产，乃复翩翩自矜曰：吾先人某世曾……①

清后期侯氏衰落，"盛衰是天使之然，实有人力不可挽回者矣"②，"现下人才薄弱"③。侯氏家族的祭田也被人占据，侯洵、侯方域、侯方夏、三人皆葬于商丘城南十里之侯小园庄，"墓旁旧有地亩，嗣后年远遗失，入于太学生陈君天秩家"。后经地方官员的介入，陈君将所得地十一亩尽捐出来，永为司徒父子墓门祭祀之用，侯氏才得以恢复祭田。④

永城李氏（其高祖文定公李天馥，曾祖李孚青）"家世称诗，至楞香苦贫不能为衣食"⑤，李楞香卒于嘉庆三年（1798）。

商丘叶氏家族在清中叶以后"家道中落"，据商丘《叶氏家乘》记载：

自戊戌（乾隆四十三年，1778）以迄丁未（乾隆五十二年，1787）八九年间，四被河患，墙垣舍宇坍塌一空，膏腴之地易而不毛。因思家道中落，无以为存活计，（太学公）遂授生徒四方以寄食。又值乙巳（1785）、丙午（1786）间，连岁大饥，拮据之形难以言馨矣。年稍稔，瘟疫流行，汝祖即以清曩济世，远近赖以全活者甚众。嘉庆丙辰（1796）于外二十余年始返旧园。⑥

嘉庆年间叶氏家族"家道中落，力不从心，春秋之祀，仅此茔田数亩"⑦。

虞城刘氏家族"丁卯岁（乾隆十二年，1747），大宗孙廷禄（十五

---

① 虞城《范氏族谱》卷1《重修虞邑范氏族谱序》民国八年本。
② 商丘《侯氏家乘》，《五修家乘自序》。
③ 同上。
④ 商丘《侯氏家乘》《侯司徒公父子墓志》，
⑤ 光绪《永城县志·词章志·李楞香墓志》，清光绪二十九年刻本。
⑥ 商丘《叶氏家乘·太学公传》。
⑦ 商丘《叶氏家乘》，文翰《郡丞公茔田记》。

世孙，六品）感先泽悠长，痛祖墓荒芜，歧路分冲，鞠为茂草。心窃伤之，将何以妥先灵而壮观瞻乎，因与族人约，协力修补"①。后"遭乙亥（乾隆二十年，1755）歉岁，又丙午（乾隆五十一年，1786）大变，饥馑荐臻，人不聊生，此固天灾之流行，亦族人之大不幸也"②。花墙祖茔在清前期刘氏家族昌盛时，祭田式廓公顷颇饶，

> 后自丧乱频仍，戎马蹂躏，垣宇倾颓。今遗址虽存，殊深禾黍之感矣。适族人有以建祠请者，予（刘传义）曰：汝第知其事之美而不知其事之难也。今之人遇修庙宇，有捐至数十金者，演俳优有费至数百金者，且恣肆淫赌，一掷不下百金十金者。独至事关义举，拔一毛而不可得，且退有后言以为多事，以为科财，以为借事生风。况公余祭田除被侵渔典当外，仅有十八亩零尚未赎回，以致祭祀不举，敢云建祠哉？③

清后期至民国时期，很多家族走向衰落，祭田流失，祭祀也难以执行。

戏班的演变也可以折射出归德府缙绅望族的盛衰。商丘的戏曲班社源远流长，繁衍不息，素有"戏窝"之称。明万历至崇祯年间，商丘城内沈、宋、侯、叶、余、刘、高、杨八大家竞相建立自己的家乐（戏班），演唱频仍，蓄家乐成为一种时尚，其中以沈家戏班为佳。侯方域在《赠江伶序》中描绘道："雪苑盛时，乌衣朱桁，门第相望。"清雍正八年（1730）归德府八班建立，称府八班，至乾隆年间形成了具有本地特色的豫东梆子。清中叶以后，商丘县八大家族除宋家以外，先后日趋衰落，各家戏班相继解体，闲散艺人逐渐脱离了对贵族的依附，走向社会自谋生路。清朝末叶，归德府（商丘）及所辖县治多有官办的河南梆子戏班。如归德府"府班"（亦称"八

---

① 乾隆二十年《花墙祖茔碑文》，《三祝堂刘氏家乘》，民国五年重修。
② 嘉庆九年《重修北支谱序》，《三祝堂刘氏家乘》，民国五年重修。
③ 乾隆二十年《花墙祖茔碑文》，《三祝堂刘氏家乘》，民国五年重修。

班"），该班由府衙八班总督头出面组建。1913年撤销归德府衙，该戏班独立自办，百姓仍称其为"八班"。民国时期，除了由本乡本土的戏曲艺人或戏曲爱好者创办的戏班和科班外，还有不少是由当地官吏、豪绅、地主、富商出面组办的，此类班社多以社会上有势力者为"管主"，管主再遴选"掌班"和"报单"管理班内事务。从商丘"八班"的演变也可窥探出清中叶以后乡绅望族的衰败。

三　非身份性地主的增加

清中叶以后，与缙绅望族的衰落相比，归德府非身份性地主的数量开始增加。清中叶以后，随着人口的大幅度增长，粮食不足的危机日益加深，人地关系的比例过于悬殊，归德地广人稀的优势逐渐消失，再加上频繁的自然灾害，归德乡民面临着严重的生存危机。饥荒之年，广大灾民困窘异常，为了免予饿毙，有的流亡他乡，有的因借贷而失去土地，有的不得不把土地廉价出售，卖地换粟。据光绪《鹿邑县志》载："谷贱则求售，以医眼前之疮，谷贵则鬻产，以延旦夕之命。"[①] 这为庶民地主力量的上升提供了契机，不少庶民地主乘趁灾荒之际大量收购土地。嘉庆十八年，睢州大饥，"粮贵地贱，富者多乘势以粟折产，牟重利"[②]。根据光绪《虞城县志》记载："富室拥厚资贷于贫民，常子母牟其利，兼钱废谷贵，持百钱不得升合。"[③] 咸同年间的社会动乱也加剧了庶民地主力量上升，"庶民而擅筑凿之任，匹夫而掌生杀之权，千古未有之奇闻也"[④]。

粮贵地贱迫使小民以粮换田，导致大量土地兼并，地主商人获利甚丰，土地高度集中的现象十分严重。自然灾害较为严重的地区往往是土地兼并较为激烈的地区。根据董传岭的研究，晚清自然灾害严重

---

① 光绪《鹿邑县志》卷3《建置志》，台北成文出版社1976年影印本。
② 光绪《睢州志》卷7《人物志·独行》。
③ 光绪《虞城县志》卷8《艺文志·太常寺少卿耿公墓志铭》，虞城县志编纂委员会1996年整理本，第389页。
④ 民国《民权县志》卷12《金石·六品军功安邦孙公传》，民国三十三年铅印本。

的鲁西、鲁南、鲁北地区，土地兼并也尤其严重。①豫东与鲁西南相邻，两个地区都面临这一问题，即严重的自然灾害和激烈的土地兼并。不少地主就是在灾荒之年起家的，遂造成了一大批庶民地主的产生。庶民地主力量上升，最明显的例子是商丘"七大户"。"七大户"指的是清末民初在商丘县城形成的陈、蔡、穆、柴、尚、孟、胡七个家族。他们之中大部分没有缙绅的身份，多是在"岁大欠，人相食"的灾荒年代，贩粮囤积，以粮换田，迅速爆发为拥有大量土地的大地主。

从民国初年的社会调查也可看出商丘"七大户"的土地占有情况。民国初年（1912）前后，商丘县土地比较集中，地主、富农约占耕地60多万亩，占总耕地面积的40%左右。商丘陈、蔡、穆、柴、尚、孟、胡七大户占有耕地6.3万亩，户均0.9万亩，人均百亩上下，其中陈忠泰1户占有耕地2万亩。②另据《商丘史话》记载，目前坐落在商丘古城的穆氏四合院原有房舍80余间，是一宅三院五门相照，坐北面南的清代建筑群，是七大户之一——穆炳坛的故居，穆氏兄弟八人均未做官，有田百顷。③

明代归德府"八大家"多为名公巨卿，与之相比，清末民初商丘"七大户"多为非身份性地主。"七大户"中除了位于首位的陈氏家族有人中过进士，其余六大户中，只有蔡姓出现在进士录中，即蔡同春咸丰六年中进士，而且，我们还无法判断蔡同春与七大户之一的蔡氏是否有联系。除此之外，穆、柴、尚、孟、胡五个姓氏均没有在清后期的进士录中出现。由此可以推断，七大户中至少有五大户没有掌握高级功名资源。所以，商丘"七大户"虽然占有大量土地，在地方社会赫赫有名，取代了明代的"八大家"，但是，由于他们大多是非身份性地主，与缙绅地主享有政治特权相比，非身份性地主没有政治特权，难以长期维持其"大户"的地位，也不可能取代士绅阶层与缙绅望族，

---

① 董传岭：《晚清山东的自然灾害与乡村社会》，硕士学位论文，山东师范大学，2004年。

② 《商丘县志》，生活·读书·新知三联书店1991年版，第104页。

③ 尚起兴、尚骥：《商丘史话》，新华出版社2001年版，第102页。

形成另外一种地域支配体制。

非身份性地主难以长期维持"大户"的地位，愈到后期，归德府的大地主数量愈来愈少，中小地主成为归德地主阶层的主要组成部分。据民国三十六年（1947）玉皇阁村（今属界沟镇）土地改革统计，该村 233 户 996 人，共有耕地 2958.5 亩，其中赤贫农 9 户 30 人，土地 2.8 亩；贫农 100 户 366 人，土地 576.1 亩；中农 99 户 436 人，土地 1446.5 亩；富农 22 户 135 人，土地 657.4 亩；地主 3 户 29 人，土地 275.7 亩。富农、地主户数占总户的 10.7%，人数占总人口的 16.4%，土地占有量为总地数的 31.5%。① 清末民初那种动辄占地千亩万亩的现象不复存在，"大户"在地方社会很难形成地域支配体制。

民国时期，归德府的地权日趋分散，"大户"也随之减少，社会陷入普遍贫穷的境地，明后期至清前期那种高度分化的社会结构被普遍贫穷的社会结构所代替。归德府的情况很可能反映了河南省的普遍情况，据报告称，河南是"中小地主兼富农"这一"混合阶级"② 与广大农民对立的社会，"除了几个军阀的家乡，土地没有大量的集中，地主以 500 亩以下者为最普遍"③。1940 年，彭雪枫在豫皖苏根据地考察时也指出："豫东土地分散不集中，小农自耕农占主要地位。"④ 曾经在民国初期位于七大户之首的陈氏在民国末年（1948）占有的土地较民国初年减少 50% 以上。

总之，清后期，以乡宦和望族为中心的地域支配体制逐渐瓦解，非身份性地主由于没有特权，其"大户"的地位也难以长期维持。虽然地方社会不乏中下层士绅，但是在自然灾害频仍，经济普遍落后的境况下，很多中下层士绅为了生存，他们或成为捻变的首领，或参加秘密结社，与基层社会的各种组织有着千丝万缕的联系。如捻军首领王贯三"乃夏邑武庠生也"，再如柘城扳曾口王居信曾是当地有名望

---

① 《商丘县志》，生活·读书·新知三联书店 1991 年版，第 105 页。
② 中央档案馆、河南省档案馆合编：《河南革命历史文件汇集》甲 4，第 214 页。
③ 中央档案馆、河南省档案馆合编：《河南革命历史文件汇集》甲 5，第 458 页。
④ 彭雪枫：《彭雪枫论抗日游击战争》，解放军出版社 1987 年版，第 127 页。

的文秀才，后来不仅成为扳曾口、侯庄、谢楼、余少楼等八个村庄的"联庄会"老总，又身任青帮首领。可见，归德府地区原有的地域支配体制已经瓦解，新的地域支配体制没有建立起来，一遇灾荒饥年，地方社会的秩序便处在破产的边缘。

第三节 基层社会组织的控制问题：
以《宋州从政录》为中心

《官箴书集成》中收入了一份难能可贵的资料，即道光丙戌年（1826）《宋州从政录》，由婺源人王凤生在清道光年间任归德知府时所写，内容涉及归德府的水利、捕蝗、义仓、保甲、乡约、徭役等方面，为我们窥探清后期归德府的基层社会组织提供了宝贵的资料。

一 保甲

保甲是清政府在乡村建立的旨在加强对农村人口进行控制的基层组织，"凡编保甲，户给以门牌，书其家长之名与其丁男之数而岁更之。十家为牌，牌有头；十牌为甲，甲有长；十甲为保，保有正，稽其犯令作慝者而报焉"①。清政府建立这种乡村基层组织，目的是在乡村社会建立一套控制和管理体制，以维持社会秩序。但是，这种理想化的组织在人口迁徙较为频繁的归德地区难以有效地发挥作用。归德民众在灾荒不断的生态背景下，流徙较为频繁，基层社会的民众较为分散。再加上四省交界的特殊地理位置使归德的外来流动人口较多，清嘉庆（十八年）年间，"滑县之乱，居民避河南者众"②，"光绪丁丑、戊寅间，岁大饥，西省流民过境，聚里门，日数百口"③。所以，保甲制度在人口流动频繁的归德基层社会很难贯彻执行。

① 嘉庆朝《大清会典》卷11，台湾新文丰出版公司1976年影印本，第6页。
② 光绪《睢州志》卷7《人物志·独行》，中州古籍出版社1990年版点校本。
③ 同上。

　　道光年间，王凤生任归德知府后，描述了清后期归德的保甲制度存在的诸多问题。首先，游离于保甲之外的人员较多，王凤生看到"本属多有外来流民，为前册所未载"①。其次，保甲制度的贯彻需要当地士绅的配合，但士绅多"视牌头甲长为贱役，率多观望不前"，"一经涉手，后恐公事派累，将与地保为伍，且与乡里匪徒结怨，而好事之辈则往往以此进身，久而把持乡曲，为害闾间"②。在地方士绅阶层的有力抵制下，保甲组织的首领一般难以获得社区居民的认同。

　　在道光年间的《宋州从政录》中，我们经常看到"地保"在地方社会上的作用，如永城县捕蝗，地保在各方面都担任比较重要的责任。"设厂十处，每厂人夫和二百余名或三百余名不等"，"各厂派一委员监督"，"早晨人夫未到之先委员即督率地保看定蝗蝻聚集处，所押立红旗竹竿为记"；"其巴掌柴寻须饬地保预先谕知人夫各自携带"；将告示粘贴于高脚木牌之上，并"饬各地保掮牌挨庄晓谕"。"责成地保随时禀报"，"饬地保实力稽查"等。这充分肯定了地保在日常生活中的管理角色，归德的地保成了基层实际上的官方代理人。但是，就基层社会的自治和管理而言，声誉不太好的地保对乡村社会的治理和控制十分有限。

二　乡约

　　王凤生除了力推保甲之法，还主张设立乡约对基层社会进行管理教化。为了有别于地保、甲长，王凤生还提出把"约正""约副"的名称改为"乡耆"或"集耆"，"约正名目最古，本系尊称，近因保甲乡约称谓混杂，遂以其名为卑贱，今酌改为耆字，或乡耆，或集耆，各从其便，即甲长亦称之曰甲耆，盖优之以示区别也。"③

　　王凤生还为此制定了"公举约正条规"：

---

　　① 王凤生：《宋州从政录·再札各州县查办保甲木身》，《官箴书集成》，黄山书社 1997 年版。

　　② 同上书。

　　③ 王凤生：《宋州从政录·公举约正条规》，《官箴书集成》，黄山书社 1997 年版。

乡集者必须明白公正，为众所推重者，方准保举，不许用无身家及平日好事揽讼之徒混迹其间。至甲者名数众多，未必人皆入选，然亦须稍晓事体而诚实者为之，不得以市井无赖、乡曲无用之人充役。其前充地保甲长，不得与甲者并论，亦不准其干预乡约事件。

甲者须在百家之内遴选，乡集者须在一乡一集之内选举，以期近便，易于照料亲切，不致偏私。

乡集甲者，如有不才及受贿徇情，该乡集大众，即随时禀官，立予更换。倘敢武断乡曲，欺压平民，确有事实，地方官审明，除革退外，照例治罪。其有犯法之户，不服稽察，捏情诬告者，加等重究。

乡集者，除命盗案及戕殴成伤者，不准干预外，如遇地方些小口角忿争事情，代为调和劝解，须立一簿，将某人为谋事，经众如何调处缘由，按月逐一登簿。每于季终赴县换册时，携簿呈官查核，即以该地方之安静与否，及有无窃贼窝留，以辨乡集者优劣，所有乡甲已和事件，非经复控，有司不得再提讯滋扰。[①]

在知府王凤生看来，设置约正约副，制定"约正条规"，主要是想恢复士绅阶层对地方社会的管理职责。"今一州一县设约正副不减三二百人，欲其人人有士君子之行，分毫无私，个个奉法，怨仇不顾，是庶民贤于缙绅矣。"[②]对"约正"名称加以修改，处处体现以礼相待，都是为了提升乡约在地方社会上的声誉，使乡约真正担负起曾经地方社会高级士绅教化乡民、治理乡村的社会职责。事实上，在地方社会治理中，乡约是否担负起了王凤生期望的功能，目前还没有找到相关资料加以说明。

---

① 王凤生：《宋州从政录·公举约正条规》，《官箴书集成》，黄山书社1997年版。
② 同上。

三　宗族

许多学者对江南地区的研究表明，清代的宗族日益庶民化，政治功能削弱，社会控制功能上升，完全处于政府控制之下。和乡村基层政权组织并存的宗族组织对社会控制的作用非常突出，族正制度保持了江南乡村社会的长期稳定发展。但从对归德宗族的研究来看，宗族对基层社会的控制作用显然不如南方地区，归德府民间宗族组织也不似南方地区那么强大，如清嘉庆时期，柘城王氏"夫一村而杂处者十有八九，合族而共井者百无二三。吾族散处他里者不下百家"[①]。在河患频仍的归德地区，民众迁徙较为频繁，散居的居住状态使宗族组织对族人的控制力日益减弱，祭拜始祖的仪式也不能得到很好的贯彻。因而，在社会常态下，北方宗族对基层社会所发挥的作用是有限的。

当然，这并不意味着归德府的宗族在地方社会治理中完全没有任何作用，只不过与江南地区相比较，归德府的宗族势力没有那么强大，对地方社会的控制和治理不够全面深入。比如在民间救济方面，清代归德府的宗族还是有一定的作用。面对频繁的灾荒，归德民众养成了不善积蓄的习惯，再加上社仓积弊过多，大多有名无实，王凤生对此问题的解决办法是劝捐义仓，"乡村无论百余家十数家，总以里居联络者公设一仓"，"乡村另户有难于联络者，或一族各为一仓，或一族中每房各为一仓，或一散户归于附近邻保共为一仓"。"盖各保各境，以乡村为断，虽救恤无分彼此，而谷少人多，亦不得不稍为限制。其各族各房积谷者，则不必以乡村为断。"[②] 由上述"族""房"可以看出，义仓所依附的组织，一是里甲、保甲、乡村，一是宗族组织，宗族在民间救济方面还是起到了积极作用。

但是在最重要的徭役摊派方面，宗族所起的作用就远远不及南方地区。归德府地区由于地理位置重要，且临黄河，自然灾害频仍，往来差使，络绎不绝，徭役远远重于赋税。对于车辆徭役，"附近数村

---

① 柘城《王氏族谱》卷1《门楼王古村序》，1984年本。

② 王凤生：《宋州从政录·劝捐义仓告示》，《官箴书集成》，黄山书社1997年版。

地多之户，轮流支应"：宁陵县"该县七乡，每乡分为十野，以野分之大小，计出车之多寡。"①鹿邑县"向分四乡，乡分三十五路，路分大小二百五十七伍。……每伍出车一辆，小伍两伍合并出车一辆"②。夏邑县"按村庄之大中小，酌定车数"③。永城县"按二十四里开编册号承值，于票内注明某里某户等名下字样"④。柘城县"三十六乡轮流雇用，现已遵照饬造乡庄清册，编号挨输承值"⑤。可见，在最重要的徭役摊派方面，我们几乎看不到"族""房"等字眼，而在其他诸如捕蝗、水利登事务也未看到宗族在其中的作用。

王凤生在归德府期间，着力于从水利、保甲、捕蝗、徭役、义仓等方面解决归德的社会问题。但是效果并不理想：

> 保甲则惟商丘、永城、鹿邑、柘城四县报举里甲，甫经查办。沟洫亦惟商丘、虞城、永城、柘城，劝谕疏浚，工作方兴，固因秋稼登场，农事始隙，亦由各属心存观望，相率畏难。⑥

可见，清后期归德的保甲、乡约等基层组织日益衰弱，不能有效地控制基层社会，归德府的宗族组织又不似南方地区那么强大，地方社会自治机制始终没有真正形成。

地方社会的秩序有赖于有效的地域支配体制和地方自治系统，归德府在明代曾经经历了以军事权贵或缙绅望族为中心的地域支配体制。但是到了清代后期，随着士绅支配体制的瓦解，由于没有形成替代的支配体制，再加上民间自治系统没有建立起来，归德府地区的社会秩序日趋解体。伴随着人口的快速增长，归德地广人稀的优势逐渐消失，

---

① 王凤生：《宋州从政录·批宁陵县覆禀》，《官箴书集成》，黄山书社1997年版。
② 王凤生：《宋州从政录·批鹿邑县覆禀》，《官箴书集成》，黄山书社1997年版。
③ 王凤生：《宋州从政录·批夏邑县覆禀》，《官箴书集成》，黄山书社1997年版。
④ 王凤生：《宋州从政录·批永城县覆禀》，《官箴书集成》，黄山书社1997年版。
⑤ 王凤生：《宋州从政录·批柘城县覆禀》，《官箴书集成》，黄山书社1997年版。
⑥ 王凤生：《宋州从政录·去归德府任留札务州县木身》，《官箴书集成》，黄山书社1997年版。

社会生活资源严重匮乏，整个社会陷入普遍贫穷的境地，为近代持续不断的社会动乱提供了社会基础。

第四节　近代河南社会叛乱的根源

四省交界的地理位置、频繁的自然灾害与社会各阶层的普遍失教及贫穷使归德社会时刻处在动荡不安的局势之中，正如王凤生所说："民即因灾而穷且盗矣。"① 明清以来归德社会动乱不断，民众叛乱似乎已经成为当地居民现成的、方便的生存策略。一遇灾荒之年，灾民饥寒交迫，"饿殍遍地""道殍相望""死者枕藉"的现象时有发生。群涌风起的难民灾民极易造成社会动荡和混乱，如鹿邑民众结为顺道会叛乱，"鹿邑自乾隆四年至十六年屡被水灾，老弱死亡，其壮者则……结为顺刀会，遇事生风，甚为民害"②。再加上外来流民大量涌入，他们与本地无业游民，往来无定，最易藏奸，这些不安定的人群随时可能成为地方动乱扩大的因素。

乾嘉年间，归德府的白莲教比较盛行。清乾隆五十年（1785），柘城县十字河等地的白莲教起义军联合鹿邑、柘城等县白莲教教徒攻打柘城县城。乾隆五十年，柘城县东胡家山村人王立山纠白莲教匪为乱，杨凤仪、刘振德纠约无赖，希图抢犯不遂，劫掠王家集、胡家庄等处，抢夺当铺，抗拒官兵。杨凤仪、刘振德又因与监生赵方借贷而吵闹，疑其挟嫌通线，商同王金、王立山等，起意抢夺赵方来泄愤。"豫省本年夏初，因年岁荒歉，饥民纠约抢夺不止柘城一案。"③ 查看清朝官方文书，在嘉庆十三年七月十四日上谕说："据称近日江南之颍州府、亳州、徐州府，河南之归德府，山东之曹州府、沂州府、兖州府一带地方，多有无赖棍徒，拽刀聚众，设立顺刀会、虎尾鞭、义和拳、八卦教名目，

---

① 王凤生：《宋州从政录·序》，《官箴书集成》，黄山书社 1997 年版。
② 光绪《鹿邑县志》卷 9《风俗物产》，台北成文出版社 1976 年影印本。
③ 《康雍乾时期城乡人民反抗斗争资料》上册，中华书局 1979 年版，第 287 页。

横行乡曲，欺压善良。"① 清嘉庆十九年，河南巡抚方受畴上奏折说："山东、河南、山西等省交界地方各州县往往以分境管辖，遇有查缉事件，彼此互相推诿，俗名谓之三不管。似此犬牙相错之处，最易藏奸。"②

清道光年间归德地区的盗乱问题十分突出。清道光元年（1821），白莲教首领卢兆常组织农民在虞城县陈家店（今属李老家乡）作乱，不久，遭清兵镇压，株连邻人甚多。道光二十六年，竟有贼进入商虞分府敕安署，公然抢掠。王凤生莅任归德知府后说道："归德前受阳侯之虐，元气犹未复也。凡游惰之民不事恒业，因无恒心。其地与江南、山东数州县界犬牙相错，往来肢箧探囊者，乘邻境之不相讥察，尤易藏奸。"③ 归德府各属疆域"多与安徽之凤颖、江南之徐州、山东之曹单等府县毗连，强悍成风，好勇斗狠，每以一朝之忿致罹骈首之诛，并有事不干己，从风而靡，舍命殉人，甘蹈白刃者，甚至结会要盟，强奸妇女，嫁卖窃盗，据捕杀伤巨案，层见叠出"④，再加上保甲制度的控制力下降，清后期归德盗窃案件非常之多，且大多无法破获，王凤生不禁感慨道："本府莅临以来，查核各属被窃拒捕及盗劫各案累累而破获者绝少。"⑤ 归德民众历经受患，逃亡四散，至今民气未苏。道光二十六年（1846），竟有贼进入商虞分府敕安署，公然抢掠。

咸同年间，兴起于豫鲁苏皖四省边区的捻军，范围之广，势力之大，迅速扩展至整个归德府，永城县的苏天福即是捻军的重要将领。捻变初起于皖北，壮大于苏、鲁、豫、鄂等省，几乎遍于河南省各州县，牵涉之广，势力之大，战斗之频繁，斗争之残酷，是他省罕见的。咸丰三年，当太平军"陷金陵，犯河南，中州土捻乘间窃发"。"正阳、虞城、永城、夏邑、沈丘诸县，揭竿并起。"⑥ 捻军的气势，犹如决堤

---

① 《清实录》（仁宗实录）第198卷，中华书局，第635页。

② 《抚豫奏折》，嘉庆十九年六月十二日。

③ 王凤生：《宋州从政录·序》，《官箴书集成》，黄山书社1997年版。

④ 同上。

⑤ 同上。

⑥ 尹耕云：《豫军纪略》，《捻军》第2册，《近代中国史料丛刊》第17辑，台湾文海出版社1966年版。

的江河，奔腾而来，荡涤着整个中州大地。

民国时期，河南的匪患"甲于各省"，闻名全国，归德府的土匪更是多如牛毛。根据1921年1月20日《晨报》记载："全豫（河南）百零八县，欲寻一村未被匪祸者即不可得。"1922年，天津《大公报》时称："年来各省，萑苻遍野，几无一干净土，尤以豫省为最甚。"[①]1924年《东方杂志》称"匪乱则无省无之，河南更多，遍地皆是，东剿西窜，杀伤不堪胜数"[②]。当时流传着这样的说法，"西部山区，杆子如林；东部平原，土匪成群"。根据美国学者菲尔·比林斯利对民国时期河南土匪的研究，他认为土匪较为集中的地区都是一些不发达或衰败的地区，豫东地区的柘城、鹿邑、夏邑、永城都是土匪较为猖獗的几个地区之一。[③]

近代以来，作为社会失控而产生的民间组织——会道门开始勃兴，可以说是清中叶以来河南社会动乱的进一步延续与扩大。据1950年统计，商丘地区的会道门有63种。如一贯道、九宫道、无极中央道、天门道、庙道、祖师道、老母道、跪香道、金道、圣髓、东方道、中州道、离卦道、磕头道、七星道、八卦道、红枪会、白枪会、同善社、道德学社、西华堂、三佛堂、白莲教等。共有大、中、小会道首6385人，会众19.68万人，仅一贯道就有佛堂110个，点传师110人，会众达5万余众。

近代归德府的各种会道门名目繁多，举不胜举，其中以红枪会较为有名。1924年，河南红枪会是无处不有。民国初年河南军阀混战，社会动荡，灾害频仍，土匪横行，导致河南社会失范，乡村失序。20世纪20年代，永城、夏邑、虞城、商丘、柘城、睢县六县成立了红枪会，永城一带有会员四五万人，睢县一带建有三十多个团，会员二三万人。"日头出来猛一红，缨子会里打牛朋，全县人民齐暴动，大刀土炮去

---

① 《豫省匪势之猖獗》，《大公报》1922年9月2日第2张，第3页。

② 《关于我国人口之调查研究》，《东方杂志》第21卷4号，1924年2月。

③ ［美］菲尔·比林斯利：《民国时期的土匪》，王贤知等译，中国青年出版社1991年版。

攻城。"这是至今仍流传在睢县老百姓之中的关于红枪会的歌谣。
1925年，睢县西部李康河村李西峰，为防匪自卫，从别处请来了武术师，
成立了红枪会，自任团长。紧接着，杜土楼的杜如珩，苗楼村的苗伯珊，
相继利用世交关系，在李康河村聘请了武术师，在各自的家乡成立红
枪会。不久，红枪会组织遍及睢县。1926年春，仅睢县有名气的红枪
会就有三十多个，会员自备大刀长矛，结拜师兄弟。

红枪会等会门组织主要是民间社会针对社会动乱自发形成的民间
武装组织。对于民众而言，这些民间组织是他们在乱世中寻求庇护和
安全感的一种方式，为了抗击土匪、战乱，反对苛捐杂税，他们组织
起来，保卫身家，守望相助。红枪会的勃兴一方面体现了清中叶以来
归德社会动乱的进一步延续与扩大，另一方面也是对社会基层权力缺
失的填补。乾嘉至民国时期归德府持续不断的社会动乱，反映了近代
转型过程中，中原地区社会秩序混乱的基本情势，在社会基层权力缺
失的背景下，地方社会秩序已经无法正常维持。

关于近代豫鲁苏皖交界地带的地方动乱，美国学者裴宜理和周
锡瑞都做过深入研究。裴宜理从生态资源的角度，认为淮北（主要包
括豫东和皖北两个地区）的资源贫缺造成了使用暴力争夺或保护资源
的状态，随之产生了两种好斗的农民暴动模式：一种是掠夺策略的捻
军；另一种是自卫策略的红枪会。[1]周锡瑞则从民间文化习俗及区域政
治经济的角度研究义和团运动的起源，认为山东、江苏、河南边界地
区的一个显著特点在于，它是一个不法之徒的社会，盗贼活动和地方
士绅的力量不仅以一种反比关系与一定的生态环境有关，它们也彼此
相关。[2]

以上两位学者都认为山东、江苏、河南边界的一个显著特点在于：
自然灾害严重，盗匪习惯根深蒂固，地方武装高度发达，是一个不法

---

① ［美］裴宜理：《华北的叛乱者与革命者（1845—1945）》，池子华、刘平译，
商务印书馆2007年版。

② ［美］周锡瑞：《义和团运动的起源》，张俊义、王栋译，江苏人民出版社
2010年版。

之徒的社会。但是，根据以上各章的考察，这一区域在明代曾经非常繁荣，士绅阶层和缙绅望族的势力非常强大。明、清两代，归德府几乎是两个完全不同的社会，经历了非常不连续的历史过程。为什么明、清两代归德府的悬殊如此之大？裴宜理和周锡瑞的研究并未涉及这一问题。

根据笔者对归德府的个案研究，似乎可以得出如下推论：近代豫鲁苏边界地区持续不断的社会动乱，与明清之际的士绅支配体制密切相关。这是因为，一方面，在士绅阶层的地域支配下，民间的宗族组织难以稳定发展，未能形成类似华南地区的民间自治体制。另一方面，由于士绅阶层与缙绅望族的势力恶性膨胀，导致明末归德府的社会矛盾异常尖锐。明清之际的长期战乱和雍正年间的社会改革，导致了缙绅望族的没落和士绅支配体制的解体，但又未能形成新的地方自治机制，难以维持稳定的社会秩序，最终导致了近代以来的各种社会动乱。本书认为，清中叶以后，归德各种反社会秩序力量日趋活跃，如捻军、秘密会党与土匪等，与近代归德生态环境的恶化及社会统治秩序的危机有着密不可分的关系。当然，这只是笔者的初步认识，具体的论证还有待于今后进一步的研究。

附录：清代归德府地区自然灾害统计表

时间	地点		资料来源
顺治二年	永城	树介，鸟兽多死	光绪《永城县志》卷15《灾异志》
顺治三年	永城	地震	光绪《永城县志》卷15《灾异志》
顺治三年	虞城	地震，罗家口水溢，势甚危急	光绪《虞城县志》卷9《杂记·灾祥》
顺治三年	夏邑	冬，地震	民国《夏邑县志》卷9《杂志·灾异》
顺治四年	夏邑	河溢	民国《夏邑县志》卷9《杂志·灾异》
顺治四年	虞城	八月十五日夜，罗家口、田家庙、土楼三处河溢，护城堤外皆大水，庐舍淹没，秋田无获。嗣后连年大雨，城东洼下，平地行舟，熟地复荒	光绪《虞城县志》卷9《杂记·灾祥》
顺治五年	夏邑	大雨水	民国《夏邑县志》卷9《杂志·灾异》
顺治五年	虞城	大雨水	光绪《虞城县志》卷9《杂记·灾祥》
顺治六年	虞城	大雨水	光绪《虞城县志》卷9《杂记·灾祥》
顺治七年	永城	大风，雷雨，雹，二麦俱尽	光绪《永城县志》卷15《灾异志》
顺治七年	夏邑	旱，蝗	民国《夏邑县志》卷9《杂志·灾异》
顺治七年	宁陵	五月初二日未时雨雹，其大如杵、如拳、如鸡蛋者。城北麦禾尽伤，树叶无存，原野望若隆冬	宣统《宁陵县志》卷终《杂志·灾祥》

续表

时间	地点		资料来源
顺治七年	虞城	大蝗，十二月朔日食昼晦	光绪《虞城县志》卷9《杂记·灾祥》
顺治九年	永城	地震	光绪《永城县志》卷15《灾异志》
顺治九年	虞城	二月十五日地震	光绪《虞城县志》卷9《杂记·灾祥》
顺治九年	鹿邑	夏四月不雨，至于秋八月九月大水，冬饥	
顺治十年	夏邑	大雨水	民国《夏邑县志》卷9《杂志·灾异》
顺治十年	虞城	大雨水	光绪《虞城县志》卷9《杂记·灾祥》
顺治十一年	永城	大风雨，坏民居	光绪《永城县志》卷15《灾异志》
顺治十一年	夏邑	五月大风雨，毁禾拔木，室庐倾倒，城水不浸堤者尺许，八月地震	民国《夏邑县志》卷9《杂志·灾异》
顺治十一年	虞城	二月大雨淹麦，六月二十三大风雨，一昼夜，摧木拔树，倾屋坏垣，八月地震	光绪《虞城县志》卷9《杂记·灾祥》
顺治十二年	夏邑	冬，雨水，鸟兽冻死盈野	民国《夏邑县志》卷9《杂志·灾异》
顺治十二年	虞城	冬，雨水，鸟兽冻死盈野	光绪《虞城县志》卷9《杂记·灾祥》
顺治十二年	鹿邑	夏六月丙子，红雨如注，自辰至未，平地水深三尺，涡河堤决，没田禾	光绪《鹿邑县志》卷6下《民赋考二》
顺治十三年	永城	三月，大霜杀麦，闰五月，怪风自西北来，掀毁城隍庙左右民舍，一望瓦砾	光绪《永城县志》卷15《灾异志》
顺治十三年	夏邑	陨霜杀麦	民国《夏邑县志》卷9《杂志·灾异》
顺治十三年	睢州	五月至六月连雨，平地水深数尺	光绪《睢州志》卷12《存遗志·灾异》
顺治十三年	夏邑	五月，水	民国《夏邑县志》卷9《杂志·灾异》

续表

时间	地点		资料来源
顺治十三年	虞城	陨霜杀麦	光绪《虞城县志》卷9《杂记·灾祥》
顺治十四年	考城	大雨雹，大者如斗，小者如杵，入地尺余	民国《考城县志》卷3《事纪》
顺治十五年	虞城	夏，斑蝥害稼，比入药者黑大，食菽更苦。六月二十一日夜过如蝗，声似水响，居民惊起骇异，此虫城冬独多。人以为荒草根生，未知是否。又铜蛣螂甚多，昼伏夜出，食果木树立尽。或亦荒草所化欤？	光绪《虞城县志》卷9《杂记·灾祥》
顺治十五年	鹿邑	秋九月，淫雨浃二旬	光绪《鹿邑县志》卷6下《民赋考二》
顺治十六年	宁陵	大雨，连三月有余，陆地成河，禾稼尽没，民不聊生	宣统《宁陵县志》卷终《杂志·灾祥》
顺治十六年	虞城	大雨水，自夏徂秋，淫雨连绵，水流成渠，房屋倒坏无数	光绪《虞城县志》卷9《杂记·灾祥》
顺治十七年	虞城	秋，黄河水溢	光绪《虞城县志》卷9《杂记·灾祥》
康熙元年	永城	大水	光绪《永城县志》卷15《灾异志》
康熙元年	夏邑	大雨水	民国《夏邑县志》卷9《杂志·灾异》
康熙元年	睢州	大水	光绪《睢州志》卷12《存遗志·灾异》
康熙元年	宁陵	七月淫雨弥月，大水伤禾	宣统《宁陵县志》卷终《杂志·灾祥》
康熙元年	虞城	大雨水，地震	光绪《虞城县志》卷9《杂记·灾祥》
康熙元年	考城	八月黄河溢	民国《考城县志》卷3《事纪》
康熙四年	永城	考城黄河决，水薄永城外郭	光绪《永城县志》卷15《灾异志》
康熙四年	虞城	秋，黄河大决，时七月初十日，土楼、待宾寺等处堤溃，水势滔天，倾注夏邑	光绪《虞城县志》卷9《杂记·灾祥》

时间	地点		资料来源
康熙四年	夏邑	七月黄水灾，城被浸	民国《夏邑县志》卷9《杂志·灾异》
康熙六年	虞城	秋，黄河水溢	光绪《虞城县志》卷9《杂记·灾祥》
康熙六年	考城	七月，蝗	民国《考城县志》卷3《事纪》
康熙七年	睢州	地震，泽簸岸上	光绪《睢州志》卷12《存遗志·灾异》
康熙七年	夏邑	地大震，房屋有倾圮者	民国《夏邑县志》卷9《杂志·灾异》
康熙七年	宁陵	六月地震如雷，二十六日又震	宣统《宁陵县志》卷终《杂志·灾祥》
康熙七年	虞城	夏，地震有声如雷，时六月十七日戌刻大震，房屋倒坏无数，城东间有压死人者，地震之烈前此未之闻也	光绪《虞城县志》卷9《杂记·灾祥》
康熙七年	考城	六月十七日，地震，自西北来，声如奔马，房屋倾倒无数	民国《考城县志》卷3《事纪》
康熙七年	鹿邑	秋八月，淫雨伤稼	光绪《鹿邑县志》卷6下《民赋考二》
康熙九年	考城	十一月，（由于淮阳数被水灾）诏免考城额赋	民国《考城县志》卷3《事纪》
康熙十一年	虞城	河决水溢	光绪《虞城县志》卷9《杂记·灾祥》
康熙十一年	鹿邑	夏六月，蝗	光绪《鹿邑县志》卷6下《民赋考二》
康熙十六年	鹿邑	水，无麦	光绪《鹿邑县志》卷6下《民赋考二》
康熙十七年	虞城	黄河大决，大王庙、高家堂、土楼等处堤溃，水势滔天	光绪《虞城县志》卷9《杂记·灾祥》
康熙二十三年	鹿邑	无麦	光绪《鹿邑县志》卷6下《民赋考二》
康熙二十四年	永城	夏秋大雨，水伤麦谷，民饥	光绪《永城县志》卷15《灾异志》
康熙二十四年	夏邑	大雨水	民国《夏邑县志》卷9《杂志·灾异》

续表

时间	地点		资料来源
康熙二十四年	睢州	五月初七日淫雨为灾，至六月十四日止，秋禾悉淹没	光绪《睢州志》卷12《存遗志·灾异》
康熙二十四年	宁陵	大水，伤禾稼	宣统《宁陵县志》卷终《杂志·灾祥》
康熙二十四年	虞城	大雨水，诏免田租三分之一	光绪《虞城县志》卷9《杂记·灾祥》
康熙二十四年	鹿邑	春大饥，秋大水伤稼，九月免被灾额赋	光绪《鹿邑县志》卷6下《民赋考二》
康熙二十五年	永城	民大饥，奉各宪捐赈，发粟赈济	光绪《永城县志》卷15《灾异志》
康熙二十五年	虞城	诏免田租之半	光绪《虞城县志》卷9《杂记·灾祥》
康熙二十五年	睢州	七月十五日蝗虫自东而西，经过州境，望如黑云蔽天，至十九日止，并不伤田禾，真属仅事	光绪《睢州志》卷12《存遗志·灾异》
康熙二十五年	鹿邑	春，饥，夏六月，蝗	光绪《鹿邑县志》卷6下《民赋考二》
康熙二十六年	鹿邑	秋七月，蝗	光绪《鹿邑县志》卷6下《民赋考二》
康熙二十七年	宁陵	大雨连旬，田禾淹没殆尽	宣统《宁陵县志》卷终《杂志·灾祥》
康熙二十七年	虞城	大饥，春荒大饥，流亡载道。夏五月，民间妇女多无故自缢，历岁皆然，俗称迷月之灾	光绪《虞城县志》卷9《杂记·灾祥》
康熙二十八年	永城	大雨伤谷，民饥	光绪《永城县志》卷15《灾异志》
康熙二十八年	睢州	夏秋之交大旱，秋禾薄收，饥	光绪《睢州志》卷12《存遗志·灾异》
康熙二十八年	夏邑	大雨伤谷	民国《夏邑县志》卷9《杂志·灾异》
康熙二十八年	虞城	大饥。大雨水，田禾淹没，东南尤甚	光绪《虞城县志》卷9《杂记·灾祥》

时间	地点		资料来源
康熙二十八年	考城	黄河决	民国《考城县志》卷3《事纪》
康熙二十八年	鹿邑	夏六月大水伤稼，秋禾不登，冬十一月大雨震电雹霰交作继大雪，人多冻馁，官为粥以赈	光绪《鹿邑县志》卷6下《民赋考二》
康熙二十九年	考城	秋，牛瘟	民国《考城县志》卷3《事纪》
康熙二十九年	鹿邑	春，饥，赈粥，夏六月，免田租，秋牛疫	光绪《鹿邑县志》卷6下《民赋考二》
康熙三十年	睢州	雨雹，伤城东北一带麦，夏六月蝗	光绪《睢州志》卷12《存遗志·灾异》
康熙三十一年	睢州	雨雹，伤城南一带麦	光绪《睢州志》卷12《存遗志·灾异》
康熙三十三年	虞城	蝗不入境	光绪《虞城县志》卷9《杂记·灾祥》
康熙三十三年	考城	五月初九日，大雨雹	民国《考城县志》卷3《事纪》
康熙四十二年	虞城	水灾	光绪《虞城县志》卷9《杂记·灾祥》
康熙四十八年	虞城	水灾	光绪《虞城县志》卷9《杂记·灾祥》
康熙四十八年	鹿邑	大水	光绪《鹿邑县志》卷6下《民赋考二》
康熙五十一年	鹿邑	水，无麦禾	光绪《鹿邑县志》卷6下《民赋考二》
康熙六十年	虞城	旱灾	光绪《虞城县志》卷9《杂记·灾祥》
康熙六十一年	虞城	蝗灾	光绪《虞城县志》卷9《杂记·灾祥》
雍正元年	鹿邑	大旱，蝗蝻生	光绪《鹿邑县志》卷6下《民赋考二》
雍正三年	虞城	八月，待宾寺大堤溃决，黄水横流，直冲月堤，势甚危急	光绪《虞城县志》卷9《杂记·灾祥》
雍正八年	夏邑	旱	民国《夏邑县志》卷9《杂志·灾异》

时间	地点		资料来源
雍正八年	虞城	旱灾	光绪《虞城县志》卷9《杂记·灾祥》
雍正八年	考城	岁大饥	民国《考城县志》卷3《事纪》
乾隆元年	永城	黄河决，由砀山、永城至泗洲，诏悉蠲租之半	光绪《永城县志》卷15《灾异志》
乾隆四年	虞城	大雨水，诏免田租三分之一，发仓赈济，又苦粮价腾贵	光绪《虞城县志》卷9《杂记·灾祥》
乾隆四年	考城	霖雨伤禾	民国《考城县志》卷3《事纪》
乾隆四年	鹿邑	夏秋，淫雨川渠泛滥，坏民庐舍无算，禾稼大伤	光绪《鹿邑县志》卷6下《民赋考二》
乾隆五年	鹿邑	春，蝻生	光绪《鹿邑县志》卷6下《民赋考二》
乾隆六年	鹿邑	夏秋淫雨川溢，伤稼坏民庐舍	光绪《鹿邑县志》卷6下《民赋考二》
乾隆七年	鹿邑	夏秋淫雨川溢，陆地行舟，水，无禾	光绪《鹿邑县志》卷6下《民赋考二》
乾隆八年	鹿邑	春，大饥，道殣相望	光绪《鹿邑县志》卷6下《民赋考二》
乾隆十年	鹿邑	春牛疫	光绪《鹿邑县志》卷6下《民赋考二》
乾隆二十二年	考城	大雨伤禾，诏曰河南归德府属之夏邑、商丘、虞城、永城、考城并陈许两属各县，五六月间大雨连绵，以致洼地复有积水，秋禾被淹	民国《考城县志》卷3《事纪》
乾隆二十二年	鹿邑	秋饥	光绪《鹿邑县志》卷6下《民赋考二》
乾隆四十三年	宁陵	河决马店，经宁北境，三年水患，合龙后地被沙压，豁免钱粮，有差	宣统《宁陵县志》卷终《杂志·灾祥》
乾隆四十三年	考城	诏曰豫省丰仪考城一带，黄河漫口，被灾较重，上命截留江西漕粮赈考城	民国《考城县志》卷3《事纪》

时间	地点		资料来源
乾隆四十四年	考城	黄水漫口，上命赈考城	民国《考城县志》卷3《事纪》
乾隆四十五年	考城	黄水漫口，上命考城缓征钱粮，免漕赈济	民国《考城县志》卷3《事纪》
乾隆四十七年	考城	黄水漫口，上命赈考城	民国《考城县志》卷3《事纪》
乾隆四十八年	夏邑	旱	民国《夏邑县志》卷9《杂志·灾异》
乾隆四十八年	宁陵	河决宋家堂，水经宁北中和、崇义、长乐三乡，入商丘境	宣统《宁陵县志》卷终《杂志·灾祥》
乾隆四十九年	睢州	旱	光绪《睢州志》卷12《存遗志·灾异》
乾隆四十九年	夏邑	旱	民国《夏邑县志》卷9《杂志·灾异》
乾隆五十年	睢州	大旱	光绪《睢州志》卷12《存遗志·灾异》
乾隆五十年	夏邑	旱	民国《夏邑县志》卷9《杂志·灾异》
乾隆五十年	宁陵	大旱，赤地千里，宁当其甚，民饥相食，死亡流离，十去六七，井里萧条	宣统《宁陵县志》卷终《杂志·灾祥》
乾隆五十年	考城	考城旱灾，上命免各项钱粮，诏免考城县缓征带征	民国《考城县志》卷3《事纪》
乾隆五十一年	永城	岁饥，人相食	光绪《永城县志》卷15《灾异志》
乾隆五十一年	虞城	大饥，疫	光绪《虞城县志》卷9《杂记·灾祥》
乾隆五十一年	考城	诏赏考城县贫民口粮	民国《考城县志》卷3《事纪》
乾隆五十一年	鹿邑	大饥	光绪《鹿邑县志》卷6下《民赋考二》
乾隆五十三年	考城	诏缓征考城漕粮	民国《考城县志》卷3《事纪》
嘉庆三年	睢州	河决高小集，睢当其冲	光绪《睢州志》卷12《存遗志·灾异》

续表

时间	地点		资料来源
嘉庆四年	夏邑	蝗害稼	民国《夏邑县志》卷9《杂志·灾异》
嘉庆年间	虞城	萧堤岔黄河水溢，经厅官督兵防堵，幸未大决，秋禾被淹	光绪《虞城县志》卷9《杂记·灾祥》
嘉庆十六年	永城	河决桑堤口，永城迤北当其冲，淹没田禾、人口	光绪《永城县志》卷15《灾异志》
嘉庆十六年	夏邑	河决桑堤口，邑境被灾	民国《夏邑县志》卷9《杂志·灾异》
嘉庆十七年	睢州	大旱	光绪《睢州志》卷12《存遗志·灾异》
嘉庆十七年	考城	大旱，饥	民国《考城县志》卷3《事纪》
嘉庆十八年	永城	复大饥	光绪《永城县志》卷15《灾异志》
嘉庆十八年	睢州	饥	光绪《睢州志》卷12《存遗志·灾异》
嘉庆十八年	宁陵	河决宋家堂，概县被灾，城溃，人民死者无数。十九年夏秋，水势弥漫。二十年春合龙，地被、沙压、河占、不毛	宣统《宁陵县志》卷终《杂志·灾祥》
嘉庆十八年	鹿邑	夏六月，大旱饥，秋九月，陨霜杀荞麦	光绪《鹿邑县志》卷6下《民赋考二》
嘉庆十九年	睢州	大疫	光绪《睢州志》卷12《存遗志·灾异》
嘉庆十九年	鹿邑	春大饥，夏六月旱，秋大水	光绪《鹿邑县志》卷6下《民赋考二》
嘉庆二十四年	睢州	河决南岸	光绪《睢州志》卷12《存遗志·灾异》
嘉庆二十四年	宁陵	河溢伤禾	宣统《宁陵县志》卷终《杂志·灾祥》
嘉庆二十四年	考城	河溢，水灾	民国《考城县志》卷3《事纪》
嘉庆二十四年	鹿邑	夏五月旱，秋七月水，八月河决开封，氾及县境，平地水数尺，坏庐舍无算，九月至冬十月，淫雨，十一月雪大水	光绪《鹿邑县志》卷6下《民赋考二》

续表

时间	地点		资料来源
嘉庆二十五年	鹿邑	夏五月雨雹损稼，六月河决开封兰仪县，氾及县境，平度水数尺	光绪《鹿邑县志》卷6下《民赋考二》
道光元年	夏邑	大雨水，疫	民国《夏邑县志》卷9《杂志·灾异》
道光二年	鹿邑	夏六月十六日，大雨川渠尽溢，秋稼大伤，秋七月十四日大雨，白沟堤溃，平地水深丈许	光绪《鹿邑县志》卷6下《民赋考二》
道光五年	永城	蝗蝻遍野	光绪《永城县志》卷15《灾异志》
道光五年	鹿邑	秋虫伤稼，棉不实	光绪《鹿邑县志》卷6下《民赋考二》
道光九年	鹿邑	夏旱	光绪《鹿邑县志》卷6下《民赋考二》
道光十一年	鹿邑	水	光绪《鹿邑县志》卷6下《民赋考二》
道光十二年	虞城	大水	光绪《虞城县志》卷9《杂记·灾祥》
道光十二年	鹿邑	水	光绪《鹿邑县志》卷6下《民赋考二》
道光十三年	虞城	饥疫	光绪《虞城县志》卷9《杂记·灾祥》
道光十三年	鹿邑	大旱，饥	光绪《鹿邑县志》卷6下《民赋考二》
道光十六年	夏邑	蝗飞蔽天	民国《夏邑县志》卷9《杂志·灾异》
道光十六年	鹿邑	秋七月，蝗蝻伤稼，九月陨霜杀荞麦	光绪《鹿邑县志》卷6下《民赋考二》
道光十八年	虞城	饥	光绪《虞城县志》卷9《杂记·灾祥》
道光二十一年	鹿邑	秋七月，河决开封，氾及县境，禾稼大伤，南境灾尤甚	光绪《鹿邑县志》卷6下《民赋考二》
道光二十二年	鹿邑	大旱，秋无禾，河水自蔡河入境，溢没民舍	光绪《鹿邑县志》卷6下《民赋考二》
道光二十三年	永城	岁饥	光绪《永城县志》卷15《灾异志》

续表

时间	地点		资料来源
道光二十三年	鹿邑	水，无禾	光绪《鹿邑县志》卷6下《民赋考二》
道光二十四年	鹿邑	大水	光绪《鹿邑县志》卷6下《民赋考二》
道光二十五年	鹿邑	灾	光绪《鹿邑县志》卷6下《民赋考二》
道光二十六年	鹿邑	灾	光绪《鹿邑县志》卷6下《民赋考二》
道光二十七年	永城	岁饥	光绪《永城县志》卷15《灾异志》
道光二十七年	睢州	大旱	光绪《睢州志》卷12《存遗志·灾异》
道光二十七年	虞城	六月，黄河水发，南北弥漫，秋禾尽被淹没	光绪《虞城县志》卷9《杂记·灾祥》
道光二十七年	考城	旱灾，上命赈之	民国《考城县志》卷3《事纪》
道光二十八年	夏邑	地震，釜瓮有声	民国《夏邑县志》卷9《杂志·灾异》
道光二十八年	鹿邑	八月大雨水	光绪《鹿邑县志》卷6下《民赋考二》
咸丰元年	永城	地震	光绪《永城县志》卷15《灾异志》
咸丰元年	夏邑	六月淫雨，十一月二十日地震	民国《夏邑县志》卷9《杂志·灾异》
咸丰元年	鹿邑	秋淫雨害稼	光绪《鹿邑县志》卷6下《民赋考二》
咸丰二年	永城	地震，黄雾四塞	光绪《永城县志》卷15《灾异志》
咸丰二年	夏邑	地震	民国《夏邑县志》卷9《杂志·灾异》
咸丰二年	宁陵	十一月初六日地震，三年六月二十二日地震	宣统《宁陵县志》卷终《杂志·灾祥》
咸丰四年	宁陵	四月震、电、大雨、雹	宣统《宁陵县志》卷终《杂志·灾祥》

时间	地点		资料来源
咸丰四年	考城	缓征考城县粮	民国《考城县志》卷3《事纪》
咸丰五年	宁陵	六月河决铜坂口，后沿河筑堤，宁无水患	宣统《宁陵县志》卷终《杂志·灾祥》
咸丰五年	考城	水灾，十二月蠲考城赋，并给贫民口粮有差	民国《考城县志》卷3《事纪》
咸丰六年	永城	蝗食禾尽，惟绿豆成熟	光绪《永城县志》卷15《灾异志》
咸丰六年	睢州	飞蝗蔽天，七月，蝻伤秋禾	光绪《睢州志》卷12《存遗志·灾异》
咸丰六年	夏邑	大旱，蝗	民国《夏邑县志》卷9《杂志·灾异》
咸丰六年	宁陵	秋，蝗食禾	宣统《宁陵县志》卷终《杂志·灾祥》
咸丰六年	虞城	大旱，蝗伤禾	光绪《虞城县志》卷9《杂记·灾祥》
咸丰六年	考城	蝗	民国《考城县志》卷3《事纪》
咸丰七年	永城	春，大饥，四月，大雨雹，大水。麦斗三千四百文，杂粮斗二千七八百文，人民饿死	光绪《永城县志》卷15《灾异志》
咸丰七年	睢州	蝗自东南来，积地尺，树为折，秋禾食尽	光绪《睢州志》卷12《存遗志·灾异》
咸丰七年	虞城	大饥	光绪《虞城县志》卷9《杂记·灾祥》
咸丰七年	鹿邑	秋七月蝗	光绪《鹿邑县志》卷6下《民赋考二》
咸丰八年	睢州	蝗	光绪《睢州志》卷12《存遗志·灾异》
咸丰八年	考城	蝗	民国《考城县志》卷3《事纪》
咸丰八年	鹿邑	秋，蝗	光绪《鹿邑县志》卷6下《民赋考二》
咸丰九年	永城	地震	光绪《永城县志》卷15《灾异志》

续表

时间	地点		资料来源
咸丰九年	夏邑	地震	民国《夏邑县志》卷9《杂志·灾异》
咸丰九年	宁陵	九月初四日地震	宣统《宁陵县志》卷终《杂志·灾祥》
咸丰十年	夏邑	大雪	民国《夏邑县志》卷9《杂志·灾异》
咸丰十年	鹿邑	春三月淫雨	光绪《鹿邑县志》卷6下《民赋考二》
咸丰十一年	永城	五月，飞蝗蔽天	光绪《永城县志》卷15《灾异志》
咸丰十一年	鹿邑	夏蝗	光绪《鹿邑县志》卷6下《民赋考二》
同治元年	永城	二月，黄风竟日，四月，蝻子出，飞蝗自北来，麦禾大损，六月，蝗复至，食禾无遗	光绪《永城县志》卷15《灾异志》
同治元年	夏邑	二月二十七日，黄风竟日，昼昏	民国《夏邑县志》卷9《杂志·灾异》
同治二年	永城	五月，雨雹，蝗自西来，食禾尽	光绪《永城县志》卷15《灾异志》
同治二年	宁陵	夏，蝗过境，蝻生	宣统《宁陵县志》卷终《杂志·灾祥》
同治三年	鹿邑	夏四月雨水伤麦	光绪《鹿邑县志》卷6下《民赋考二》
同治四、五、六、七年	宁陵	连年大雨，洼地尽成泽国，民有饥色	宣统《宁陵县志》卷终《杂志·灾祥》
同治五年	永城	四月，雨雹大如鸡卵，积地半尺，麦尽损	光绪《永城县志》卷15《灾异志》
同治五年	夏邑	五月乙酉午刻，怪风突起，飞沙走石，拔木毁室，禾尽偃。六月大雨，城河溢，几浸垛	民国《夏邑县志》卷9《杂志·灾异》
同治六年	鹿邑	夏六月，大雨水，伤稼	光绪《鹿邑县志》卷6下《民赋考二》
同治七年	睢州	春雨大，平地水深三尺，伤稼	光绪《睢州志》卷12《存遗志·灾异》
同治十三年	永城	五月，大风发屋，六月，蝗	光绪《永城县志》卷15《灾异志》

续表

时间	地点		资料来源
同治十三年	虞城	四月初九日，申时大风，昼晦，摧木拔树，倾屋坏垣，且将城上女墙吹去数十，石坊吹倒三座，文昌阁、地葬庵瓦与栋梁俱被吹去。后即继以冰雹，大者如拳，平地约半尺余，鸟雀死者无数，二麦将熟，一旦荡然无存，实为非常之灾	光绪《虞城县志》卷9《杂记·灾祥》
光绪元年	鹿邑	冬十二月，大雪，麦根多伤	光绪《鹿邑县志》卷6下《民赋考二》
光绪二年	夏邑	旱，蝗	民国《夏邑县志》卷9《杂志·灾异》
光绪二年	睢州	大旱，饥，积尸盈野，斗米千余钱	光绪《睢州志》卷12《存遗志·灾异》
光绪二年	考城	大旱，饥	民国《考城县志》卷3《事纪》
光绪二、三年	宁陵	河南、山西大旱，宁为边幅，岁歉，谷价腾贵，斗米二千余，民有饿死者。至四年秋禾丰稔，五年麦秀双歧，民之元气始复	宣统《宁陵县志》卷终《杂志·灾祥》
光绪三年	睢州	大旱，二月初六日黄风竟日	光绪《睢州志》卷12《存遗志·灾异》
光绪三年	考城	二月初六日，黄风竟日，大疫	民国《考城县志》卷3《事纪》
光绪三年	鹿邑	秋大旱，蝗	光绪《鹿邑县志》卷6下《民赋考二》
光绪四年	夏邑	二月二十日，黄风竟日，昼昏	民国《夏邑县志》卷9《杂志·灾异》
光绪四年	睢州	春大旱，三月二十八日大风自西北起，昼晦，迅雨雹寸余	光绪《睢州志》卷12《存遗志·灾异》
光绪四年	考城	春大旱，三月二十八日大风自西北起，飞沙走石，昼晦	民国《考城县志》卷3《事纪》
光绪五年	睢州	三月十七日大风，雷雨，禾木坏，是夜寒甚，雪深七寸	光绪《睢州志》卷12《存遗志·灾异》
光绪五年	鹿邑	夏六月，大雨平地水深数尺，城垣颓圮数十丈	光绪《鹿邑县志》卷6下《民赋考二》

续表

时间	地点		资料来源
光绪六年	宁陵	春疫，人多死者	宣统《宁陵县志》卷终《杂志·灾祥》
光绪六年	睢州	九月二十一日大风自西北起，昼晦	光绪《睢州志》卷12《存遗志·灾异》
光绪六年	鹿邑	秋大旱，种麦失时，菽不实	光绪《鹿邑县志》卷6下《民赋考二》
光绪七年	宁陵	夏旱，禾苗槁	宣统《宁陵县志》卷终《杂志·灾祥》
光绪九年	永城	淫雨，自四月至八月，麦禾尽伤	光绪《永城县志》卷15《灾异志》
光绪十三年	夏邑	雨雹	民国《夏邑县志》卷9《杂志·灾异》
光绪十三年	鹿邑	夏六月，旱，秋八月，淫雨，河决上南厅第九堡，县南境淹没	光绪《鹿邑县志》卷6下《民赋考二》
光绪十四年	鹿邑	水，西南境河水泛滥	光绪《鹿邑县志》卷6下《民赋考二》
光绪十五年	宁陵	秋大疫，转筋泄泻，民多遄死，不及医药	宣统《宁陵县志》卷终《杂志·灾祥》
光绪十五年	睢州	五月初七日申时大风自北起，黄沙蔽天走石，昼晦	光绪《睢州志》卷12《存遗志·灾异》
光绪十六年	夏邑	大雨，池水溢堤，南门东寒洞破，几灌城，塞之，开引河于东南，水始落	民国《夏邑县志》卷9《杂志·灾异》
光绪十六年	鹿邑	秋八月，淫雨败菽棉尽死	光绪《鹿邑县志》卷6下《民赋考二》
光绪十七年	鹿邑	夏六月西北境雨雹，旱稼尽伤，秋七月，淫雨，晚禾亦伤，有虫昼潜夜出，食谷叶皆尽	光绪《鹿邑县志》卷6下《民赋考二》
光绪十八年	永城	芒山石塘崩，压死二十七人，骨肉如泥	光绪《永城县志》卷15《灾异志》
光绪十八年	鹿邑	夏闰六月，蝗蝻害稼，秋八月，虫害菽	光绪《鹿邑县志》卷6下《民赋考二》
光绪十九年	鹿邑	秋始旱，继潦，禾稼大伤，是年牛疫，自八月至于明年三月，牛死无算	光绪《鹿邑县志》卷6下《民赋考二》

时间	地点		资料来源
光绪二十一年	永城	天屡昼霾，黄尘四塞	光绪《永城县志》卷15《灾异志》
光绪二十三年	永城	雨漂禾	光绪《永城县志》卷15《灾异志》
光绪二十三年	夏邑	地震	民国《夏邑县志》卷9《杂志·灾异》
光绪二十四年	永城	淫雨百日，麦禾尽伤，年饥	光绪《永城县志》卷15《灾异志》
光绪二十四年	夏邑	大水	民国《夏邑县志》卷9《杂志·灾异》
光绪二十四年	宁陵	四月大雨，麦禾没，夏频大雨，岁饥，民有饿殍	宣统《宁陵县志》卷终《杂志·灾祥》
光绪二十五年	宁陵	夏蝗生蝻，幸伤禾无多	宣统《宁陵县志》卷终《杂志·灾祥》
光绪二十六年	永城	五月，飞蝗入境	光绪《永城县志》卷15《灾异志》
光绪二十六年	考城	二月初八日，大风昼晦，蝗有邻县入境，飞则蔽日，平地寸余，食禾几尽	民国《考城县志》卷3《事纪》
光绪二十七年	永城	二月，黑、红、黄三色风竟日，昼晦，坏屋无算，五月，飞蝗入境	光绪《永城县志》卷15《灾异志》
光绪二十七年	夏邑	二月十四日，暴风飙震，黄、黑、赤三色互变，终日如晦	民国《夏邑县志》卷9《杂志·灾异》
光绪二十七年	宁陵	六月十二日大风拔木	宣统《宁陵县志》卷终《杂志·灾祥》
光绪二十七年	考城	三月，蝻，六月，河溃堤灌城，城外水深八九尺，淹没八十余村，坏庐舍无算，溺死者十四人，居民皆逃南大堤上，饥饿号泣，终日不得一食	民国《考城县志》卷3《事纪》
光绪二十九年	考城	二月初九日，红风尽冥	民国《考城县志》卷3《事纪》
光绪三十二年	夏邑	大雨水，沟河漫溢十三次，明春，大饥	民国《夏邑县志》卷9《杂志·灾异》
光绪三十二年	宁陵	夏秋大雨，田禾淹没几尽，民有饥色	宣统《宁陵县志》卷终《杂志·灾祥》

续表

时间	地点		资料来源
光绪三十三年	夏邑	地震	民国《夏邑县志》卷9《杂志·灾异》
宣统元年	夏邑	六月，大雨伤禾	民国《夏邑县志》卷9《杂志·灾异》
宣统元年	考城	七月黑虫食禾殆尽	民国《考城县志》卷3《事纪》
宣统二年	夏邑	夏秋，雨淫成灾	民国《夏邑县志》卷9《杂志·灾异》
宣统二年	宁陵	秋，大雨伤禾，三年春，谷价奇昂，斗米三千余	宣统《宁陵县志》卷终《杂志·灾祥》
宣统三年	夏邑	春，大饥，人相食。八月初四夜，地震有声	民国《夏邑县志》卷9《杂志·灾异》

参考文献

一 地方志、文集及其他

嘉靖《归德志》，天一阁藏明代方志选刊，上海古籍书店1990年影印本。

嘉靖《夏邑县志》，天一阁藏明代方志选刊，上海古籍书店1963年影印本。

嘉靖《永城县志》，天一阁藏明代方志选刊，上海古籍书店1990年影印本。

康熙《商丘县志》，中州古籍出版社1989年点校本。

康熙《夏邑县志》，康熙三十六年刊本。

康熙《郑州志》，康熙三十二年刊本。

雍正《河南通志》，清雍正十三年刻，同治八年补刻本。

乾隆《续河南通志》，清乾隆三十二年刻本。

乾隆《归德府志》，商丘地区文化局与商丘地区文物管理委员会1980年点校本。

乾隆《新郑县志》，新郑市地方史志编纂委员会1997年点校本。

光绪《永城县志》，清光绪二十九年（1903）刻本。

光绪《永城县志》，永城县志编纂委员会整理，中州古籍出版社1991年点校本。

光绪《虞城县志》，虞城县志编纂委员会整理，中州古籍出版社1996年版点校本。

光绪《柘城县志》，光绪二十二年刊本。

光绪《柘城县志》，柘城县志编纂委员会总编室整理，中州古籍出版社 1991 年点校本。

光绪《鹿邑县志》，台北成文出版社 1976 年影印本。

光绪《扶沟县志》，台北成文出版社 1976 年影印本。

光绪《睢州志》，中州古籍出版社 1990 年版点校本。

宣统《宁陵县志》，宁陵县志编纂委员会整理，中州古籍出版社 1989 年点校本。

民国《夏邑县志》，夏邑县志编纂委员会整理，中州古籍出版社 1990 年点校本。

民国《民权县志》，民国三十三年铅印本。

民国《考城县志》，民国三十年铅印本。

《商丘地区志》，生活·读书·新知三联书店 1996 年点校本。

《商丘市民俗志》，商丘市民俗志编辑室 1989 年点校本。

《商丘地区文化志》，商丘地区文化局 1990 年点校本。

《商丘县志》，生活·读书·新知三联书店 1991 年点校本。

《永城县志》（水利篇），永城县志编纂委员会总编辑室 1986 年点校本。

《虞城县志》，生活·读书·新知三联书店 1991 年点校本。

郭善邻：《春山先生文集》，乾隆五十六年友鹤山房刊本。

顾祖禹：《读史方舆纪要》，中华书局 1955 年点校本。

顾炎武：《天下郡国利病书》，《四库全书存目丛书》史部 171，齐鲁书社 1996 年影印本。

侯方域：《壮悔堂文集》，《四库禁毁书丛刊》集部 51，北京出版社 1998 年影印本。

贾开宗：《溯园文集》，道光八年刊本。

吕坤：《去伪斋文集》，《四库全书存目丛书》集部 87，齐鲁书社 1997 年影印本。

吕坤：《吕新吾全集》，明万历年间刻，清同治光绪年间修补本。

吕坤：《救命书》，《丛书集成初编》，中华书局 1983 年影印本。

吕坤：《实政录》，《续修四库全书》史部 753，上海古籍出版社 1995 年影印本。

刘榛：《虚直堂文集》，清康熙刻本。

刘德培：《见天小筑诗存》，清康熙刻本。

李天腹：《容斋千首诗》，清光绪十二年铅印本，新乡市图书馆藏。

李敏修：《中州先哲传》，民国经川图书馆刊本，河南大学图书馆藏。

马振波：《大梁史事百诛》，民国三十三年铅印本，河南省图书馆藏。

苗思顺：《半舫斋遗草》，民国三年宁陵苗氏石印本，河南省图书馆藏。

宋荦：《漫堂说诗》，《四库全书存书丛书》集部421，齐鲁书社
　　1997年影印本。

宋荦：《绵津山人诗集》，《四库全书存书丛书》集部225，齐鲁书
　　社1997年影印本。

宋荦：《江左十五子诗选》，《四库全书存书丛书》集部386，齐鲁
　　书社1997年影印本。

宋荦：《筠廊偶笔》，《四库全书存书丛书》子部114，齐鲁书社
　　1997年影印本。

宋至：《纬萧草堂诗》，《四库全书存书丛书》集部225，齐鲁书社
　　1997年影印本。

沈鲤：《文雅社约》，《四库全书存书丛书》子部杂家类，齐鲁书社
　　1997年影印本。

沈金盘：《思过轩吟草》，民国十二年刊本，宁陵县刘楼乡谢集东村
　　沈东家藏。

孙奇逢：《中州人物考》，道光二十四年刻本，河南大学图书馆藏。

田文镜：《抚豫宣化录》，《四库全书存目丛书》史部69册，齐鲁书
　　社1997影印本。

田兰芳：《逸德轩遗稿》，康熙二十五年刊本，河南省图书馆藏。

汪介人：《中州杂俎》，民国十年刊本，河南省图书馆藏。

王凤生：《宋州从政录》，载刘俊文《官箴书集成》，官箴书集成编
　　纂委员会编，黄山书社1997年影印本。

徐作肃：《偶更堂集》，上海古籍出版社1982年点校本。

尹会一：《抚豫条教》，《丛书集成初编》，中华书局1983年点校本。

杨淮：《中州诗抄》，中州古籍出版社 1997 年点校本。

赵振先：《赵惠南家传录》，清同治间抄本，新乡市图书馆藏。

赵震元：《松青堂文选》，民国十年铅印本，河南商务印刷所印，河南省图书馆藏。

赵振先：《赵惠南文集》，中州文献征辑处抄本，新乡市图书馆藏。

郑廉：《豫变纪略》，《四库禁毁书从刊》史部 74，北京出版社 1997 年影印本。

郑廉：《豫变纪略》，浙江古籍出版社 1984 年点校本。

《宋史》，中华书局 1985 年版。

《元史》，中华书局 1976 年版。

《明史》，中华书局 1974 年版。

（清）龙文彬：《明会要》，中华书局 1956 年版。

陈子龙选辑：《明经世文编》，中华书局 1967 年版。

《明实录》，"中研院"历史语言研究所校勘，上海古籍书店 1983 年版。

《明会典》，《景印文渊阁四库全书》第 617—618 册，商务印书馆 1986 年版。

《武职选簿》（归德卫），中国第一历史档案馆编：《中国明朝档案总汇》，广西师范大学出版社2001年版。

清史编委会编：《清史》，国防研究院 1963 年版。

《清实录》，中华书局 1985 年版。

《钦定大清会典》，《景印文渊阁四库全书》第619册，商务印书馆 1986 年版。

商丘档案馆所藏夏邑县安清帮、夏邑县一贯道、虞城县一贯道、虞城县中华道德慈善会、柘城县一心天道、项城县安清帮等会道门资料。

汤斌：《汤斌集》，中州古籍出版社 2003 年点校本。

二 家谱

《兰封秦氏族谱》，民国二十二年（1933）刻本，郑州大学工学院图书馆藏。

《栗山世祀》，乾隆年间刻本，夏邑县彭承良藏。

《骊山高氏族谱》，同治十年（1871）刻本，商丘谢集高大昌家藏。

《民权焦氏家谱》，1993年刻本，民权县王桥乡大焦庄焦明新家藏。

《民权渔王氏族谱》，1954年刻本，民权县王桥乡王大庄王乐田家藏。

《宁陵吕氏家志》，康熙十三年（1674）刻本，宁陵县吕月栋家藏。

《宁陵吕氏家志》，1986年点校本，宁陵县委办公室藏。

《宁陵张氏家谱》，1984年点校本，宁陵县程楼乡后张村张宁远家藏。

《宁陵瓦屋刘氏族谱》，1985年点校本，宁陵县程楼乡刘氏家藏。

《三祝堂刘氏家乘》，民国五年（1916）刻本，商丘刘口刘氏家藏。

《双塔宋氏族谱》，1988年点校本，民权县双塔乡唐寨宋存荣家藏。

《商丘蒋氏族谱》，光绪五年（1879）刻本，商丘师院图书馆藏。

《商丘宋氏家乘》，光绪八年（1882）刻本，商丘宋氏理事会藏。

《商丘宋氏族谱》，民国五年（1916）刻本，商丘宋氏理事会藏。

《商丘侯氏家乘》，光绪三十年（1904）刻本，商丘侯园侯友全家藏。

《商丘叶氏家乘》，民国八年（1919）刻本，虞城县叶老家藏。

《商丘沈氏家谱》，民国二十三年（1934）刻本，商丘谢集沈发刚家藏。

《商丘魏氏族谱》，1984年点校本，商丘双八乡魏庄魏氏家藏。

《商丘朱氏家乘》，1985年点校本，商丘双八乡乡朱楼朱氏家藏。

《商丘张氏家谱》，1989年点校本，商丘双八乡李祠堂张广胜家藏。

《商丘虢叔宗谱》，1994年点校本，商丘黑刘庄乡李氏家藏。

《商丘陈氏家谱》，1994年点校本，商丘大陈庄陈氏家藏。

《商丘杨氏族谱》，1999年点校本，商丘杨氏家藏。

《商虞丁氏三续家乘》，1985年点校本，商丘丁楼丁氏家藏。

《睢州蒋氏家谱》，1990年点校本，商丘师院图书馆藏。

《睢州汤氏族谱》，1986年点校本，宁陵县黄岗乡己吾城汤志兴家藏。

《夏邑班氏家谱》，1987年点校本，夏邑县档案馆藏。

《夏邑彭氏家谱》，民国五年（1916）刻本，夏邑县彭承良藏。

《夏邑彭氏大族谱》，1996年点校本，夏邑县彭承良藏。

《虞城范氏族谱》，民国八年（1919）刻本，虞城县李老家范庄范志
　　强家藏。

《柘城门楼王氏族谱》，1984年点校本，柘城县王氏家藏。

三　墓志铭

商丘：

嘉靖二年（1523）：明故昭信校尉归德卫后所百户致仕孙公（隆）墓
　　志铭。

嘉靖三年（1524）：明故百户秦母安人陈氏墓志铭。

嘉靖二十一年（1542）：明陈（力）母李氏圹志。

嘉靖三十六年（1557）：明故寿官东野陈翁（昱）墓志铭。

万历元年（1573）：明封宜人刘母申氏墓志铭。

康熙二十六年（1687）：清修前明资德大夫正治上卿户部尚书侯公（恂）
　　暨元配杨夫人合葬墓志铭。

康熙二十六年（1687）：清奉议大夫刑部江西清吏司郎中恤刑浙江侯
　　公（方夏）暨元张宜人合葬墓志铭。

康熙三十六年（1697）：清诰封淑人宋（至）母叶夫人墓志铭。

雍正十二年（1734）：清敕授儒林郎提督浙江学政翰林院编修山言宋
　　君（至）暨元配刘安人合葬墓志铭。

乾隆十四年（1749）：清赐同进士出身诰授中宪大夫刑部督捕司郎中
　　青立宋公（华金）墓志铭。

宣统三年（1911）：清例授儒林郎候选布政司经历蔡君讳廷春字觐光
　　安葬墓志铭。

永城：

永乐十七年（1419）：明府军左卫指挥使张公（晃）圹志。

崇祯十一年（1638）：明增广生胡公（顺义）墓志铭。

顺治四年（1647）：清修前明敕授文林郎国子监博士口公（谱元）暨
　　配赠封孺人贾氏刘石氏合葬墓志铭。

康熙四年（1665）：明孝子公绍李大公（支承）暨元配丁孺人合葬墓
　　志铭。

康熙二十四年（1685）：清修前明正治卿中奉大夫兵部尚书练公（国事）
　　暨元配诰封夫人赵氏侧室诰封夫人王氏合葬墓志铭。

乾隆二十六年（1761）：清显曾祖考桂庵太府君（张雯生）曾祖妣盛
　　太君墓志铭。

乾隆四十四年（1779）：清岁贡生显考松樵府君（吕祖良）暨显妣李
　　太君合葬墓志铭。

道光五年（1825）：清诰授奉直大夫贵州开州知州毖轩吕公（柱石）
　　暨德配陈宜人合葬墓志铭。

睢县：

弘治二年（1489）：明故中宪大夫济南府知府蔡公（晟）墓志铭。

正德三年（1508）：明太宜人蔡（天祐）母（胡淑容）墓志铭。

嘉靖八年（1529）：明故高平知□柳公（豸）墓志铭。

嘉靖十四年（1535）：明故少司马石冈蔡公（天祐）墓志铭。

嘉靖十八年（1539）：明诰封王（金滕）淑人安氏墓志铭。

嘉靖二十年（1541）：明故封淑人蔡（崇伟）母韩氏墓志铭。

嘉靖二十年（1541）：明骠骑将军东泉汤公（卿）墓志铭。

嘉靖四十一年（1562）：明睢州王（延）孺人高氏墓志铭。

嘉靖四十四年（1565）：明国子盛博士梅野王公（金章）副室刘氏完
　　节附葬墓志铭。

嘉靖四十五年（1566）：明太学生苏泉王君（延）配高氏合葬墓志铭。

嘉靖四十五年（1566）：明昌平州儒学学正西塘徐公（翰）墓志铭。

隆庆四年（1570）：明庠生独冈轩君（中规）墓志铭。

万历八年（1580）：明合葬父（徐翰）母（吴氏）识石。

万历十年（1582）：明合葬叔父儒官徐公（干）叔母司氏墓志铭。

万历十年（1582）：明显考省祭官杨公（津）墓志铭。

万历十四年（1586）：明考（许迁荣）妣（刘氏霍氏）合葬墓志铭。

万历二十年（1592）：明省祭官杨公（洲）配夫人孙氏吴氏合葬墓志铭。

万历二十年（1592）：明省祭官楫公（洲）配孺人孙氏吴氏李氏合葬
之墓志铭。

万历二十一年（1593）：明武进士昭毅将军跻斋汤公（敬）墓志铭。

万历四十年（1612）：明故开封府庠员继泉袁公（学程）配贞节田孺
人合葬墓志铭。

万历四十六年（1618）：明故国学生养斋傅公（性善）配孺人李氏合
葬墓志铭。

崇祯十七年（1644）：明故处士两泉李公行一暨厥配顿氏合葬墓志铭。

崇祯十七年：明故昭毅将军王公配淑人罗氏合葬墓志铭。

康熙十四年（1675）：清中宪大夫广东韶州府知府壖筑赵公（霖吉）
暨元配恭人张氏合葬墓志铭。

康熙二十年（1681）：清诰授奉政大夫提督江南通省学政按察司金事
眉叟刘公（士龙）暨元配诰赠宜人刘氏合葬墓志铭。

康熙三十四年（1695）：清待赠太夫人汤（斑）母轩太君墓志铭。

康熙三十六年（1697）：清敕授文林郎湖广衡州府安仁县知县王公讳
赞字襄哉暨元配孺人蒋氏继配孺人徐氏合葬墓志铭。

乾隆二十年（1755）：清敕授文林郎江南松江府金山县知县改授济源
县儒学教谕诚斋汤公（之□）暨元配孺人李太君继配孺人杨太君
侧室唐太君合葬墓志铭。

乾隆三十年（1765）：清岁进士应授修职郎候选教谕期五蒋公（应运）
暨德配应赠孺人袁太君合葬墓志铭。

虞城：

嘉靖三十四年（1555）：明故国学生西台范公（椿）暨配孺人何氏墓
志铭。

康熙三十三年（1694）：清修前明通议大夫兵部左侍郎加授二品服俸
青来叶公（廷桂）暨元配李淑人副室刘宜人蒋孺人合葬墓志铭。

民权：

隆庆五年（1571）：明处士杨公（思爱）配孺人辛氏丁氏合葬墓志。

隆庆五年（1571）：明父杨公（廷佐）配母白氏吴氏合葬墓志铭。

康熙四十八年（1709）：清诰授奉政大夫湖广宝庆府知府公冕王公（组）
　　墓志铭。

道光十一年（1831）：清敕授修职郎□乡县儒学教谕甲寅科副榜硕亭
　　陈公（同高）暨元配张孺人合葬墓志铭。

柘城：

嘉靖二十五年（1546）：明轩处士公（冕）梁孺人合葬墓志铭。

嘉靖三十一年（1552）：明故张处士（甫道）暨配谢氏合葬墓志铭。

万历二十三年（1595）：明故寿官王二公（家辅）配刘氏合葬墓志铭。

康熙五十一年（1712）：清乡贡进士宜君令魏君（珫）墓志铭。

夏邑：

天启四年（1624）：明故原任陕西同官县知县敕赠文林郎山西道御史
　　慕洲彭公（好古）墓志铭。

天启四年（1624）：明彭（端吾）母范孺人墓志铭。

乾隆五十年（1785）：清敕授征仕郎广西凭祥州州判陆君（庆均）墓
　　志铭。

以上墓志铭除部分藏于八关斋外，大多数出自中国文物研究所、河南
　　省文物研究所编：《新中国出土墓志（河南）》，文物出版社
　　1994年版。

四　著作

［美］菲尔·比林斯利：《民国时期的土匪》，王贤知等译，中国青
　　年出版社1991年版。

卞利：《明清徽州社会研究》，安徽大学出版社2004年版。

常建华：《中华文化通志·宗族志》，上海人民出版社1998年版。

常建华：《社会生活的历史学——中国社会史研究新探》，北京师范
　　大学出版社2004年版。

常建华：《明代宗族研究》，上海人民出版社2005年版。

葛剑雄主编，曹树基著：《中国移民史》第5卷，福建人民出版社

1997 年版。

曹月堂、王树林：《中国文化世家》（中州卷），湖北教育出版社 2004 年版。

陈支平：《清代赋役制度演变新探》，厦门大学出版社 1988 年版。

池子华：《流民问题与社会控制》，广西人民出版社 2001 年版。

［美］杜赞奇：《文化、权力与国家：1900—1942 年的华北农村》，王福明译，江苏人民出版社 2004 年版。

傅衣凌：《明清社会经济变迁论》，人民出版社 1989 年版。

傅衣凌：《明清社会经济史论文集》，中华书局 2008 年版。

［日］夫马进：《中国善会善堂史研究》，伍跃、杨文信、张学锋译，商务印书馆 2005 年版。

［美］何炳棣：《明初以降人口及其相关问题1368—1953》，葛剑雄译，三联书店 2000 年版。

［美］黄宗智：《华北的小农经济与社会变迁》，中华书局 2000 年版。

［美］黄宗智：《长江三角洲小农家庭与乡村发展》，中华书局2000 年版。

江庆柏：《明清苏南望族文化研究》，南京师范大学出版社 1999 年版。

李广瑞：《宋州古今学人》，新华出版社 1989 年版。

刘志伟：《在国家与社会之间——明清广东里甲赋役制度研究》，中山大学出版社 1997 年版。

马涛：《吕坤评传》，南京大学出版社 2000 年版。

潘光旦：《明清两代嘉兴的望族》，商务印书馆 1947 年版。

［美］裴宜理：《华北的叛乱者与革命者（1845—1945）》，池子华、刘平译，商务印书馆 2007 年版。

任崇岳：《中原移民简史》，河南大学出版社 2006 年版。

尚起兴、尚骥：《商丘史话》，新华出版社 2001 年版。

唐文基：《明代赋役制度史》，中国社会科学出版社 1991 年版。

谭其骧：《中国历史地图集》，地图出版社 1982 年版。

王毓铨：《明代的军屯》，中华书局 1965 年版。

王天有：《晚明东林党议》，上海古籍出版社 1991 年版。

王先明、郭卫民主编《乡村社会文化与权力结构的变迁》，人民出版社 2002 年版。

王兴亚：《明清河南集市庙会会馆》，中州古籍出版社 1998 年版。

吴仁安：《明清时期上海地区的著姓望族》，上海人民出版社 1997 年版。

吴仁安：《明清江南望族与社会经济文化》，上海人民出版社 2000 年版。

吴晗、费孝通：《皇权与绅权》，天津人民出版社 1988 年版。

韦庆远：《明代黄册制度》，中华书局 1961 年版。

谢国桢：《明末清初的学风》，人民出版社 1982 年版。

杨国安：《明清两湖地区基层组织与乡村社会研究》，武汉大学出版社 2004 年版。

于志嘉：《明代军户世袭制度》，台湾学生书局 1987 年版。

余英时：《士与中国文化》，上海人民出版社 1987 年版。

张仲礼：《中国绅士——关于其在 19 世纪中国社会中作用的研究》，李荣昌译，上海社会科学院出版社 1991 年版。

张仲礼：《中国绅士的收入》，上海社会科学院出版社 2001 年版。

赵世瑜：《狂欢与日常：明清以来的庙会与民间社会》，生活·读书·新知三联书店 2002 年版。

赵园：《明清之际士大夫研究》，北京大学出版社 1999 年版。

郑振满：《明清福建家族组织与社会变迁》，湖南教育出版社 1992 年版。

［美］周锡瑞：《义和团运动的起源》，江苏人民出版社 2005 年版。

朱保炯、谢沛霖：《明清进士题名碑录索引》，上海古籍出版社 1980 年版。

五　论文

巴根：《明清绅士研究综述》，《清史研究》1996 年第 3 期。

步近智、张安奇：《概论明清实学思潮及其现实意义》，《开封大学学报》1998 年第 4 期。

常建华：《日本八十年代以来的明清地域社会研究述评》，《中国社会经济史研究》1998 年第 2 期。

常建华：《明代徽州的宗族乡约化》，《中国史研究》2003 年第 3 期。

陈国栋：《哭庙与焚儒服——明末清初生员层的社会性动作》，载邢义田、林丽月《社会变迁》，中国大百科全书出版社 2005 年版。

陈春声：《信仰空间与社区历史的演变——以樟林神庙系统的研究为中心》，《清史研究》1999 年第 2 期。

陈春声：《明末东南沿海社会重建与乡绅之角色——以林大春与潮州双忠公信仰的关系为中心》，《中山大学学报》2002 年第 4 期。

池子华：《存同求异：近代江南淮北社会文化的比较观》，载行龙、杨念群主编《区域社会史比较研究》，社会科学文献出版社 2006 年版。

［美］戴福士：《试论明清嬗替之际河南东北部知识群体的政治动向——从郑廉及所著〈豫变纪略〉谈起》，《中国史研究》1994 年第 1 期。

傅衣凌：《明代历史上的山东与河南》，《社会科学战线》1984 年第 3 期。

傅辉：《河南插花地个案研究（1368—1935）》，《历史地理》第 19 辑，上海人民出版社 2003 年版。

傅辉：《分姓现象与明初华北移民政策关系研究》，《中州学刊》2007 年第 2 期。

黄向春：《文化、历史与国家——郑振满教授访谈》，《中国社会历史评论》第 5 辑，商务印书馆 2007 年版。

高兴华：《明初迁民碑》，《文物参考资料》1958 年第 3 期。

顾诚：《明前期耕地数新探》，《中国社会科学》1986 年第 4 期。

顾诚：《谈明代的卫籍》，《北京师范大学学报》1989 年第 5 期。

顾诚：《明帝国的疆土管理体制》，《历史研究》1989 年第 3 期。

郝秉键：《日本史学界的明清"绅士论"》，《清史研究》2004 年第 4 期。

韩昭庆：《明清时期黄河水灾对淮北社会的影响探微》，载刘海平主编《文明对话：东亚现代化的涵义和全球化中的文化多样性》，上海外语教育出版社2006年版。

［美］科大卫、刘志伟：《宗族与地方社会的国家认同——明清华南地区宗族发展的意识形态基础》，《历史研究》2000年第3期。

李文治、张显清：《明代官绅优免和庶民"中户"的徭役负担》，《历史研究》1986年第2期。

李龙潜：《明代军户制度浅论》，《北京师范学院学报》（社会科学版）1982年第1期。

李留文：《宗族大众化与洪洞移民的传说——以怀庆府为中心》，《北方论丛》2005年第6期。

李永菊：《从军户移民到乡绅望族——以河南商丘沈氏家族为例》，《中国社会经济史研究》2008年第1期。

林延清：《仁宗张皇后与明初政治》，《史学月刊》2003年第8期。

刘志伟：《明清珠江三角洲地区里甲制中"户"的衍变》，《中山大学学报》1988年第3期。

刘志伟：《区域社会与文化的结构过程：珠江三角洲研究的历史学与人类学对话》，《历史研究》2003年第1期。

刘志伟：《从乡豪历史到士人记忆——由黄佐〈自叙先世行状〉看明代地方势力的转变》，《历史研究》2006年第6期。

彭勇：《论明代州县军户制度——以嘉靖〈商城县志〉为例》，《中州学刊》2003年第1期。

彭勇：《论雍正新法在河南的推行》，《河南社会科学》2003年第6期。

卜永坚：《探讨明末"流寇叛乱"的新视点——评吉尾宽〈明末的流贼反乱与地域社会〉》，《史林》2002年第3期。

秦晖：《甲申前后北方平民地主阶层的政治动向》，《陕西师范大学学报》（哲学社会科学版）1986年第3期。

［日］上田信：《家谱和区域社会研究》，载叶显恩主编《清代区域社会经济研究》，中华书局1992年版。

［日］山根幸夫：《明末农民起义与绅士阶层的反应》，冯佐哲译，吕永和校，《晋阳学刊》1986年第2期。

［日］森正夫：《日本八十年代以来明清史研究的新潮流》，《中国史研究动态》1994 年第 4 期。

商传：《试论明代的社会阶级结构》，《明清论丛》第 1 辑，紫禁城出版社 1999 年版。

申红星：《明代宁山卫的军户与宗族》，《史学月刊》2008 年第 3 期。

双默：《近年来明代"缙绅地主"研究概述》，《中国古代史研究动态》1985 年第 9 期。

苏晋予：《河南藩府甲天下——明代河南藩王述论之一》，《史学月刊》1991 年第 5 期。

［日］檀上宽：《明清乡绅论》，载刘俊文主编《日本学者研究中国史论著选译》第 2 卷，中华书局 1993 年版。

王兴亚：《明初迁山西民到河南考述》，《史学月刊》1984 年第 4 期。

王洪瑞、吴宏岐：《明代河南书院的地域分布》，《中国历史地理论丛》2002 年第 4 期。

王毓铨：《明代的军户》，《历史研究》1959 年第 6 期。

咸金山：《商丘地区盐碱土发生发展规律及其治理的历史经验》，《中国农史》1994 年第 3 期。

杨翰卿：《论中原文化实学精神》，《中州学刊》2006 年第 3 期。

于志嘉：《试论族谱中所见的明代军户》，《中央研究院历史语言研究所集刊》第 57 本第 4 分，1986 年 12 月。

于志嘉：《试论明代卫单原籍与卫所分配的关系》，《中央研究院历史语言研究所集刊》第 60 本第 2 分，1989 年 6 月。

于志嘉：《再论族谱中所见的明代军户——几个个案的研究》，《中央研究院历史语言研究所集刊》第 63 本第 3 分，1992 年 9 月。

于志嘉：《明代江西卫所的屯田》，《中央研究院历史语言研究所集刊》第 67 本第 3 分，1996 年 9 月。

于志嘉：《明武职选簿与卫所武官制的研究——记中研院史语所藏明代武职选簿残本兼评川越泰博的选簿研究》，《中央研究院历史语言研究所集刊》第 69 本第 1 分，1998 年 3 月。

于志嘉：《明清时代江西卫所军户的管理与军役纠纷》，《中央研究院历史语言研究所集刊》第 72 本第 4 分，2001 年 12 月。

于志嘉：《明清时代军户的家族关系——卫所军户与原籍军户之间》，《中央研究院历史语言研究所集刊》第 74 本第 1 分，2003 年 3 月。

于志嘉：《从〈辞〉看明末直豫晋交界地区的卫所军户与军民词讼》，《中央研究院历史语言研究所集刊》第 75 本第 4 分，2004 年 12 月。

于志嘉：《论明代的附籍军户与军户分户》，《顾诚纪念暨明清史研究文集》，郑州：中州古籍出版社 2005 年版。

张显清：《明代缙绅地主浅论》，《中国史研究》1984 年第 2 期。

张显清：《论明代官绅优免冒滥之弊》，《中国经济史研究》1992 年第 4 期。

张金奎：《明代军户地位低下论质疑》，《中国史研究》2005 年第 2 期。

张民服：《从〈抚豫宣化录〉看田文镜抚豫》，《史学月刊》1994 年第 5 期。

张桂中、秦芳：《明清时期豫酒发展探析》，《中共郑州市委党校学报》2006 年第 6 期。

赵广华：《明代河南科举与人才的消长》，《河南大学学报》1992 年第 1 期。

赵明：《明代兵制研究六十年之回顾》，《中国史研究动态》1993 年第 8 期。

郑振满：《试论闽北乡族地主经济的形态与结构》，《中国社会经济史研究》1985 年第 4 期。

郑振满：《明清福建沿海水利制度与乡族组织》，《中国社会经济史研究》1987 年第 4 期。

郑振满：《明清福建的里甲户籍与家族组织》，《中国社会经济史研究》1989 年第 2 期。

［日］重田德：《乡绅支配的成立与结构》，载刘俊文主编《日本学者研究中国史论著选译》第 2 卷，中华书局 1993 年版。

［日］佐藤文俊：《关于明末河南永城县刘超之乱》，载陈支平《第

九届明史国际学术讨论会——暨傅衣凌教授诞辰九十周年纪念论文集》，厦门大学出版社 2003 年版。

六 外文著作

Roger V. Des Forgers, *Cultural Centrality and Political Change in Chinese History: Northeast Henan in The Fall of the Ming*, Stanford University Press, 2003.

七 学位论文

邓庆平：《州县与卫所：政区演变与华北边地的社会变迁——以明清蔚州为中心》，博士学位论文，北京师范大学，2006 年。

徐斌：《明清鄂东宗族与地方社会》，博士学位论文，武汉大学，2006年。

后　记

这本书是本人在博士学位论文的基础上修改而成。在此我要特别感谢我的博士生导师郑振满教授。本书从选题、构架到开题写作，都得到了导师的悉心指导。导师对问题的精深见解和对学术的严谨负责，让我由衷钦佩。师母郑爱华女士对我日常学习的关怀帮助，令我感动不已。在此，对他们无私的帮助和关怀表示诚挚的谢意。

在本人的成长过程中，我先后得到了许多师长的指导和鼓励。硕士生导师周积明教授是我学业上的启蒙良师，中国政法大学的张小也教授指引我走向历史田野。没有这两位恩师的指导，我不可能有以后的学业进展。我也非常感谢厦门大学的刘永华老师、张侃老师和饶伟新老师，他们也对我的博士学位论文提出了许多宝贵意见，使我的书稿得以进一步丰富和完善。

我在河南查阅资料与进行田野考察的时候，得到了很多朋友、乡邻的热情帮助与支持。我特别感谢商丘师范学院图书馆贾光老师，商丘市委地方志办公室刘雪艳主任、商丘师范学院历史系王子超教授、郑州大学图书馆赵长海副研究馆员、河南大学图书馆王馆长、新乡市图书馆王馆长。同时，我还要感谢为我提供家谱资料的乡亲们，他们是：夏邑县彭承良先生、宁陵县吕益中先生、商丘谢集北街沈发岗先生、商丘谢集高大昌先生、商丘侯园侯友全先生、民权王桥乡王大庄王乐田先生、宁陵程楼乡后张村张宁远先生、宁陵黄岗乡己吾城汤志兴先生、商丘双八乡李祠堂张广胜先生、民权王桥乡大焦庄焦明新先生。没有他们的大力支持，我所需资料的收集工作不可能顺利进行。还有许多未留名的乡亲们，在此一并感谢！

我还要特别感谢美国学者戴福士的慷慨赠书，原本想着一个电邮很可能杳无音信，没想到没多久就收到了戴福士先生的邮件，打开一看，竟然是我寻觅很久未果的 *Cultural Centrality and Political Change in Chinese History*，我非常感动。

我还要感谢刘森副教授，感谢他经常伴我去做田野调查，到乡村去收集资料，并协助我建立资料数据库，感谢李梦雨研究生，她在成书的后期对书稿进行了认真校对，并提出了许多宝贵的建议。

最后，我要深深感谢我的父母！在多年的求学、工作中，他们默默付出，始终是我最坚实的后盾。

李永菊

2018 年 12 月河南郑州